宿白集

宿白讲稿

上

汉文佛籍目录
考古发现与中西文化交流
中国佛教石窟寺遗迹
3—8世纪中国佛教考古学

生活·讀書·新知 三联书店

Copyright © 2021 by SDX Joint Publishing Company.
All Rights Reserved.

本作品版权由生活·读书·新知三联书店所有。
未经许可，不得翻印。

图书在版编目（CIP）数据

宿白讲稿.上，汉文佛籍目录　考古发现与中西文化交流　中国佛教石窟寺遗迹：3-8 世纪中国佛教考古学/宿白著. —北京：生活·读书·新知三联书店，2021.3
（宿白集）
ISBN 978－7－108－06637－4

Ⅰ．①宿…　Ⅱ.①宿…　Ⅲ.①佛教考古－中国－文集
Ⅳ．① K870.4-53

中国版本图书馆 CIP 数据核字（2019）第 132421 号

特邀编辑	孙晓林
责任编辑	杨　乐
装帧设计	蔡立国
责任校对	陈　明
责任印制	宋　家
出版发行	生活·讀書·新知 三联书店
	（北京市东城区美术馆东街 22 号 100010）
网　　址	www.sdxjpc.com
经　　销	新华书店
印　　刷	天津图文方嘉印刷有限公司
版　　次	2021 年 3 月北京第 1 版
	2021 年 3 月北京第 1 次印刷
开　　本	720 毫米 × 1020 毫米　1/16　印张 23.75
字　　数	315 千字　图 241 幅
印　　数	0,001－7,000 册
定　　价	148.00 元

（印装查询：01064002715；邮购查询：01084010542）

出版说明

宿白,1922年生,字季庚,辽宁沈阳人。1944年毕业于北京大学史学系。1948年北京大学文科研究所攻读研究生肄业,1951年主持河南禹县白沙水库墓群的发掘,1952年起先后在北京大学历史系和考古系任教。1983年任北京大学考古系主任,兼校学术委员,同年任文化部国家文物委员会委员。1999年起当选中国考古学会荣誉理事长至今。2016年获中国考古学会终身成就奖。

宿白从事考古研究和教学工作逾一甲子,被誉为"百科全书式"的学者,尤其是在历史时期考古学、佛教考古、建筑考古以及古籍版本诸领域,卓有成就。著名考古学家徐苹芳在《中国大百科全书·考古卷》中如此评价宿白:"其主要学术成果是,运用类型学方法,对魏晋南北朝隋唐墓葬作过全面的分区分期研究,从而为研究这一时期墓葬制度的演变、等级制度和社会生活的变化奠定了基础;他结合文献记载,对这个时期城市遗址作了系统的研究,对当时都城格局的发展、演变,提出了创见。对宋元考古作过若干专题研究,其中《白沙宋墓》一书,体现了在研究方法上将文献考据与考古实物相结合,是宋元考古学的重要著作。在佛教考古方面,用考古学的方法来研究中国石窟寺遗迹。"宿白的治学方法是"小处着手,大处着眼",在踏实收集田野与文献材料的基础上,从中国历史发展与社会变革的大方向上考虑,终成一代大家。宿白集六种,收入了田野考古报告、论著、讲稿等作者的所有代表性著述,分别可从不同侧面体现宿白的学术贡献。

《白沙宋墓》《藏传佛教寺院考古》《中国石窟寺研究》《唐宋时期

的雕版印刷》《魏晋南北朝唐宋考古文稿辑丛》和《宿白讲稿》系列，曾先后由文物出版社出版，皆是相关专业学者和学生的必读经典。三联书店此次以"宿白集"的形式将它们整合出版，旨在向更广泛的人文知识界读者推介这些相对精专的研究，因为它们不仅在专业领域内有着开创范例、建立体系的意义，更能见出作者对历史大问题的综合把握能力，希望更多的学者可以从中受益。此次新刊，以文物出版社版为底本，在维持内容基本不变的基础上，统一了开本版式，更新了部分图版，并由北京大学考古文博学院的多位师生对初版的排印错误进行了校订修正。所收著述在语言词句方面尽量保留初版时的原貌，体例不一或讹脱倒衍文字皆作改正。引文一般依现行点校本校核。尚无点校本行世之史籍史料，大多依通行本校核。全集一般采用通行字，保留少数异体字。引文中凡为阅读之便而补入被略去的内容时，补入文字加〔〕，异文及作者的说明性文字则加（），缺文及不易辨识的文字以□示之。」表示碑文、抄本等原始文献的每行截止处。

　　宿白集的出版，得到了杨泓、孙机、杭侃等诸先生的大力支持，并得到北京大学考古文博学院的鼎力相助。在此，谨向所有关心、帮助和参与了此项工作的朋友表示衷心的感谢，并诚恳地希望广大读者批评指正。

生活·讀書·新知 三联书店
2017年8月

总目次

汉文佛籍目录 ………… I

目次 ………… 3
插图目次 ………… 5
前言 ………… 7
一 汉文佛籍的版本问题 ………… 9
二 汉文佛籍目录（上） ………… 45
三 汉文佛籍目录（下） ………… 61
四 汉文佛籍目录以外的工具书 ………… 80

考古发现与中西文化交流 ………… III

目次 ………… 113
图表目次 ………… 115
前言 ………… 119
一 商周时期（前16—前5世纪） ………… 123
二 战国时期（前5—前3世纪，前475—前221年） ………… 138
三 西汉（前3—1世纪中期，前201—25年） ………… 144
四 东汉魏晋（3世纪中期—4世纪初，252—316年） ………… 152
五 东晋南北朝时期（4世纪初—6世纪） ………… 169
六 隋唐五代时期（7—10世纪） ………… 186

七　宋元时期（10—14世纪）............ 219

附录　有关中西文化交流的汉文古文献（汉—唐）............ 228

中国佛教石窟寺遗迹 247
3—8世纪中国佛教考古学

目次 249

插图目次 251

图版目次 255

前言 259

一　中国佛教石窟寺遗迹研究简史和参考书简介 260

二　早期佛教遗迹与石窟寺遗迹的分布 266

三　云冈石窟的分期 285

四　云冈、河西地区以外的早期石窟寺 302

五　敦煌莫高窟现存早期洞窟的年代问题 315

六　新疆克孜尔石窟的初步探索 332

中国佛教石窟寺图版 339

汉文佛籍目录

目　次

前言 ………… 7
一　汉文佛籍的版本问题 ………… 9
二　汉文佛籍目录（上） ………… 45
　　1.《出三藏记集》………… 46
　　2.《历代三宝记》………… 51
　　3.《大唐内典录》………… 57
三　汉文佛籍目录（下） ………… 61
　　1.《开元释教录》………… 61
　　2.《至元法宝勘同总录》………… 67
　　3.《阅藏知津》………… 74
　　4.《大正藏》目录 ………… 76
四　汉文佛籍目录以外的工具书 ………… 80
　　1. 大藏音义阶段 ………… 81
　　2. 字书、类书阶段 ………… 100
　　3. 新式词典阶段 ………… 108

插图目次

图1　北京图书馆藏卷末有熙宁辛亥、大观二年两印记的《开宝藏》本《佛说阿惟越致遮经》卷上（《第一批国家珍贵古籍名录图录》，00846）………… 11

图2　山西省高平县博物馆藏卷末有"大宋开宝六年癸酉岁奉敕雕造"题记的《开宝藏》初印本《大云经·请雨品》第六十四（《第一批国家珍贵古籍名录图录》，00847）………… 12

图3　美国哈佛大学福格博物馆藏《开宝藏》板入汴后续雕的《御制秘藏诠》卷十三，卷末押有大观二年印记（参《唐宋时期的雕版印刷》）………… 13

图4　北京大学图书馆藏宋元祐六年刻福州《东禅寺大藏》本《历代三宝纪》卷十三 ………… 14

图5　北京大学图书馆藏宋宣和六年刻福州开元寺《毗卢大藏》本《佛说优填王经》（《唐宋时期的雕版印刷》，165页，图72）………… 15

图6　上海图书馆藏湖州刻《思溪圆觉藏》卷首绍兴二年题记（《张菊生先生七十生日纪念论文集·历代藏经考略》图五甲，1937年）………… 16

图7　北京大学图书馆藏湖州刻《思溪圆觉藏》本《大般若波罗蜜多经》卷二百七十七（《唐宋时期的雕版印刷》，图52a）………… 17

图8　北京图书馆藏湖州刻《思溪资福藏》本《弥沙塞部五分律》卷十一（《历代藏经考略》图五乙）………… 18

图9　北京图书馆藏宋绍定五年平江碛砂延圣院刻《碛砂藏》本《无量清净平等觉经》卷上（《中国版刻图录》，1961年，图版一一五）………… 19

图10　北京大学图书馆藏元大德刻明永乐印《碛砂藏》本《大药叉女欢喜母并爱子成就法》………… 19

图11　北京大学图书馆藏杭州大普宁寺刻《普宁藏》本《金刚萨埵说频那夜迦天成就仪轨经》卷三 ………… 20

图12　北京大学图书馆藏明洪武南京刻《南藏》本《不空绢索神变真言经》卷十五 ………… 21

图 13　北京大学图书馆藏明北京正统刻万历印《北藏》本《国清百录》卷一 ………… 22

图 14　清雍正十三年北京雕《龙藏》本《大般若波罗蜜多经》卷八十一（《历代藏经考略》图六丁）………… 23

图 15　清康熙三十年刻《径山藏》本《不会禅师语录》卷五（《历代藏经考略》图八丁）………… 24

图 16　北京大学图书馆藏明万历刻清雍正、嘉庆补刻《补刻嘉兴楞严寺藏经目录》（李□8674）………… 24

图 17　商务《四部丛刊初编》影印明万历辛卯（十九年）刻《径山藏》本《法苑珠林》卷三 ………… 26

图 18　大同华严寺薄伽教藏小木作佛道帐 ………… 27

图 19　辽燕京刻《契丹藏》本《大法炬陀罗尼经》卷十三（麇）(《文物》1982年6期图版贰1）………… 28

图 20　北京大学图书馆藏《赵城金藏》本《大威灯光仙人问疑经》………… 29

图 21　北京图书馆藏《赵城金藏》本《双峰山曹侯溪宝林传》卷八（《历代藏经考略》图二乙）………… 29

图 22　西藏萨迦寺藏《弘法藏》本《大般若波罗蜜多经》卷一百二十四卷首、卷末 ………… 30

图 23　北京大学图书馆藏日本影印《高丽藏》本《一切经音义》卷一 ………… 32

图 24　辽太平五年燕京檀州街冯家印造《妙法莲华经》卷四（《文物》1982年6期P.16图三）………… 36

图 25　北京房山云居寺雷音洞平面和刻经位置示意 ………… 38

图 26　1. 敦煌藏经洞所藏的经袱　2、3. 袱、函裹经断面示意 ………… 99

图 27　北京大学图书馆藏《义楚六帖》（日本延宝三年，1675年，刻本）………… 104

前　言[*]

这个课，要初步解决两个实际问题。一、如何检查汉文佛籍。二、汉文佛籍对研究佛教考古的用途。先简述这两个实际问题，以后在具体讲书时再举例证来说明。中国佛教考古的对象是中国历史上留下来的佛教遗迹。既是佛教遗迹，首先就要了解这个遗迹所表现的是什么内容，为什么在当时要表现这个内容。这两个问题，都要参考汉文佛籍。前一个问题要着重参考汉文佛籍中的翻译部分，后一个问题要着重参考汉文佛籍中的"东土撰述"部分和有关历史方面的书籍。有关历史方面的书籍不在我们这个讲题之内。由上，可知研究中国佛教考古是离不开汉文佛籍的。

汉文佛籍量大类多，如何查寻呢？那就要有汉文佛籍的目录学常识。1. 首先要知道有哪些重要目录。2. 这些重要目录是怎样编排的。3. 历代目录的编排是什么发展顺序。4. 今天我们着重的应该是什么目录。这个问题也就是今天我们实用的目录是什么和如何应用的问题。以上就是此课的内容和目的。

再重复一遍，以下我们讲的内容，尽管很具体，但都是围绕、说明汉文佛籍对研究佛教考古的用途和如何检查汉文佛籍这两个实际问题的。

这课讲授的内容有四个题目：

---

[*] 《汉文佛籍目录》是1979年春季为北京大学考古系中国佛教考古研究生班开设必修课所拟的讲稿。讲稿的第四题内e、f、g三项，即事汇、史传和图像部分，因时间关系未讲，所以第四题应简作"汉文佛籍目录以外的工具书"。又第四题内音义、类书项内所附图版，系此稿这次付刊时所增补。

一、汉文佛籍的版本问题

二、汉文佛籍目录（上）：

《出三藏记集》《历代三宝记》《大唐内典录》

三、汉文佛籍目录（下）：

《开元释教录》《至元法宝勘同总录》《阅藏知津》《大正藏》

目录

四、汉文佛籍目录以外的东土撰述

  a. 音义：《众经音义》《一切经音义》《续一切经音义》《新集藏经音义随函录》

  b. 类书：《法苑珠林》《义楚六帖》《翻译名义集》

  c. 字书：《大藏音》《龙龛手镜（鉴）》

  d. 新式词典

  e. 事汇：《弘明集》《广弘明集》

  f. 史传：《高僧传》《名僧传抄》《续高僧传》《宋高僧传》《佛祖统记》《佛祖历代通载》

  g. 图像：《造像量度经》《大正藏·图像部》

  这课参考书不多，主要是必须看原著，即讲到哪部书时，希望大家把那部书借出来翻翻。翻阅的本子最方便好查的是《大正藏》本。参考书只有两种：1. 吕澂《佛典泛论》；2. 陈垣《中国佛教史籍概论》。前者，给大家已经讲读了；后者，也应采取讲读的方式，但因为时间关系，不能像前者那样了，可是必须仔细阅读。

一　汉文佛籍的版本问题

在讲汉文佛籍目录之前，讲一点汉文佛籍的版本问题。版本本是目录的一部分，由于问题多了，不能不从目录中抽出来单讲。版本问题就是书的本子问题。看书，主要指看古书，一定要了解一下该书各种本子的渊源，这样才可以选择好的本子。汉文佛籍各种版本系统清楚，比一般古书容易选择，但我们要知其"所以然"。

汉文佛籍都有单行本，但重要的是以丛书面目出现的大藏经。大藏经和宋以来流行的各种丛书有不同，它在编排上有较严密的系统。

有较严密系统的大藏经，从东晋十六国起就开始出现了。不过最初不叫大藏经，叫"众经"。东晋道安编成的佛籍目录叫《综理众经目录》，也叫"一切经"。如敦煌发现S.996《杂阿毗昙心经》卷六尾题"……昌黎王冯晋国仰感恩遇，撰写一切经……一千四百六十四卷……大代太和三年（479年）……于洛州所书写成讫"。《广弘明集》卷二十二收有北周王褒《周经藏愿文》"奉造一切经藏"和魏收撰"北齐三部一切经愿文"。这两种叫法一直到隋仍如此。仁寿二年（602年）翻经沙门学士撰《众经目录》，而敦煌发现开皇九年（589年）"皇后为法界众生敬造一切经"的零卷不少（S.2154、P.2413），还有大业十二年（616年）"大禅定道场沙门智首敬写一切经"的零卷（中村不折0772）。唐初也还如此，敦煌出有龙朔二年（662年）鄂国公尉迟宝琳等写的"一切尊经"的残卷（P.2056），日本藏有咸亨四年（673年）章武郡公苏庆第为父邢国公定方敬造的"一切经"的残卷（《大楼炭经》卷三，见《知恩院——国宝》），而武则天天册万岁元年（695年）明佺等撰的经录又叫《大周刊定众经目录》。"一切经"的叫法，大约到元和二年（807年）慧琳撰《一切经音义》时已成尾声。"众经"叫法的消失，可能更早些。慧琳时出现了"大藏"的名称，慧琳书成被"敕入大藏"。敦煌发现S.3565佛籍目录中出现了"大藏"的名称，这卷目录没有看见，不知它抄写的准确年代，估计应属唐后期。以上这些"众经""一切经"和"大藏"都是抄本、卷子本。它们在国内都没有一部完整的被保存下来，所以今天只能看到一些零卷，这些零卷主要是敦煌的发现。这些残存的零卷在学术研究上是有价值的：一、有可能是佚经和异经；二、可与北宋以来的刻本对勘。日本也存有零卷，正仓院还保存有相当于唐时的比较完整的写本全藏。

汉文佛籍刻板印刷，始于唐代。现存刻有纪年的以斯坦因从敦煌窃去的咸通九年（868年）王玠刻《金刚经》为最早（博物馆编号Serial No. 8083）。该经卷首有说法图扉画，无论画、文字和雕版均已较纯熟，而且经板合起来的总长达16尺，可知已不是初期的雕版了。初期的汉文佛籍雕版印刷，国内没有确切的资料。日本存有神护景云四年（770年）雕印的《陀罗尼经》，770年即唐大历五年，其时日本先进的文化遗物大都渊源于中国，雕版印刷也不应例外，所以770年他们雕印佛经，应是学自我国。上世纪70年代，南朝鲜（韩国）庆州佛国寺释迦塔曾发现印本《无垢净光大陀罗尼》，国内宣传这是704—751年间的雕版印刷品，那就是现知世界上最早的印刷品了。这个年代虽然还有问题，但是8世纪的印刷品问题不大。据该寺所藏17世纪的《古今历代诸贤继创记》根据以前的记录记：建筑这座释迦塔的"匠工自唐来人"。这座释迦塔的形制为方形三层石砌，纯仿唐塔样式。工匠来自唐朝，塔内"装藏"当为唐制，那么作为装藏的印本《无垢净光大陀罗尼》就有可能也来自唐朝。总之，在咸通九年（868年）王玠雕印《金刚经》之前大约百余年，就出现了雕印的佛经，应该是没有什么问题的。868年前百余年正是唐玄宗开元、天宝盛世。

把有系统的全部佛籍雕印出来，最早的是北宋初开宝四年至太平兴国八年（971—983年）历时十二年皇帝敕益州雕刻的。这个佛籍，据熙宁辛亥岁（四年，1071年）印本木记知叫"大藏经"。这部大藏经，从上世纪初国内外不断有零卷发现，才重显于世。首先在日本发

一　汉文佛籍的版本问题　11

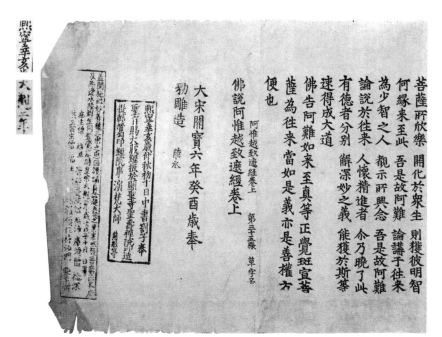

图1　北京图书馆藏卷末有熙宁辛亥、大观二年两印记的《开宝藏》本《佛说阿惟越致遮经》卷上（《第一批国家珍贵古籍名录图录》，00846）

现了附有"熙宁"或"大观"印记的零卷，接着国内也发现了"熙宁""元符""崇宁""大观"等印记的零卷（图1）。1959年，山西孝义兴福寺发现了此藏的初印本零卷[《大般若经》第五百八十一（李）残卷和《大云经·请雨品》第六十四（大），两卷现藏山西省高平县博物馆（图2）]。由于这些发现，可知此藏的特点是：1. 卷子装，这是上承写经的形式；2. 每板23—25行，行14—15字；3. 基本上是使用了《开元释教录略出》的千字文编号。以上都是沿袭写本大藏经系统的。这部最早的雕版藏经，因为始刻之年是开宝时期，故名"开宝藏"；因为是皇家敕刻，又名"官板大藏"；也有因刻在四川，又叫"蜀版藏经"的。刻在四川，是根据淳熙间（1174—1189年）志磐撰《佛祖统纪》的记录。但根据印记，似乎在太平兴国八年刻成以后，经板共十三万块运来汴京，置于开封太平兴国寺的印经院。山西赵城广胜寺发现的零卷有"咸平元年（998年）奉敕雕"的尾题，可知板入汴京印经院后，还有续雕之事。最近了解到988年或989年（端拱元年—二年）完成的宋太宗《御制秘藏诠》的注释（惠温撰）995年或996年（至道元年—二年）诏下印经院开板模印编入大藏。这件事

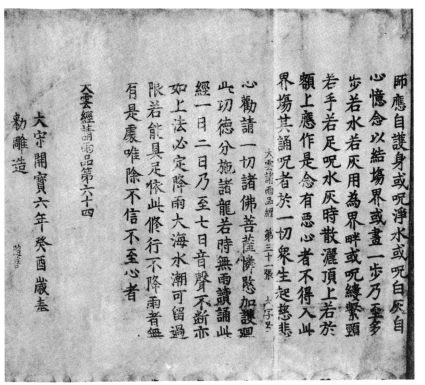

图2 山西省高平县博物馆藏卷末有"大宋开宝六年癸酉岁奉敕雕造"题记的《开宝藏》初印本《大云经·请雨品》第六十四(《第一批国家珍贵古籍名录图录》,00847)

更可证明,此藏经板入汴后还不断有续雕的情况(图3)。经板入汴之后,《宋会要·鸿胪寺》记载熙宁四年时曾有变动,"熙宁四年三月十九日诏废印经院……明年八月乃以(经板)付京显圣寺圣寿禅院,令僧怀瑾认印造流行"。因知现存熙宁以来印本不是板在太平兴国寺时刷印,而是经板在显圣寺圣寿禅院时所刷印。现存熙宁间刷印的零卷后面的印记中也正有有关的记录:"中书札子奉圣旨赐大藏经板于显圣寺圣寿禅院……"由上可知,此藏刻于蜀,续刻于汴,印刷于汴,因此"蜀版藏经"的叫法,不如叫"开宝藏"为好。这部最早的雕版藏经,给以后藏经影响很大,不仅影响了我们自己南方、北方所刻的藏经,而且也给日本、朝鲜、越南以影响。雍熙四年(987年)日本僧奝然请去的,淳化二年(991年)王氏高丽韩彦恭请去的,景德四年(1007年)和大中祥符二年(1009年)安南黎氏王朝请去的,都是这个《开宝藏》,即"官板大藏"。关于日本、高丽的影响问题以后再讲。

一　汉文佛籍的版本问题　13

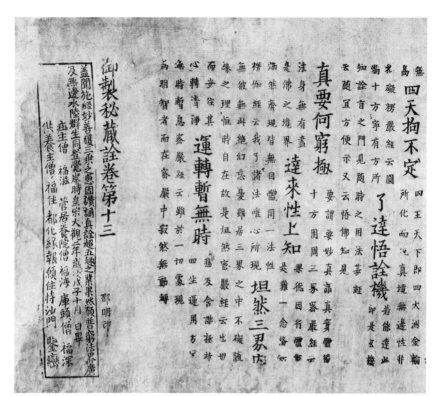

图3　美国哈佛大学福格博物馆藏《开宝藏》板入汴后续雕的《御制秘藏诠》卷十三，卷末押有大观二年印记（参《唐宋时期的雕版印刷》）

　　《开宝藏》之后有福州《东禅寺大藏》，以前有人叫《崇宁万寿大藏》。刻此藏从元丰三年（1080年）开始，政和二年（1112年）完成，共刻了31年，是由福州东禅寺和尚募款为庆圣寿（神宗）开雕的。此藏零本残存较多，从卷子装改为梵箧（经折）装，由此藏开始（图4）。此藏每板30行，每折6行，行17字。行17字是唐宋写经的旧式，与《开宝藏》不同。这部大藏因为刻工精致，所以南宋孝宗淳熙（1174—1189年）时，曾敕印赐给各寺院（见《释氏稽古略》）。因为皇室敕印，所以补刻了《开宝藏》在汴续增的部分，又增刻了天台章疏，所以比较齐备。日本藏有此藏的零本很多，还保存了该藏的目录，《昭和法宝总目录》卷三所收此藏目录即是据日本存本排印的。
　　福州东禅寺刻完大藏以后，接着福州开元寺又雕《毗卢大藏》（图5），自政和二年迄乾道八年（1112—1172年），刻了六十年才完成。日本原宫内省图书寮藏有全藏，外间只存零卷。从残存的零卷可知是复刻

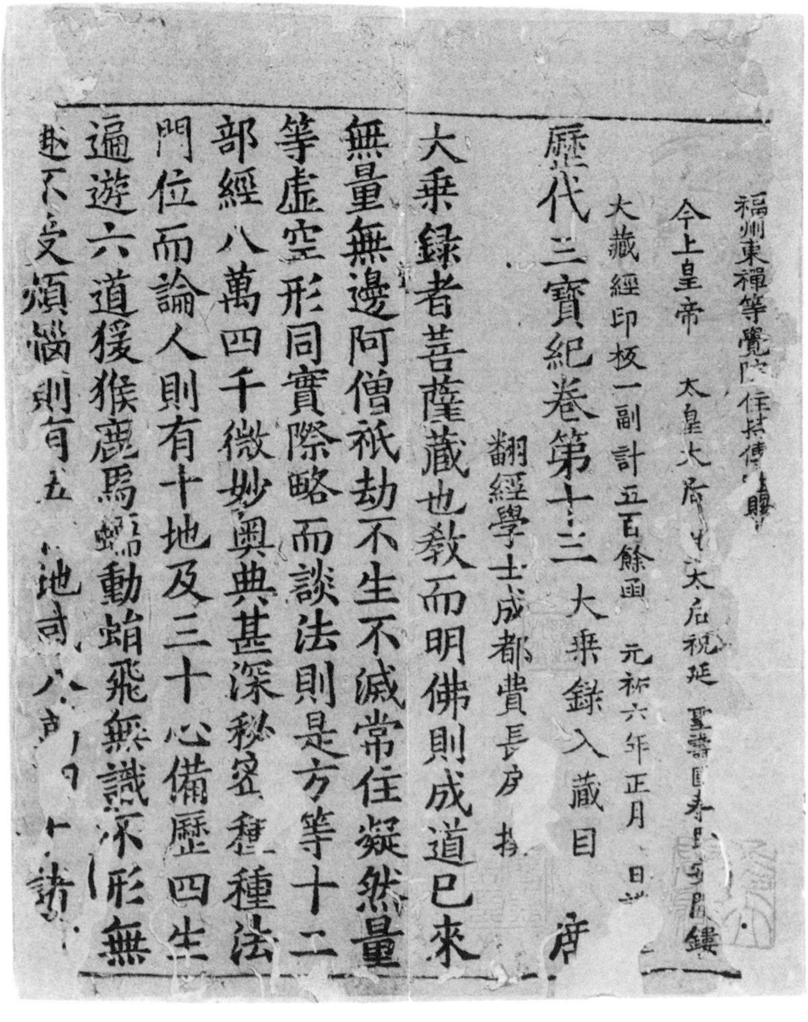
福州東禪等覺院住持傳
今上皇帝　太皇太后　皇太后祝延　聖壽國泰民安開鏤
大藏經印板一副計五百餘函　元祐六年正月　日謹題
歷代三寶紀卷第十三　大乘錄入藏目　序
翻經學士成都費長房撰
大乘錄者菩薩藏也教而明佛則成道已來
無量無邊阿僧祇劫不生不滅常住凝然量
等虛空形同實際略而談法則是方等十二
部經八萬四千微妙奧典甚深秘密種種法
門位而論人則有十地及三十心備歷四生
遍遊六道猨猴鹿馬蠕動蜎飛無識求形無
趣不受煩惱則有五　地

图4　北京大学图书馆藏宋元祐六年刻福州《东禅寺大藏》本《历代三宝纪》卷十三（李□633）

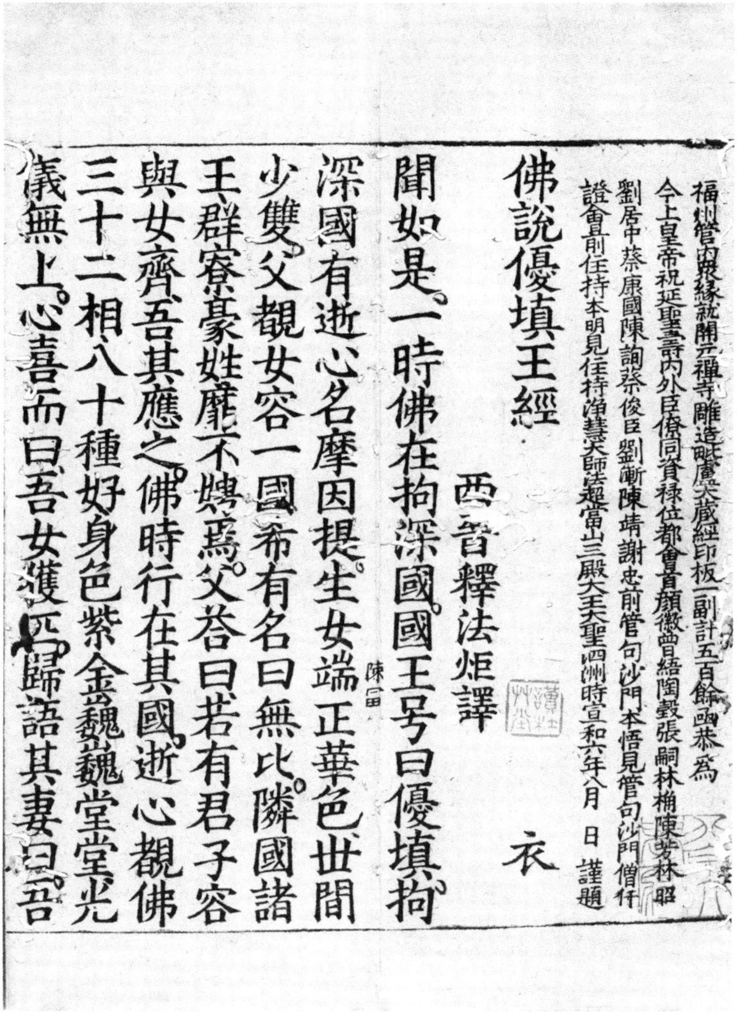
福州管内衆緣就開元禪寺雕造毗盧大藏經印板一副計五百餘函恭爲
今上皇帝祝延聖壽內外臣僚同資祿位都會首顏徽曾紹陶轂張嗣林楠陳芳林昭
劉居中蔡康國陳詢蔡俊臣劉漸陳靖謝忠前管句沙門本悟見管句沙門僧仟
證會首前住持本明見住持淨慧大師法超當山三殿大王大聖四洲時宣和六年八月　日　謹題
佛說優填王經　衣
西晉釋法炬譯
聞如是一時佛在拘深國國王号曰優填拘
深國有逝心名摩因提生女端正華色世間
少雙父覩女容一國希有名曰無比隣國諸
王群寮豪姓靡不娉焉父答曰若有君子容
與女齊吾其應之佛時行在其國逝心覩佛
三十二相八十種好身色紫金巍巍堂堂光
儀無上心喜而曰吾女獲匹歸語其妻曰吾
陳富

图5　北京大学图书馆藏宋宣和六年刻福州开元寺《毗卢大藏》本《佛说优填王经》（李□575）（参《唐宋时期的雕版印刷》，图72）

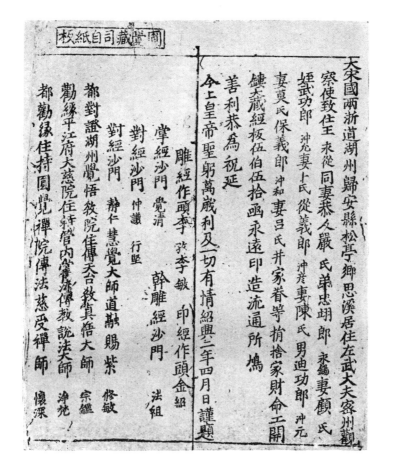

图6 上海图书馆藏湖州刻《思溪圆觉藏》卷首绍兴二年题记(《张菊生先生七十生日纪念论文集·历代藏经考略》图五甲,1937年)

《东禅寺大藏》,所以每板的行数、字数与《东禅寺大藏》完全相同,但工整不及《东禅寺大藏》,所收的佛籍也比《东禅寺大藏》少了三百多卷。《毗卢大藏》是此藏的自名,见卷前题记。

从北宋开始,四川、开封和福州都大量雕版,另一个地点是杭州。南迁后,以南宋行在所临安——杭州为中心的浙江地区民间雕版手工业也发展很快。首先杭州北的湖州(今吴兴,在太湖西南岸)曾雕印过两部大藏,后来苏州(平江)又雕了一部。苏州这部,宋未雕完,元代续雕。元代在续雕苏州这部大藏之外,还在杭州雕了一部。上述南宋至元这四部大藏,基本上都全部地被保存下来。

这四部大藏中最早的是从北宋宣和(1119—1125年)末年开始雕刻,南宋绍兴二年(1132年)完成,叫《思溪圆觉藏》(图6、图7)。

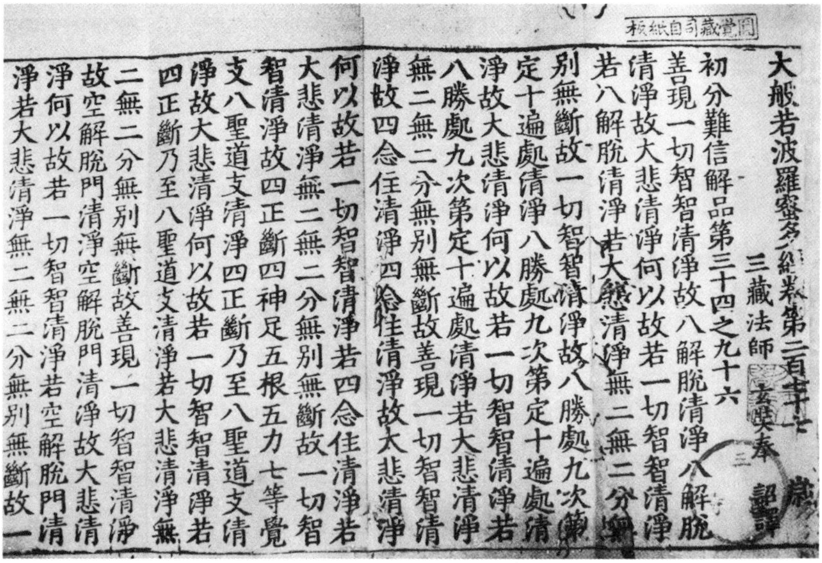
圓覺藏司自紙板

大般若波羅蜜多經卷第二百七十七　三藏法師玄奘奉　詔譯
初分難信解品第三十四之九十六
善現一切智智清淨故八解脫清淨八解脫
清淨故大悲清淨何以故若一切智智清淨
若八解脫清淨若大悲清淨無二無二分無
別無斷故一切智智清淨故八勝處九次第
定十遍處清淨八勝處九次第定十遍處清
淨故大悲清淨何以故若一切智智清淨若
八勝處九次第定十遍處清淨若大悲清淨
無二無二分無別無斷故善現一切智智清
淨故四念住清淨四念住清淨故大悲清淨
何以故若一切智智清淨若四念住清淨若
大悲清淨無二無二分無別無斷故一切智
智清淨故四正斷四神足五根五力七等覺
支八聖道支清淨四正斷乃至八聖道支清
淨故大悲清淨何以故若一切智智清淨若
四正斷乃至八聖道支清淨若大悲清淨無
二無二分無別無斷故善現一切智智清淨
故空解脫門清淨空解脫門清淨故大悲清
淨何以故若一切智智清淨若空解脫門清
淨若大悲清淨無二無二分無別無斷故一

图7　北京大学图书馆藏湖州刻《思溪圆觉藏》本《大般若波罗蜜多经》卷二七七（李□436）(《唐宋时期的雕版印刷》，图52a）

此藏每板30行，《昭和法宝总目录》卷三有目，行款、编号与福州两藏同。这部大藏是住在湖州归安县的一个致仕官（左武大夫、密州观察使）王永从和他弟弟永锡两家出资刊刻的。所刻的经板只用了十年左右的时间。王家大约很有钱，他们备的雕版木料，刻了一部大藏经还未用完。绍兴三年（1133年），用剩板还刻了一部250卷的《新唐书》。

其次是淳熙二年（1175年）开雕的《思溪资福藏》（图8）。此藏是复刻《思溪圆觉藏》，但比《圆觉藏》增刻了五十一函。过去曾有人把它们误混为一部藏。《昭和法宝总目录》卷一有它的目录，因为除增刻的之外，仅系复制《圆觉藏》，所以其目录除增刻的部分外，与《圆觉藏》目录同。

这两部大藏，我们原只存零卷，但日本都有全藏。日本明治（1868—1912年）间排印的《缩刷藏》，即据《圆觉藏》校勘。《资福藏》，清末杨守敬曾从日本购进一部，后归北京图书馆。

再次的一部是平江碛砂延圣院雕印的《碛砂藏》。此藏雕造从宋嘉定九年起，迄元至治二年（1216—1322年），共刻了一百多年（图9）。这部大藏的行款、编号与《思溪》两藏同，但字体不一样（前者较肥，近欧；后者挺瘦，近柳），可知是根据《思溪藏》重写后雕板的，因

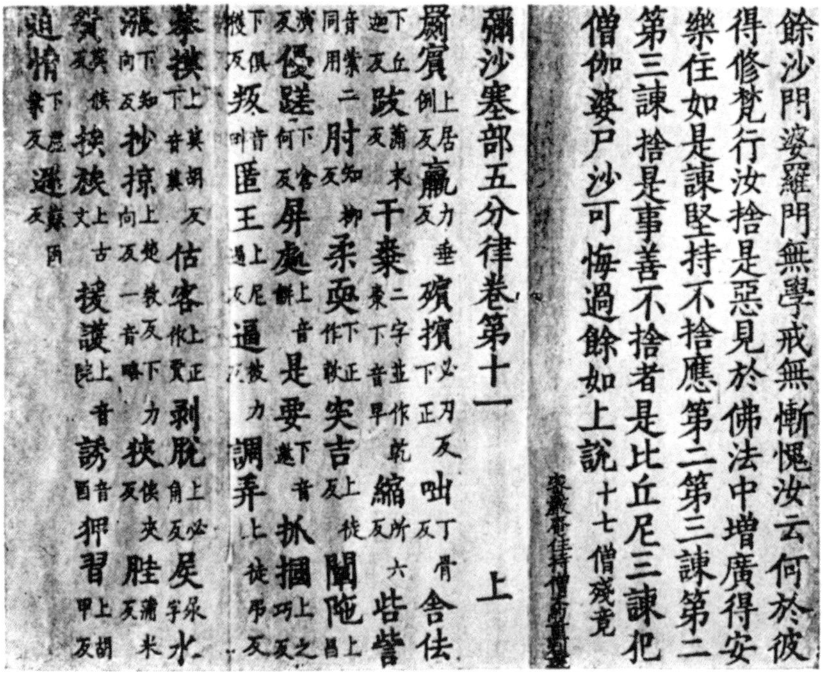
餘沙門婆羅門無學戒無慚愧汝云何於彼
得修梵行汝捨是惡見於佛法中增廣得安
樂住如是諫堅持不捨應第二第三諫第二
第三諫捨是事善不捨者是比丘尼三諫犯
僧伽婆尸沙可悔過餘如上說 十七僧殘竟

彌沙塞部五分律卷第十一 上

图8 北京图书馆藏湖州刻《思溪资福藏》本《弥沙塞部五分律》卷十一(《历代藏经考略》图五乙)

此，它和《思溪藏》的关系不是一般所说的“复刻”。另外，入藏的佛籍较《思溪》两藏都多，特别是入元以后补刻的部分（图10），有不少是以前诸藏所没有的，那就是密宗的一些经。

这部大藏国内外现存零卷不少。1930年在西安卧龙、开元两寺发现了一部元迄明初的印本，虽然不全，但保存了80%。1933—1935年在上海影印了，是容易找到的一部宋藏，原书现存西安陕西省图书馆。在西安发现《碛砂藏》之前，约在1926—1927年间，一个美国人在北京大悲寺也发现了一部《碛砂藏》(存约40%宋元刻，其余为明刻和抄记)。他偷偷地买走，运到加拿大，后又运到了美国，现存美国普林斯顿大学葛思德（Gest）东方图书馆。影印的《碛砂藏》有目录，另外，《昭和法宝总目录》卷一也有目，后者无后面元代补刻部分，所以检查要据影印本的目录。补刻的《碛砂藏》附有扉画，这是大藏明确有扉画之始。扉画的形象是藏传佛教的形象。

最后一部是杭州南山大普宁寺雕印的《普宁藏》(图11)。此藏开雕于至元六年，迄于至元二十二年（1269—1285年），仅用了十七年

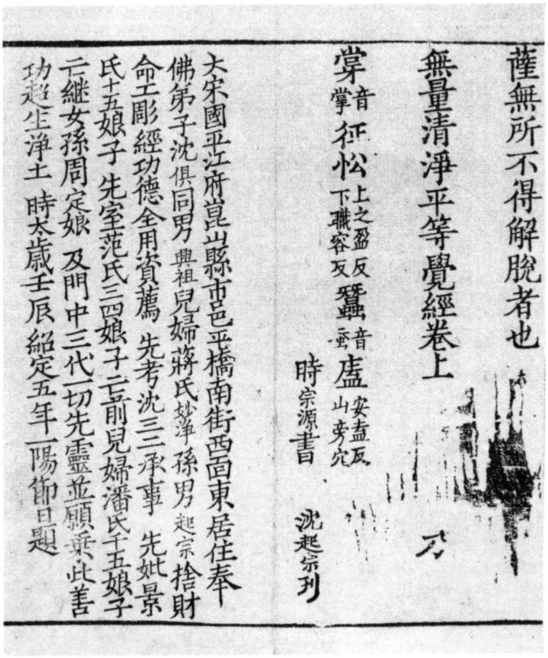

薩無所不得解脫者也
無量清淨平等覺經卷上
掌音掌 征松上之盈反下職容反 蠶音蚕 盧安盧反山旁究
時宗源書　沈起宗刊
大宋國平江府崑山縣市邑平橋南街西面東居住奉
佛弟子沈俱同男興祖兒婦蔣氏妙淨孫男起宗捨財
命工彫經功德全用資薦　先考沈三承事　先妣景
氏十五娘子　先室范氏三四娘子亡前兒婦潘氏千五娘子
亡繼女孫周定娘　及門中三代一切先靈並願乘此善
功超生淨土　時太歲壬辰紹定五年一陽節日題

图9　北京图书馆藏宋绍定五年平江碛砂延圣院刻《碛砂藏》本《无量清净平等觉经》卷上（《中国版刻图录》，1961年，图版一一五）

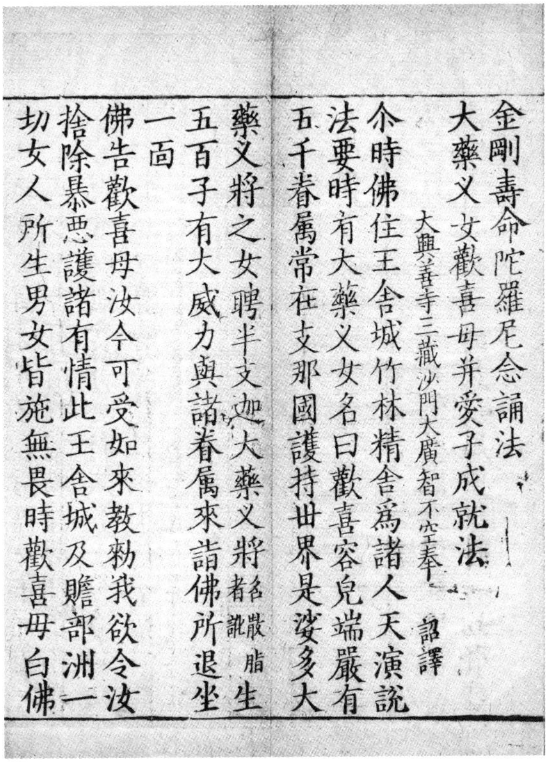

金剛壽命陀羅尼念誦法
大藥义女歡喜母并愛子成就法
大興善寺三藏沙門大廣智不空奉　詔譯
尒時佛住王舍城竹林精舍爲諸人天演說
法要時有大藥义女名曰歡喜容皃端嚴有
五千眷屬常在支那國護持世界是娑多大
藥义將之女聘半支迦大藥义將名嚴者訛脂生
五百子有大威力與諸眷屬來詣佛所退坐
一面
佛告歡喜母汝今可受如來教勑我欲令汝
捨除暴惡護諸有情此王舍城及贍部洲一
切女人所生男女皆施無畏時歡喜母白佛

图10　北京大学图书馆藏元大德刻明永乐印《碛砂藏》本《大药叉女欢喜母并爱子成就法》（李□7398）

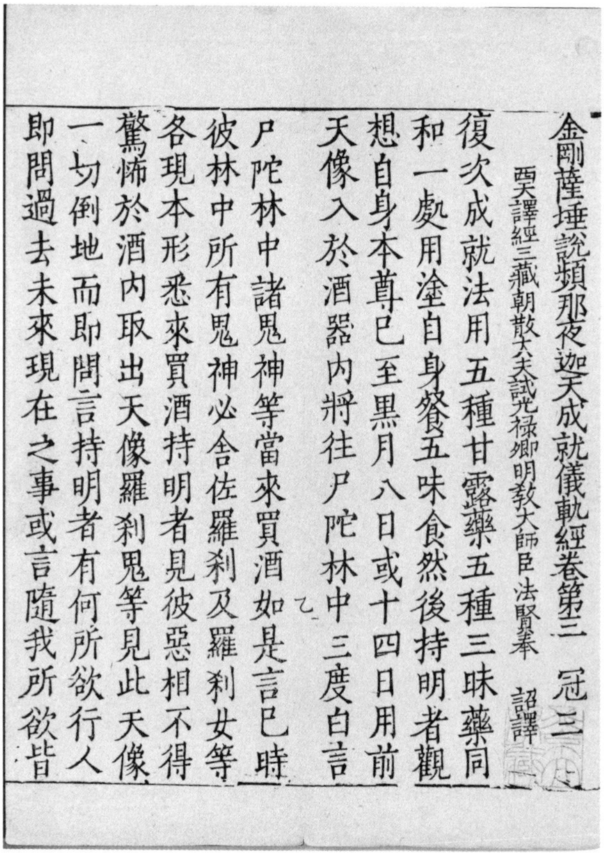
金剛薩埵説頻那夜迦天成就儀軌經卷第三　冠三
西天譯經三藏朝散大夫試光祿卿明教大師臣法賢奉　詔譯
復次成就法用五種甘露藥五種三昧藥同
和一處用塗自身餐五味食然後持明者觀
想自身本尊已至黑月八日或十四日用前
天像入於酒器内將往尸陀林中三度白言
尸陀林中諸鬼神等當來買酒如是言已時
彼林中所有鬼神必舍佐羅刹及羅刹女等
各現本形悉來買酒持明者見彼惡相不得
驚怖於酒内取出天像羅刹鬼等見此天像
一切倒地而即問言持明者有何所欲行人
即問過去未來現在之事或言隨我所欲皆

图11　北京大学图书馆藏杭州大普宁寺刻《普宁藏》本《金刚萨埵说频那夜迦天成就仪轨经》卷三（李□299）

就雕完一部大藏，这是由于有官家支持的缘故。赵壁《大藏新增至元法宝记》中说，“松江僧录管主八翻梓余杭，凡诸路庋经而未有者，许自装印”，即是指装印此《普宁藏》。日本《缩刷藏》校勘用的元版，即是此藏。清末康有为曾藏有此藏一千二百余册。此藏的行款与以上三藏相同，有人认为是翻刻《思溪资福藏》，但加雕了秘密部与《碛砂藏》同。此藏日本有收藏，所以《昭和法宝总目录》卷二有元释如莹编的目录。

《思溪圆觉藏》《思溪资福藏》《碛砂藏》《普宁藏》四藏刻地相近，而主持《普宁藏》的管主八，又是续雕《碛砂藏》的施主，《法宝标目》克己序云：“管主八累年发心，近平江路碛砂延圣寺大藏经板未完，施中统钞二百定，乃募缘雕刊，未及一年，已满千有余卷。”因此，四藏互有关联，就不是偶然的事了。

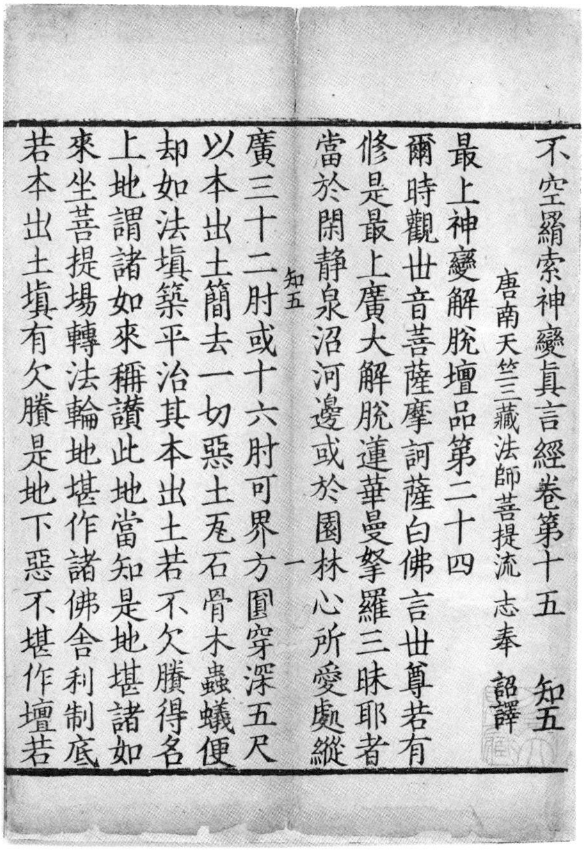
不空羂索神變眞言經卷第十五　知五
唐南天竺三藏法師菩提流志奉　詔譯
最上神變解脱壇品第二十四
爾時觀世音菩薩摩訶薩白佛言世尊若有
修是最上廣大解脱蓮華曼拏羅三昧耶者
當於閑靜泉沼河邊或於園林心所愛處縱
知五　一
廣三十二肘或十六肘可界方圓穿深五尺
以本出土簡去一切惡土瓦石骨木蟲蟻便
却如法塡築平治其本出土若不欠賸得名
上地謂諸如來稱讚此地當知是地堪諸如
來坐菩提場轉法輪地堪作諸佛舍利制底
若本出土塡有欠賸是地下惡不堪作壇若

图12　北京大学图书馆藏明洪武南京刻《南藏》本《不空绢索神变真言经》卷十五（李□632）

宋元时期江、浙刻藏相互因袭之风，还可下及明太祖敕修、洪武五年至二十五年（1372—1392年）的大藏（参看《现代佛学》1954年8期）。此藏刻成不久，板即被焚，流传极少。四川崇庆县上古寺曾藏一部，今存四川省图书馆。明永乐十五年（1417年）曾重刻此本，此重刻本现藏较多，零本更多见。此藏因刻于南京，故一般叫《明南藏》（图12），其行款同以上诸藏，即每板30行，半叶6行，行17字，当是渊源于江、浙的宋元藏。有人认为系利用《碛砂藏》旧板，对比一下，不像，而且编号也与《碛砂藏》不尽相同。看来，《碛砂藏》是《明南藏》的根据之一。这个敕修的《明南藏》，还是有它自己的经板。此藏从学术上看，它虽根据宋元藏，但校勘不精，讹误较多，远不如以上诸藏。《明南藏》，《昭和法宝总目录》卷二有目。

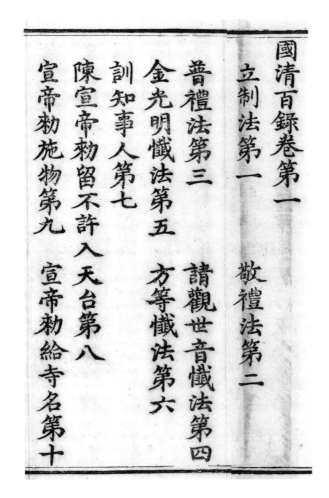

图13 北京大学图书馆藏明北京正统刻万历印《北藏》本《国清百录》卷一（李□3623）

明成祖永乐八年迄正统五年（1410—1440年）在北京敕修的大藏，一般叫《明北藏》（图13）。万历十二年（1584年）又有续刻。《明北藏》虽然纠正了《明南藏》的一些错误，但没有广集善本校勘，所以在学术上地位不高。《昭和法宝总目录》卷二有目。《明南藏》尚勉强属于江、浙宋元藏系统，《明北藏》就难说它是宋元藏系统了，不仅行款变了，每板25行，半叶5行，行仍17字，字体也变了，不是仿唐人字体，而是改用元代以来流行的赵孟𫖯字了。《明北藏》有扉画，其本尊的形象也是上承元代藏传佛教释迦的形象。

清雍正十三年（1735年）皇室开雕的大藏，俗称呼为"龙藏"

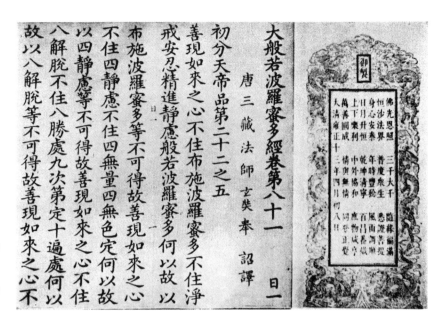

图14 清雍正十三年北京雕《龙藏》本《大般若波罗蜜多经》卷八十一（《历代藏经考略》图六丁）

（图14），乾隆三年（1738年）刻成，仅仅用了四年，刻印精工，反映了当时正当清代的盛世。此藏是以《明北藏》为底本，字体也沿用《明北藏》字体。《明北藏》学术上的意义就不大，清《龙藏》就更没有什么学术上的意义了。但增加了不少新的佛籍，卷数多达7838卷。《昭和法宝总目录》卷二有目。《龙藏》的刻板保存了下来，是汉文大藏唯一存下经板的。经板原存清宫武英殿，后运柏林寺等处，现归北京图书馆保管。此藏经板一直由皇室保管，只有皇帝敕印本，所以印本很少。据统计，前后一共印了不到二百部。

明清的《南藏》《北藏》和《龙藏》，板在内府，印刷不易，所以还有两部私刻的大藏经。这两部私人藏经，形式上有了改革。自福州《东禅寺藏》以来都是梵荚装，这两部私人大藏改易为方册。

两部私人藏经皆刻于明代后期，一部是嘉靖（1522—1566年）年间在杭州刻的。据前支那内学院所藏明刻《华严疏抄序》的记录：经板存杭州昭庆寺，改梵本为方册；序还说刻工不良，印行不过六十年，经板就模糊了。这部藏连零本也没有保存下来，所以详情不明。一般叫它《武林藏》，武林是杭州的古名。

另一部是万历十七年（1589年）始刻，清康熙十六年（1677年）

图15 清康熙三十年刻《径山藏》本《不会禅师语录》卷五(《历代藏经考略》图八丁)

图16 北京大学图书馆藏明万历刻清雍正、嘉庆补刻《补刻嘉兴楞严寺藏经目录》(李□8674)(注意此目"刻藏缘起"首函首行标出的说明文字)

完成"正藏",之后还有"续藏""又续藏",一直补刻到乾隆、嘉庆（图15、图16）。此藏开始在五台开板,后因五台山寒冷不便雕刻,便迁到浙江嘉兴径山楞严寺,所以名为《嘉兴楞严寺大藏》,一般叫它《嘉兴藏》,也有人叫《径山藏》。此藏刻时,已找不到宋元旧藏,所以只能依据《明北藏》,缺者据《明南藏》,而且妄改卷数,致使本既不善,许多佛籍的卷数又与其他大藏本不同。其版式每页20行,行20字。由于此藏属于私刻,所以既可印全藏,也可印零本,故流传较多。清乾嘉以来,许多人注意到大藏中的"东土撰述"的音义、事汇、史传和目录书,利用它辑佚、证经、考史,他们使用的本子除《南藏》《北藏》外,也有此藏。《南藏》《北藏》不易找,所以更多用此藏。日本《缩刷藏》使用的"明本",也是此藏。抗战前,商务印书馆《四部丛刊》所收的佛籍,诸如《弘明集》《广弘明集》《法苑珠林》,主要也是影印此藏。实际这部大藏最差,我们最好不用。但此藏也有它的优点,即在它的"续藏""又续藏"中,收了不少明末清初僧人的语录,是此藏所独有的,是研究明清佛教史的重要资料。此藏的"东土撰述"部分,有的在书口上刻有"支那撰述"四字,所以有些人又叫此藏为"支那本"（图17）。此藏零本多有收藏,但全藏罕见。北京嘉兴寺和故宫曾各藏一部较完整的。此藏有一简目,名《藏经板直划一目录》,又叫《嘉兴藏目录》。

以上所讲,从《福州东禅寺藏》起都是从《开宝藏》传下来的南方系统,从《开宝藏》传下来的,还有北方系统的大藏。此系统过去不清楚,近年才逐渐了解得多了。

北方系统主要有三部,一是辽时刻的《契丹藏》,一是金时刻的《赵城藏》,一是元初刻的《弘法藏》。此外,还有很重要的一部是朝鲜刻的,一般叫《高丽藏》。《高丽藏》问题,我们拟另讲。

《契丹藏》开雕于辽圣宗统和时期（10世纪末）,大同（辽西京）华严寺金碑记兴宗重熙（1032—1055年）间编一切经目,契丹僧觉苑撰《大日经义释演密抄》记:"洎我大辽兴宗御宇,志弘（弘）藏教,欲及遐迩,敕尽雕镂。"重熙七年（1038年）西京华严寺建薄伽教藏专为贮藏其经,知该藏之雕刻主要在兴宗时期,其后道宗又有补刻。

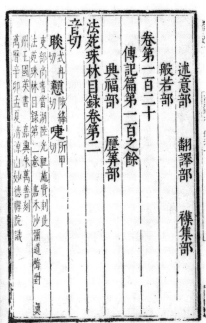

图17 商务《四部丛刊初编》影印明万历辛卯(十九年)刻《径山藏》本《法苑珠林》卷三

此藏刊刻的地点在燕京，原藏金以后即不存。所幸薄伽教藏沿内壁兴建附有天宫楼阁仿大木建筑的佛帐尚存，该帐上龛奉佛，下列经帐，这是现知唯一一座近千年的大型小木作佛道帐实物（图18，佛教考古注意古本佛经，更应关注贮藏佛经原来的佛帐）。经帐内宽40.3厘米，因可测知契丹藏帙或函的高度。1966—1974年间，山西应县佛宫寺释迦塔内的塑像腹中发现不少装藏的文物，其中有十二种《契丹藏》的零卷或残卷，于是我们才知道此藏是卷子装（此藏刊刻在《开宝藏》后，《福州东禅寺藏》之前），每板27—28行，每行的字数有两种，行17字者多，也有行15字的。有的卷前有扉画，扉画中有大日如来的本尊像（图19）。大日如来是密教胎藏部的主像，辽代流行密教，所以经前附有他的形象。藏经前附扉画，北方系统比南方系统为早。辽藏的编号与《开宝藏》和南方系统依据《开元释教录》者不同，比《开

图18 大同华严寺
薄伽教藏小木作佛
道帐

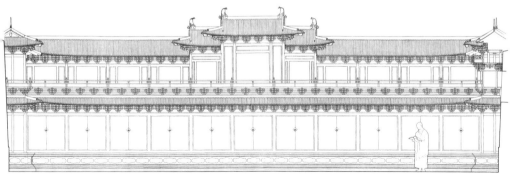

华严寺薄伽教藏
天宫壁藏南立面图

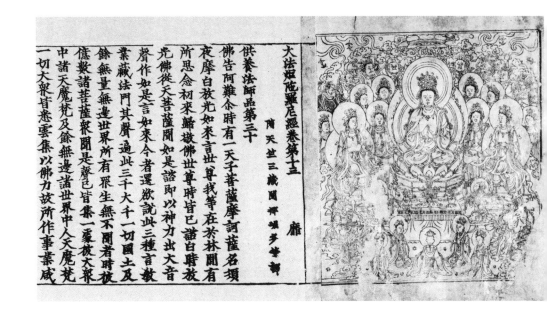

图19 辽燕京刻《契丹藏》本《大法炬陀罗尼经》卷十三（麐）（《文物》1982年6期图版贰1）

元释教录》迟一字，迟一字的编号是后晋可洪《新集藏经音义随函录》的编号，从这编号的不同，可知《契丹藏》的渊源并不完全是《开宝藏》。《开宝藏》传到契丹是太平元年（1021年）。这反映到行、字的问题，《开宝藏》是行14—15字，《契丹藏》行15字者大约与《开宝藏》有关，行17—18字者是唐写经的字数，因此可以推测《契丹藏》行17—18字的部分就有可能是与北方流行的可洪《新集藏经音义随函录》系统的大藏有关了。这个问题很重要，因为以上讲的大藏都是《开宝藏》系统，而《契丹藏》中有非此系统者。北京清水院咸雍四年（1068年）辽碑记《契丹藏》五百七十九帙，比《开元释教录》即《开宝藏》及其续刻多六十九帙，可知《契丹藏》有它自己所特有的佛籍。如唐慧琳《一切经音义》一百卷为各宋藏所无，而见于根据《契丹藏》续刻的《高丽藏》，因此它出于《契丹藏》。另外，据高丽高宗时（南宋理宗时，13世纪前半）僧守其勘校宋辽等藏时所写的《高丽国新雕大藏校正别录》所记，知《契丹藏》有比宋藏好的地方，它比宋藏缺文少，此外它还收了不少辽僧的著作。可惜残存的太少，我们无法知其详细了。解放后，我们整理房山石经，发现辽刻部分，其中有不少是根据《契丹藏》印本上石的（这可从石本也用《新集藏经音义随函录》编号所得知）。这样，印本虽不多，但还保存了不少石本。关于房山石经，在这章的最后，还要单独讲它。《契丹藏》的形式前面讲了，应县的发现都是卷子装。但高丽僧密庵撰《丹本大藏庆赞疏》说，“帙简部轻，函未盈于二百；纸薄字密，册不满于一千”（《东文选》卷112），知也有梵筴装者。

北方系统的大藏的第二种是《赵城金藏》（图20、图21）。金皇统八年至大定十三年（1148—1173年，南宋高宗—孝宗时，即南宋初）在今山西南部刻成，是一位叫崔法珍的女子倡议捐募完成的。此藏刊刻很快，只用了二十五六年，这大约是因为它主要采取了翻刻的办法，减去了重新书写这道工序，翻刻的根据有一部分是宋《开宝藏》，更多的是一些单刻的经卷，所以这部藏的形式（版式）极不统一，每板的行数少的22行，多的30行，每行字数少的14字，多的可达27字。此藏不见任何著录，是1933年南方和尚范成在山西赵城县广胜寺访经时发现的，现存约五千卷，有残缺，卷子装。因不见著录，也不知其名，以藏发现于赵城，故名曰《赵城金藏》。有人从经尾题中找出金贞元三年（1155年）在解州天宁寺开雕的记录，定名为《解州天宁寺藏》，但当时是否全藏皆在天宁寺开板？不敢肯定，因此还叫《赵城金藏》为好。经查对全藏之后，知道其中有三百多卷不见于宋藏。1935年，

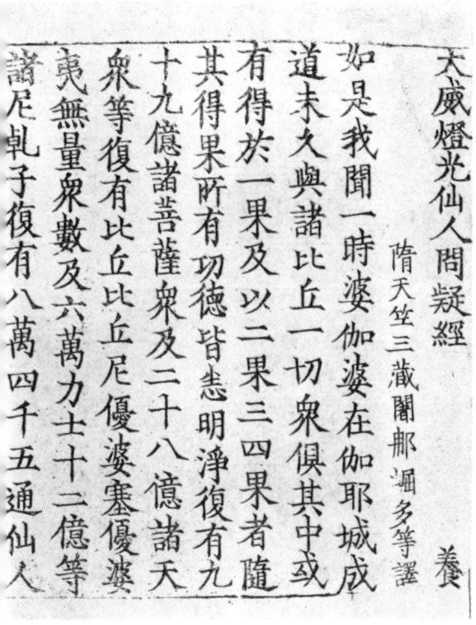
大威燈光仙人問疑經　養
隋天竺三藏闍那崛多等譯
如是我聞一時婆伽婆在伽耶城成道未久與諸比丘一切衆俱其中或有得於一果及以二果三四果者隨其得果所有功德皆悉明淨復有九十九億諸菩薩衆及二十八億諸天衆等復有比丘比丘尼優婆塞優婆夷無量衆數及六萬力士十二億等諸尼乾子復有八萬四千五通仙人

图20　北京大学图书馆藏《赵城金藏》本《大威灯光仙人问疑经》（NC1790/7122.1）

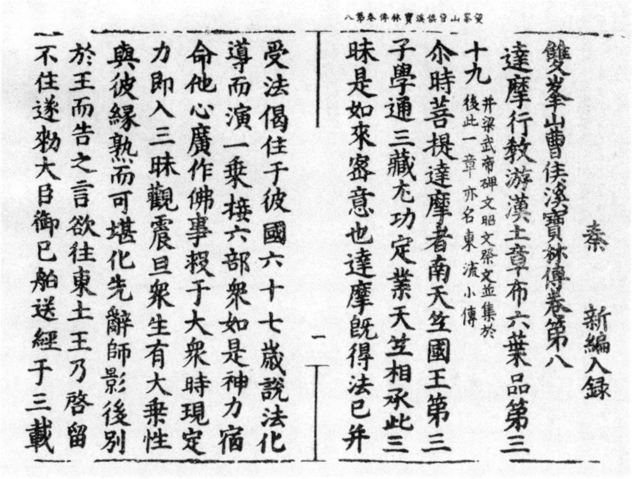
秦　新編入録
雙峯山曹侯溪寶林傳卷第八
達摩行教游漢土章布六葉品第三十九　并梁武帝碑文昭文祭文並集於後此一章亦名東流小傳
介時菩提達摩者南天竺國王第三子學通三藏尨功定業天竺相承此三昧是如來密意也達摩既得法已弁受法偈住于彼國六十七歲説法化導而演一乘接六部衆如是神力宿命他心廣作佛事叔于大衆時現定力即入三昧觀震旦衆生有大乘性與彼緣熟而可堪化先辭師影後別於王而告之言欲往東土王乃啓留不住遂勑大臣御巳船送經于三載

图21　北京图书馆藏《赵城金藏》本《双峰山曹侯溪宝林传》卷八（《历代藏经考略》图二乙）

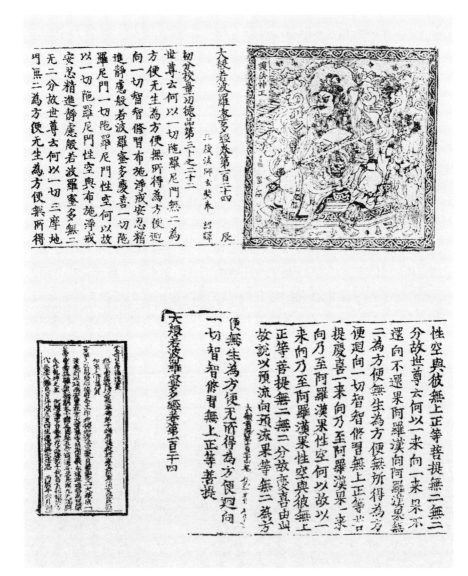

图22　西藏萨迦寺藏《弘法藏》本《大般若波罗蜜多经》卷一百二十四卷首、卷末（参《藏传佛教寺院考古》，图9-2、9-3）

北平三时学会居士发起在这三百多卷中选择了大约有二分之一影印了,题名叫《宋藏遗珍》行世。1949年后,《赵城藏》全部移存北京图书馆。此藏元代广胜寺曾重装了一次,卷前有元重装时补入的说法图扉画。此藏在清时曾有抄配,抄配所据的本子是《明北藏》,用此藏时要注意。此藏经板崔法珍刻成后,运来中都,献给皇室,板存燕京弘法寺。赵讽《济州普照寺照公禅师塔铭》记照公大定二十九年(1189年)在寺建立轮藏事:"闻京师弘法寺有藏经板,当往彼印之,即日启行,遂至其寺,凡用千二百万有奇,得金文二全藏以归。一宝轮藏,黄卷赤轴……皆□梵册,漆板金字以为严饰,庶几请众易于翻阅。"可知济州照公在弘法寺所印一卷子装,一梵笺装,是燕京《弘法藏》的装订也有两种形式,也许是受到此地前此的《契丹藏》的影响,也和《契丹藏》相同,现在梵笺装者还未曾发现。

文献记载元初的《弘法藏》,以前是个谜。1959年在西藏萨迦寺曾发现了元朝印本的卷子装的佛经百余卷,与《赵城金藏》对照,知道它是利用了《赵城金藏》即金燕京《弘法藏》的板子补刻重印的(图22),因此推测这百余卷即是部分的元初《弘法藏》。此藏名"弘法",亦即因板在弘法寺的缘故。经过考证,还知道《至元法宝勘同总录》所收的经种、卷数皆与此同,因此《至元法宝勘同总录》即可视为《弘法藏》的目录。

汉文大藏经还有国外版,有高丽藏和日本印刷的大藏。

王氏高丽王室曾雕藏两次。初雕约在1020—1070年(宋真宗到神宗初),费时约六十年,系复刻《开宝藏》,包括《开宝藏》的续刻部分。日本藏有零本(图23)。《高丽藏》刊刻后,11世纪80年代(神宗、哲宗时)有王子义天入宋蒐求章疏回国续刊4000卷,已佚,惟所编目录《新编诸宗教藏总录》尚存,《大正藏》收在目录部,可借此目知道当时诸宗章疏的情况。1235年,蒙古入侵高丽,初雕丽藏板焚。1236年,高丽王室又重雕,经15年告成(宋理宗时)。高丽重雕大藏时,他们藏有初雕印本、各种宋藏和《契丹藏》,以初雕本为主,取材多宋藏和《契丹藏》,主其事者为高僧守其,曾撰《高丽国新雕大藏校正别录》记其事。新雕本仍用初雕形式即《开宝藏》的行款,行14—

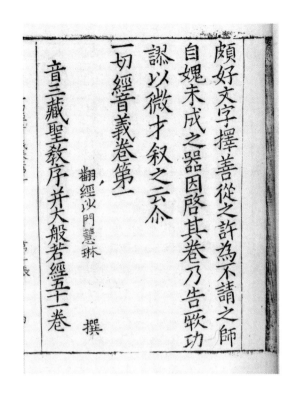

图23 北京大学图书馆藏日本影印《高丽藏》本《一切经音义》卷一（李□5040）

15字，共6557卷。此经藏板尚存南朝鲜（韩国）庆尚南道陕川郡的海印寺。1976年南朝鲜（韩国）东国大学，将全藏影印流行，1983年台湾新文丰出版公司又据南朝鲜（韩国）本影印。新雕《高丽藏》原本是《开宝藏》，又据其他宋、辽藏校勘，所以是现存大藏中最重要的一种。日本弘教书院排印的《缩刷藏》和后来排印的《大正藏》，即以此为底本。

日本所印大藏有四种，时间都较晚。

《天海藏》：1637—1648年（明崇祯十年至清顺治五年），日本僧正天海得到德川幕府的支持，以木活字排印大藏一部，号《天海藏》。形式大体仿《思溪藏》梵笺装，当时中国人称为《倭藏》。此藏学术价值不大，《昭和法宝总目录》卷二有目。

《黄檗藏》：1669年（康熙八年）僧铁眼于宇治黄檗山开雕，1681年（康熙二十年）完成。因主持人铁眼，又称《铁眼藏》。此藏以《嘉兴藏》为底本，方册装。《昭和法宝总目录》卷二有目。此藏学术价值也不大。

《弘教书院大藏》（《缩刷藏》）：明治十四至十八年（1881—1885年，即清光绪七至十一年），弘教书院和增上寺僧以铅字排印，谓之"缩刷"。以明蕅益智旭《阅藏知津》顺序编次，以增上寺所藏《高丽藏》为底本，勘以宋《圆觉藏》、元《普宁藏》、明《嘉兴藏》，标记异同，并加句读。此藏流传来我国不少，是《大正藏》之前较好且易找之本。宣统元年迄民国二年（1909—1913年），上海频伽精舍曾重排印此藏，错误颇多，又去其校注，最无道理。这个《频伽藏》流传很多。《昭和法宝总目录》卷二有目。

《卍藏》及《卍续藏》：明治三十五至大正元年（1902—1912年），日本京都藏经书院排印，汉文施加训点。《卍藏》底本是用日释忍澂以丽本（《高丽藏》校勘的《黄檗》本）为底本。《昭和法宝总目录》卷二有目。《卍续藏》既收了明《续藏》及《又续藏》，又收了不少我国已佚的章疏。因此，这部《卍续藏》，对研究唐以来各宗的情况，提供不少新资料。所以这部藏，也是日本的一部较重要的大藏。我国因为有了《频伽藏》，所以商务印书馆只影印了其中的《卍续藏》。

《大正藏》：其全名叫《大正新修大藏经》，大正十三年（1924年）由日本学术界和佛教界共同组成"大正一切经刊行会"组织修藏事宜。由梵文学者高楠顺次郎领名都监。1925年开始出版，到昭和九年（1934年）印竣。之后还出了《图像部》和《昭和法宝总目录》，接着编辑每卷一册的《大正藏索引》，1941年出版第一册，1980年代初出完。该藏在前述弘教书院《缩刷藏》的基础上，对校宋、元、明各藏和《高丽藏》，并参照了日本正仓院等处所藏抄本藏经，进行校勘补缀。校勘面还及于巴利文和梵文佛籍。收集数量大，除比以前各藏多图像外，还收了一些新发现的佛籍，如收入了大部分敦煌写经中的已佚的佛籍。全藏还进行了句读。此藏在体例上改变了历来按大、小乘佛教的分类法，而按佛籍本身的基本内容分类，即从学术上考虑的新分类法。全藏分三部分：

1. 正藏55卷，分印度撰述、中国撰述（包括日本撰述）。前者分经部：阿含、本缘、般若、法华、华严、宝积、涅槃、大集、经集、密教；

律部：上座、化地、大众、法护、有、菩萨戒；论部：释经论、毗昙、中观、瑜伽、论集。后者分经疏、律疏、论疏、诸宗、史传、日籍等。

2. 续藏30卷，收日本撰述的续经疏、续律疏、续论疏、续诸宗、悉昙，附古逸（敦煌古遗文等）、疑似（疑伪书）。

3. 别卷15卷，即图像12卷、《昭和法宝总目录》3卷。

以上一百卷，原计划收佛籍3360部，实际上则收3283部（《昭和法宝总目录》卷三记）。《大正藏》有很多优点，但缺点也不少，分类太繁，系统不清，校勘不细，断句多误。搜罗虽富，但也有不少重要佛籍没有收入，如南朝宝唱《名僧传》佚，但日本有《名僧传抄》，为摘要；又如唐玄应的《一切经音义》和五代和尚可洪的《新集藏经音义随函录》等；佚经收得不全等。但目前此藏最易找到，台湾近年有了翻印本，包括索引全部，那就更加方便了。所以可以作为我们常用的本子。用时要注意脚注。子目不好找，可先检《大正藏勘同目录》。《昭和法宝总目录》卷一、卷三有此目。关于《大正藏勘同目录》的问题，我们以后再讲。

以上所讲是丛书性质的大藏经系统的汉文佛籍的版本问题。大藏经系统以外单行本的汉文佛籍为数也不少。现在常见的清末以来各地散刻的佛籍，有金陵、扬州、江北、北京刻经处和常州天宁寺所刻的方册装半叶10行、行22字的单行本。这些刻经的地方，原有一个共同目的，然后分工刊印，这是想搞成一部全藏（百衲印），但未完成。由于便于零本购买，所以这部方册本流传很广。这批单刻本目的是广流传，不是为了研究，所以并不讲究校勘，而且还妄有改动，甚至还新编书名，如《高僧传》初集、二集、三集之类，所以，我们用时要参考其他版本。

单本流传的佛经，除了现在较流行的金陵刻经处等四处所刻的本子外，现存自古的单本是很多的，有抄本、刻本，还有所谓石本，即石刻及其拓本。这些单本凡是明以前的，都有校勘价值。经过校勘，我们才能知道某个单本的渊源。如果是源于已佚了的刻本藏经，甚至源于刻本藏经以前或以外的系统，那就很重要了。当然，这是指一般佛籍而言；如果是与佛教考古有关佛籍，对我们来讲就更重要了。

明以前的单本佛籍，历代传下来的，如陕西、山西、江浙、川滇一带的大寺的收藏之外，近年有几项重要发现。较早的著名的发现是新疆吐鲁番和敦煌藏经洞的发现。前者一直到现在还陆续有发现。后者虽然发现较早，但分散得很厉害，也是一直到近年还不断出现一些过去不清楚的藏地和内容。例如20世纪六七十年代，我们才知道苏联还收藏10000卷以上，法国巴黎所藏伯希和劫去的书籍中的藏文卷子里还有一批未编号的汉文经卷和文书。此外如日本，也有一些过去不知道的卷子出现了。在国内，除了北京图书馆收藏外，现知道三处收藏较多的是敦煌文物研究所（300卷）、台湾"中央"图书馆（100多卷）和北大（也有100多卷）。此外，上海、济南、天津、北京等地都在文化大革命中查抄出数十乃至数百卷过去不知道的敦煌经卷。这批东西还处在未公开的时期，但总有一天要公开，注意这方面资料的人，要随时留意，不要以为敦煌遗书有了总目，查查总目就可以大体一目了然，其实并不如此。这里所说的总目，即是指1962年商务印书馆出的《敦煌遗书总目索引》。这个目录是王重民先生编辑的，它包括四个目录，最后一个又包括19个子目，是现在国内外收录敦煌遗书最多的目录，而且书后还有一个合起来的索引。我们想知道敦煌有哪些佛籍，检查起来很方便。吐鲁番、敦煌所出的佛籍对我们从事佛教考古的人，有特殊意义，因为这两个地方都有很重要的佛教遗迹——石窟群。与石窟同出的佛籍往往是了解石窟内容、历史背景的最重要的资料。这一点已超出了佛籍版本问题，以后我们搞石窟工作时，再进一步介绍这个问题。

　　山东、山西、河北、北京、安徽、四川、云南等地唐宋塔的发现，说明塔底的地宫、塔上层的天宫、塔顶覆钵和塔内夹层、塔内塑像都有存放佛籍的可能。塔内藏经，清代四川就发现了。解放前的发现，随发现也就随毁掉了。解放以后注意了这个问题，于是很多地方的发现都保存下来。塔里发现的佛籍，绝大部分是单行本，有抄本，有刻本。经名虽然都是常见的，但有时也有不经常见的，特别是许多单刻的经，前附有扉画，后有尾题，这些都是值得重视的。山东胶东莘县北宋塔出了一批《妙法莲华经》，是北宋仁宗——神宗时代杭州私家

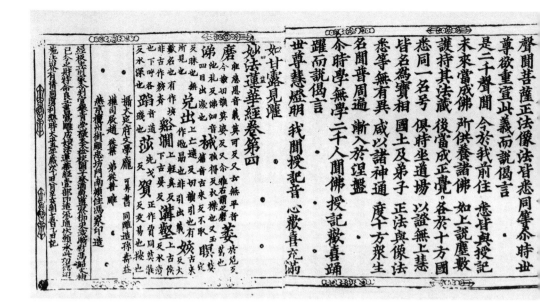

图24 辽太平五年燕京檀州街冯家印造《妙法莲华经》卷四（《文物》1982年6期 P.16图三）

所刻，其扉画内容丰富，与常见的简单说法图不同，甚至有法华经变的内容。陕西某县曾出土金明昌七年（1196年）平阳府临汾县私家刻经，这是很重要的佛经刻印史史料。应县木塔塑像腹中也出了不少单刻经和抄本经。刻本都是燕京所雕，《妙法莲华经》单本有圣宗太平五年（1025年，仁宗即位的第三年）"燕京檀州街显忠坊门南颊住冯家印造"尾题，尾题还记"摄大定府文学庞可昇书"（图24）。庞是当时有名的书法家。字写得好，刻得也好，印得也好，字的雕印水平并不比北宋差，这说明辽时燕京文化水平是相当高的。有的经有扉画，值得重视的密教扉画为大日如来说法，这个题材前边未见，以后也未见，此事上面已谈过了。

石本佛籍，我们常见的是各地的经幢。关于经幢，大家要看一下叶昌炽《语石》的记录，不多讲了。开元以前的经幢很少，再早有一种小石塔，其座上刻经，酒泉、敦煌和吐鲁番都曾发现北凉的遗物，经文内容是《十二因缘经》。此经对了解北凉佛教很重要（小乘），塔座上还刻有小佛龛，龛中的形象对早期石窟寺的探索，有参考价值。我们从佛籍的版本问题考虑石本佛籍，最重要的为大部头的石经。

佛籍刻石，源于佛教徒怕佛经湮灭，刻在石头上可以长久保存，它的出现是和北魏昙曜雕凿石像的意义相同。北朝晚期，由于阶级矛盾激化，统治阶级（包括佛教界的上层人物）为了挽救他们的灭亡，对佛教徒宣传佛教中的末法思想极为重视，即对即将到来的灭法时期，如何保存佛教，特别是宣传佛教的重要手段佛籍的不遭灭亡，于是提倡除了刻石像之外，还要把佛经刻在石头上。北朝晚期关东地区适于雕刻的石质，分布地区较广，于是石经就在北中国的东部发展起来。东魏、北齐，主要是北齐的石经有三种形式：一是直接刻在山石面上，如泰山经石略；一是刻在修治后的石壁上，如北响堂有名的唐邕刻经（天统四年—武平三年，即568—572年）；还有一种刻在石块上，如原存太原凤峪的《华严经》刻石，这批刻石现存晋祠。前两种，北齐以后基本没有继续下去，但凤峪这种形式却改进刻成碑板的形式，被继续了下去。

574年北周武帝废佛，时间虽不长（579年复法），但好像证实了佛教徒宣传的末法世界，这件事给人们留下深刻印象，所以到隋炀帝时，阶级矛盾又一次激化时，雕造石经在幽州的涿鹿山（后名石经山，俗称小西天）发展起来了，即今天所谓的"房山石经"。房山石经的情况，过去是根据几块碑记和雷音洞的石经只知道个大概，较详细的内容并不明了。1955—1957年，中国佛教协会组织了考古和传拓的力量，对石经进行了全面清理，墨拓了全部，大小石经板共14274条。这样，房山石经的历史、内容才逐渐清楚。近年又开始了整理校勘，并制定了逐步影印的计划，于是，对房山石经的学术意义也有了初步的认识。下面，对这个重要佛教遗迹从考古、目录和佛教史等方面大致作些介绍。介绍的内容，限于1966年文化大革命前的情况，文化大革命后关于房山石经的研究还没有发表什么重要著作。1977年文物出版社出版的《房山云居寺石经》，实际是反映了文化大革命前的情况。

房山石经分贮在北京市房山县云居寺西南角的一个地穴和开凿在云居寺西石经山山腰的九个洞窟中。九个洞窟分上、下层排列，下层两个从南向北编号即1、2洞；上层七个，从北向南为3、4、5、6、7、8、9。九个洞窟中的上层七个开凿在隋末唐初，下层两个开凿在玄宗时，地穴开凿在辽代末年天祚帝时（1101—1125年）。

房山石经的开雕，据唐初唐临《冥报记》记载，知道是幽州和尚静琬于大业中（605—616年），得到炀帝后萧氏及其弟萧瑀的资助，开始雕造,刻了三十年,贞观十三年(639年)静琬死去。静琬经手刻的石经"已满七室","每一室满,用铁锢之"。这七个室即是现在编号的3—9洞。估计其中第5洞,即俗称"雷音洞",是最早开凿的。此洞与其他洞不同,是敞开的石室,中部立有四根满雕千佛的石柱,石经都镶在壁上。另外的洞子都设有严封的石门,石经都是堆叠放置的。比较明确的是静琬时期雕造的有第7洞的《涅槃经》和8洞的《华严经》。静琬造经的目的,在他刻的碑记有这样的记载:"此经为未来佛[法]难时拟充经本,世若有经,愿[勿]辄开。"(贞观八年)可知它是为了存贮到灭法以后复法用的。从他的刻经,我们可知以下几点:
1. 雷音洞的布局(雷音洞正壁和右壁刻《法华经》,左壁从后向前依次为《无量义经》《金刚般若经》《胜鬘经》《弥勒上生经》,前壁左侧为《华严经·净行品》,右侧为《维摩经》)。主要是表现了《法华经》(《无量义经》是《法华》三部之一,南齐昙摩伽陀耶舍译,说《法华经》之前说此经,为《法华》之开经;《观普贤经》与《法华经》之《普贤菩萨劝发品》相表里,故为《法华》之结经,刘宋昙摩蜜多译),千佛四柱和《千佛经》大约也是配合《法华》的;2.《涅槃经》《华严经》是大乘四部中的两种,《金刚般若经》是大乘四部中一种的零品,《胜鬘经》是流行于在家妇女间的大乘经,《维摩经》是流行于在家男人间的大乘经。静琬所刻这部分经的内容,既反映了救度一切众生的大乘教义的流行,也反映了在家修行的盛行。在家修行说明佛教的世俗传播的深度和广度,远比以前更为扩大了(图25)。

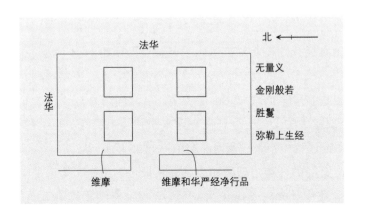

图25 北京房山云居寺雷音洞平面和刻经位置示意

雷音洞经文的布置，有些可与北朝晚期流行的佛教衔接起来，又可与敦煌初唐洞窟壁画相比较。这种情况还表明了中原地区从南北朝向贞观以后佛教的过渡。

静琬卒后，他的弟子们（玄导、僧仪、慧暹、玄法）继续了他的刻石经事业。玄导的活动主要是在高宗时，他刻的经有《摩诃般若波罗蜜多》（大品般若）《般若心经》《胜天王般若》《楞伽经》《思益梵天所问经》《高王观世音经》《佛地经》等大乘经。助刻的人，较多的属于幽州地区的地方官。玄导以后的僧仪情况不明，从年代上排，应在武则天时期。武周时出现了不少附近的农户施舍刻经的情况，佛教在这个地区已蔓延到农家的下层了。武周时刻经中有不少《弥勒经》，有《下生成佛经》，也有《上生兜率经》。《弥勒经》的流行，似乎与武则天宣传她自己是弥勒下生有关。僧仪以后的慧暹，主要活动在开元时期。当时得到玄宗亲妹金仙公主的施助，在经洞下层新开了两座石洞，即今第1、2洞。开元八、九年（720—721年）募刻的《正法念（处）经》，全部置于第1洞。由于开元十八年（730年）金仙公主的奏请，从长安送到四千余卷新旧译经作为"范阳县（今河北涿县）石经本"，送来的人是有名的长安崇福寺（休祥坊东北隅，位今玉祥门外路北）僧智昇，就是撰《开元释教录》的人。经本到时，这里的主持人大概已是慧暹的弟子玄法。不久开雕大乘经典中的根本佛经、玄奘译的600卷的《大般若经》。由于这部经量大，一直刻到唐亡还未刻完，最后有纪年的石条是《大般若经》第505卷，有昭宗乾宁元年（894年）题记，下距唐亡（907年）不过十三年了。刻了一百五十多年，大约才刻到520卷。刻这部大经的同时，也还刻了150种以上的小部佛经，如《法华经》《金光明经》《阿弥陀经》《弥勒经》《药师经》《父母恩重经》及各种《陀罗尼经咒》等，存在第7、8、9三洞，9洞更为集中。从开元晚期到唐亡刻《大般若经》期间，看来应是房山刻经的第二个高潮（第一个是静琬时），在这第二个高潮所刻的经中，我们可以看到以下几点：

一、大乘根本经典《大般若经》的雕造，能够延续一个半世纪，即使在安史之乱期间也没有中断，说明佛教在华北地区的盛行。

二、从开元年间开始就出现了《尊胜陀罗尼》之类的密教经，晚唐所刻小部佛经中，属于密教的经咒不断在增多，说明在大乘佛教中主张即身成佛的密教这一派开始兴起。唐代从佛教迷信这方面看，大体有两个系统：一个系统是安于现世的安乐；一个系统以祈求往生乐土。前者主要着重《般若经》《法华经》《金光明经》，后者主要着重在《阿弥陀经》《弥勒经》。从房山唐石经内容上看，很显然是偏重于前者。房山唐石经大部头的主要都是前者，小部头的虽有后者，但前者也不少，晚唐出现的密教经咒也是着眼于解决现世问题。以上这个现象值得注意，它反映了这个时期这个地区佛教的特点。我们知道，唐时华北地区的佛教和两宋的关系是密切的，但也有不同。《历代名画记》和《酉阳杂俎》所记与房山石经反映的情况不同。这个问题是我们搞佛教考古的人要研讨的。

三、房山石经从开元初的刻经开始较多的附刻形象（开元初幽州总管梁践恧出资刻《佛说摩诃般若波罗蜜多心经》），上镌弥勒像，晚唐开成、咸通（836—873年）间这类形象线雕越来越多，内容复杂，这是晚唐佛教图像的一批新资料，对注意佛教形象的人，也就是注意佛教迷信的人是很重要的。

四、另外还有有关地方历史方面的资料。天宝（742—755年）初到贞元（785—804年），有五十多年，刻经人以幽州范阳郡、蓟县、涿州等地各工商行业所组织的石经邑所刻的为多，它说明华北地区的工商业，在这个时期有了较大的发展，而佛教在工商行业中，也有了较大的发展。

五、自贞元以后迄晚唐，地方官吏刻经的数量激增，几任主要的地方官，如幽州卢龙（镇）副大使刘济（贞元—元和），宝历（825—826年）、大和（827—835年）间好几任的涿州刺史，开成（836—840年）间幽州卢龙节度使史元忠父子，大中（847—859年）、咸通（860—873年）间幽州卢龙节度使张元仲等，他们有的刻了几十条，甚至百条以上，这一方面说明房山刻经得到了地方官的支持，同时也表明了当时地方官在当地的政治、经济各方面的实力。中晚唐藩镇势力强大，在房山石经中也有了反映。

综观房山石经中的唐代刻经，从佛经本身的学术意义上看，这样一大批唐代佛经不仅在佛经校勘上有重要意义，它的不同译本、同译本的异译本、简本也给我们提供了不少新的问题。此外，还有不少唐世已佚的佛籍，如唐玄宗《御注金刚般若经》和《金光明最胜王经》后附的《忏悔灭罪传》等。有些已佚佛籍正是我们佛教史所需要的内容，以所举上面两书为例，唐玄宗注《孝经》、注《道德经》皆传世，独此《金刚经注》不传，房山石经补了这个缺，它给我国宗教史上三教合一的问题增加了具体的资料。《忏悔灭罪传》是记《金光明经》的灵异的，既然有专书记《金光明经》的灵异，说明此经在当时是颇为流行的。晚唐流行《金光明经》过去是不清楚的，在图像上也没有见到什么反映。

房山石经静琬开创了第一高潮，开元迄晚唐是第二高潮。晚唐以后，五代时期好像停止了一段，刻石经的恢复是辽圣宗（983—1030年）晚期即10世纪末开始，一直到金初即12世纪30年代，这一段可称第三高潮期。房山，辽最早的有纪年的刻经，是统和十三年（995年），但较大规模的开始，是涿州刺史韩绍芳于太平七年（1027年）清点了一次唐石经"验名对数"，补了一些已刻过的残损部分，然后正式续刻《大般若经》的后80卷（以前刻到520卷，共600卷）。之后刻《大宝积经》（唐菩提流志新译，取旧译合之，共120卷为全本。宝积者，法宝集积也，为大乘深妙之法，故曰宝，无量法门摄在此中曰积）。一直刻到道宗清宁三年（1057年）才刻完。这样，房山石经中所谓四大部刻经（《涅槃》《华严》《般若》《宝积》）即一小藏告竣。道宗时期（1055—1100年）是这阶段的最高潮。他自己所刻经，据统计刻了161种，87帙，经石约1084条。道宗刻经有一个特点是按《随函录》的千字文编号刻的（"莱"—"可"），这批经石堆放在第2、9两洞。道宗以后的天祚帝时期（1101—1125年），僧通理募捐续刻从"诗"到"杜"，他的弟子善伏又由"复"续刻到"景"，共刻了56帙。通理以来所刻经多是小碑，所以石块数量大，多达4000多条。以前九洞都盛满了。通理卒后，天庆七年（1117年）由他的弟子善锐等人在云居寺西南隅，穿地为穴，把道宗100多块大石经和通理及其以后所刻的都埋了进去，并在上面造一塔，刻文为记，即是志才所撰《续秘藏石经塔记》，把所埋经名、卷数、帙数都刻了出来。这座塔现尚存有塔基，俗称此塔为"压经塔"。通理以来辽末的这次续刻，一直延续到金初天眷（1138—1140年）时，又刻了14帙，这批经石大约都堆挤到石洞中，其中有的在第3、6两洞中发现。

此后，房山石经的雕造就停止了。元至正元年（1341年）有高丽僧慧月来到这里，见雷音洞壁上石经残损，又见第8洞石门毁坏，他补刻了五块石经，又修好了石门。明代有三次刻经：一是明初；一是宣德三年（1428年），道教徒刻了一批《玉皇经》8条，放进了第7洞；一是万历（1573—1620年）、天启（1621—1627年）时，一批在北京做官的江浙人刻了《四十华严》《阿弥陀经》《譬喻经》《四十二章经》《法宝坛经》等十多种佛经，放进了第6洞。清康熙（1662—1722年）时也曾刻经，残石散存在雷音寺。

从唐以后房山石经的情况看：

1. 续刻石经着重在"以成四大部数"（辽清宁四年，1058年，赵遵仁《续镌成四大部经记》），可知房山石经的续雕，还是上沿唐代佛教系统。辽、金之际雕了一些密教经，但还限于入藏的，密教经籍并没有过多地超出晚唐密教经的范围，这一点与辽、金密教盛行并不相称，看来这大约与密教重视口传不重文字传播有关。在辽继续唐系统的问题中，值得注意的是，自唐武废佛以后在中原地区已衰微的华严，在华北地区好像影响不大，所以这里有已佚的华严初祖陈、隋之间杜顺的《漩澓偈》，五代僧惟劲的《释华严漩澓偈》，还有华严重要人物二祖法藏的《健挐骠诃（梵语，汉译华严）一乘修行者秘密义记》，辽在西京（大同）修建华严寺也反映了这一问题。

2. 辽续刻石经，有了固定的顺序，即根据后晋可洪的《随函录》，这一点与唐不同，这件事说明华北地区在辽代较普遍地重视了佛籍的整理编次。

3. 藏石经出现了一个新方式——掘地穴，上建塔。这种藏经方式应和唐宋塔中藏抄本和刻本佛经有关。

4. 金初以后，房山刻经基本停止了，反映了华北地区佛教的没落。明代这里又杂入了道经,更说明了这个问题。

唐以后房山石经本身的学术价值、校勘的作用同唐石经,不过出现了一个新情况,即辽点查唐石经时,并不仔细,好像多存晚唐石经的第9洞被漏掉了,所以辽续刻的经有一部分与唐重复,于是就出现了唐、辽本的不同,石经本身可以互勘。也有不少已佚的佛籍,如上述华严经籍,还有辽道宗撰《发菩提心戒本》等(菩提心,求真道之心。新译为觉,求正觉之心。从广律中拔选戒律之每条者曰戒本)。前面谈到辽道宗时期以来所刻石经皆附帙号,帙号与《随函录》同,这一点正与《契丹藏》同,而《契丹藏》也正好在道宗初年完成,因此可以估计辽石经与《契丹藏》是同一底本,通理大师所刻4080小碑片的行款也正与《契丹藏》(行17字)同,因此,《契丹藏》所存虽少,但这里的房山石经却提供了大批石本,这批石本可以补充现存的《契丹藏》。

金以后元、明、清的石经,从学术上看,没有什么大的价值,现略去不谈了。

如有可能,最好去一趟房山云居寺。

关于房山石经的问题,以上仅就1966年文化大革命前所了解的情况介绍了一下,近年佛教协会对石经作了不少整理工作,应有不少新的发现。

* * *

汉文佛籍的版本介绍如上。阅读佛籍,可以《大正藏》为底,参见影印的《碛砂藏》《高丽藏》,必要时再取《赵城藏》对校。当然,有条件还应利用房山石经和敦煌卷子等。如果《大正藏》找不到,可用《缩刷藏》的影印本《频伽藏》。《缩刷藏》和《频伽藏》是以《阅藏知津》的顺序编排的,看此二藏时,可参考《阅藏知津》。如果利用《赵城藏》,可参考《至元录》,另外北京图书馆有新目。

下面介绍几本参考书:

1. 叶恭绰《历代藏经考略》,刊《张菊生先生七十生日纪念论文集》,商务印书馆,1937:25—42。

2. 周叔迦《大藏经雕印源流记略》，刊《现代佛学》，1954年4、5、8期。

3. 林元白《房山石经初分过目记》，刊《现代佛学》1957年9期（《人民画报》1958年2期有图版）。

4. 林元白《唐代房山石经刻造概说》，刊《现代佛学》1958年3期。

5. 林元白《房山辽刻石经概观》（上、下），《现代佛学》1961年1期、1961年3期。

6. 林元白《房山石经拓印中发现的唐代碑刻：介绍〈大唐云居寺石经堂碑〉》，刊《现代佛学》1958年1期。

7. 阎文儒《房山云居寺》，刊《文物参考资料》1955年9期。

8. 林元白等《房山云居寺石经》，文物出版社，1977年。

二　汉文佛籍目录（上）

汉文佛籍目录，从我们的角度看可分两类：一类是作为搜集佛教史料的目录书，即汉文佛籍目录上；一类是我们看佛籍有检查使用意义的目录，后一类较早的也兼有史料价值，即汉文佛籍目录下。这两类可以开元十八年（730年）智昇撰《开元释教录》分界，其前的佛籍目录属于前一类，以后的属于后一类。

先讲前一类，即"汉文佛籍目录"这个题目的上编。这一类对包括石窟寺考古在内的佛教考古有重要意义，从某种意义上说，这类目录书，实际上是我们这个学科的文献史料中的重要组成部分。

约从东汉明帝，即公元1世纪后半开始汉译佛籍后，汉末三国即公元3世纪就出现了佛籍目录。在早期目录中，有名的是十六国时释道安的《综理众经目录》（4世纪），这个目录早已佚失，但可从下面要讲的《出三藏记集》中知道个大概。现存最早的目录是刘宋（5世纪）的《众经别录》，敦煌出有残卷（P.3747），可参看王重民的跋语（刊《敦煌古籍叙录》）和潘重规的《敦煌写本〈众经别录〉之发现》（刊《敦煌学》第四辑，1979年）。现存隋以前的佛籍目录，最重要的是齐、梁时（5世纪末）僧祐的《出三藏记集》。之后，隋录存世的有法经《众经目录》、彦琮的《众经目录》和费长房的《历代三宝纪》。《开元释教录》以前的唐录，存世的有道宣的《大唐内典录》、靖迈《古今译经图纪》、静泰的《众经目录》和明佺《大周刊定众经目录》。在上述目录中，我们选了三例，即《出三藏记集》《历代三宝纪》和《大唐内典录》。

1.《出三藏记集》

《出三藏记集》，梁建康建初寺僧僧祐撰。此书是僧祐《法集》八种中的一种。出，译出；三藏指全部佛籍；记，记录；集，汇集。把译出的经、律、论等的记录聚集在一起的意思。"祐集经藏既成，使人抄撰要事为三藏记"（《高僧传》本传），由此知道僧祐撰此书，是他编辑经藏之后的产品。因为他先编辑了经藏，在编辑过程中发现了问题，所以在经藏编完之后撰此书，僧祐自己曾说他撰此书是为了"订正经译"。可见此书之撰不是率尔操觚，是为了"订正经译"而撰。因此，撰书的用意和态度是认真、严肃的。此书在当时又称《三藏记》，见前引《高僧传》，隋唐沿用，见《历代三宝纪》卷七和《大唐内典录》卷一。隋时又叫《出三藏集记》，见《历代三宝纪》卷五，唐时又简作《僧祐录》（见《内典录》卷四）或《祐录》（见《内典录》卷一）。

僧祐，《高僧传·明律篇》有传。他出家钟山定林寺，后在建初寺。齐永明中（483—493年，北魏孝文帝中期，即太和七—十七年）已是南朝的律学名匠，"凡获信施，悉以治定林、建初及修缮诸寺，并建无遮大集舍身斋等，及造立经藏，披校卷轴"（见《高僧传》本传）。撰写《出三藏记集》的时间，《历代三宝纪》记在建武时（494—497年，即北魏太和十八—二十一年）。书分十五卷，内容有四部分：

一、"撰缘记"（卷一），祐序曰："缘起撰，则原始之本克昭。"汇集经论中记载佛籍出现的缘由。附录译经注意事项及旧译、新译中不同的重要名词的对照。这部分告诉我们佛籍来源有梵、佉卢文和西域三十六国字。旧译指汉魏译，新译则自鸠摩罗什始。

二、"诠名录"（卷二至五），祐序云："名录诠，则年代之目不坠。"以时代撰人为序，记录历代译书的名目。这部分记录，引用不少以前的译经目录，特别重视《道安录》，考订年代多赖《道安录》。僧祐说，"爰自安公，始述名录，诠品译才，标列岁月。妙典可征，实赖伊人。敢以末学，响附前规，率其管见，接为新录"。可见僧祐是以继安公事业为己任的。"诠名录"这四卷书原分上、下卷。卷二、三为上卷，卷四、五为下卷。

上卷：首先是"经律论录"，以时代撰人为顺序，记录了当时译经的全部，凡一个人译的都集中到一处，先记"有"或"今缺"，然后说明何时译，为何译，在什么地点译。这些是我们了解当时各地佛教情况的第一手资料。其次记"胡本同而汉文异"的"异出经录"，即汉译的不同译本。再次记缺译人姓名的"失译经录"，失译经是根据《道安录》编辑的。最后记"律录"，此录记载译出戒律的经过，很详细，这是因为僧祐本人专精律部的缘故。

下卷：首先是"失译经续录"，这部分是僧祐新续的。其次是"抄经录"，即佛籍的撮要、摘要、提要之类的简本。再次记伪经和真伪未辨的"疑经录"。最后记有注释的"注经录"和"杂经志录"，后者是未归类的杂品。

三、"总经序"（卷六至十二），分译经的前序后记（卷六至十一）和此土著述的序记（卷十二）两部分。卷六至十一，录各翻译佛籍的前序、后记，这部分可和"诠名录"的"经律论录"即卷二合读，可以发掘出为过去佛教史所忽略的新资料，下面举几个例子：

a. 卷二录北魏延兴二年（472年）西域吉迦夜与僧正（沙门统）昙曜译、刘孝标笔受，出《杂宝藏经》十三卷、《付法藏因缘经》六卷、《方便心论》二卷。延兴二年前一年，即延兴元年（471年），是北魏孝文帝即位改元之年，其时孝文帝五岁，文明太后三十岁掌权，当时云冈昙曜五窟已开工十年，七、八洞将要开工，即已进入云冈工程的兴盛期。这个时间，主持云冈工程的昙曜翻译这类佛经，应当和云冈的情况联系起来。《方便心论》已佚，内容不详。《杂宝藏经》多记本生和因缘故事，其目的是为了说明累世行善才能解脱成佛。《付法藏因缘经》是强调佛教渊源久远，代有传人，而暗示这里得到了佛教的真传。前者是针对佛教信徒的；后者是针对前此不久的废佛（445年）的事情，在某种意义上讲，它是针对统治阶级上层的。因此，昙曜翻经，也可以说是为了宣扬佛教以利于云冈石窟的兴建的。

b. 卷五录东晋慧叡《喻疑》，其中记有"汉末魏初，广陵、彭城二相出家"的记载，说明汉末三国佛教自洛阳而东盛行于今徐州、扬州一线，此事可与《三国志》所记笮融事迹互证。又记"三十六国小乘人也，此虋（学）流于秦地，慧导之徒遂复不信大品"，说明十六国前期中原地区一度流行小乘，这是受到当时新疆佛教的影响。

c. 卷七录《首楞严后记》："咸安三年（373年）岁在癸酉，凉州刺史张天锡在州出此《首楞严经》。于时有月支优婆塞支施崙手执胡本……龟慈王子帛延善胡晋音，延博解群籍，内外兼综，受者常侍西海赵潇、会水令马奕、内侍来恭政……有心通德。时在座沙门释慧常、释进行，凉州自属辞。"《开元释教录》也录此事，但《祐录》比《开元释教录》早二百多年。这是现存关于前凉译经的最早记录。这段记录告诉我们：一、前凉佛教得到张骏子（当时的凉州统治者）天锡的提倡，"凉州自属辞"，甚至他自己也参加了译事；二、译经执胡本者为月支人，大约该经来自今中亚地区；三、译经过程中，一个重要人物是龟慈王子帛延，他既"善胡晋音"，又娴内外籍，这一方面说明当时龟慈佛教之盛，一方面又说明龟慈和凉州关系的密切。龟慈与内地关系密切，据卷七、八所录经记知太康五年（284年）有龟慈副使羌子侯在敦煌，泰始二年至太康七年（266—286年）龟慈居士帛元信在长安，他们东传佛教和参加译经。

d. 卷十一《比丘尼戒本所出本末序》等记前秦时拘夷有四个僧寺、三个尼寺和高僧佛图舍弥事迹及从此处传来的戒本情况，这也是了解当时龟慈佛教的重要资料，是今天我们整理库车、拜城一带早期佛教遗迹的重要文献凭借。

此外，关于孙吴在武昌译经和沮渠氏在河西译经，也都有不少记载，是今天我们研讨长江中游发现的佛教遗物和河西早期佛教遗迹的重要的参考文献。

"总经序"的最后一卷（卷十二），内容汇集此土著述的序记，但标题不作序而作"杂录"。叫杂录是自谦的意思。这部分不仅列序记，还录出了章节细目，不少已佚的书，赖此卷略知其大概。如宋陆澄的《法论》和僧祐的《法集》等，都是研讨当时佛教史的重要文献。今天靠此类目录出的细目，得知它们的大概内容。在这类序目中，我们可以《法苑杂缘原始集》的序目作例，说明"总经序"对我们搞佛教考古的重要性。

《法苑杂缘原始集》是僧祐《法集》八种之一,《出三藏记集》也是八种之一。《法苑杂缘原始集》僧祐自己又简作《法苑》或《法苑集》,此书的序和目都值得我们注意。祐序云:"讲匠英德,锐精于玄义;新进晚习,专志于转读。遂令法门常务,月修而莫识其源;僧众恒仪,日用而不知其始,不亦甚乎。余以率情,业谢多闻,六时之隙,颇存寻览。于是检阅事缘,讨其根本……是故记录旧事,以彰胜缘,条例丛杂,故谓之法苑。"这段记载告诉我们书名的意思应是"佛教重要事迹和礼仪渊源杂考"。书分十四卷,前五卷标目下,注明出处,知皆抄自藏经。后九卷多此土著述,基本上都已佚了。内容看不到,留下目录也是很重要的。这里想强调卷八、卷九"杂图像"二卷的目录。这个杂图像目录告诉我们东晋、宋、齐、梁四代曾有些什么重要佛像。这些重要佛像,有些我们可根据现存遗迹和其他文献了解得更多些。现在我们结合僧祐本人,注意一下在《法苑杂缘原始集》的卷九中所著录的三个内容:齐文皇帝造白山(剡县)丈八石像并禅岗像记、太尉临川王成就摄山龛大石像记、光宅寺丈九无量寿金像记。

《南齐书》卷二一《文惠太子传》:"文惠太子长懋……世祖长子也……为太祖所爱……(永明)十一年(493年)卒……时年三十六。(其长子)郁林(王、昭业)立,追尊为文帝,庙称世宗。"《南齐书·高帝十二王传》:"临川献王映……太祖第三子也……(永明)七年(489年)薨……时年三十二。"齐文皇帝与临川王为叔侄关系、同龄,可见造像时间接近。

这三个题目(内容)所记录的佛像,就是《高僧传·僧祐传》所说祐"为性巧思,能自准心计,及匠人依标,尺寸无爽。故光宅、摄山大像、剡县石佛等,并请祐经始,准画仪则"中记载的三座大像。三座大像的白山(剡县)、摄山两像尚存遗迹。

白山石像,《高僧传·僧护传》记在剡县,即今浙江新昌。《高僧传》说:"释僧护,本会稽剡人也……愿博山镌造十丈石佛,以敬拟弥勒千尺之容……齐建武(494—497年)中,招结道俗,初就雕减。疏凿移年,仅成面朴。顷之,护遭疾而亡……(梁武)敕遣僧祐律师专任像事……像以天监十二年(513年)春就功,至十五年(516年)春竟。坐躯高五丈，立形十丈，龛前架三层台。"此佛现存，依崖雕，前架楼阁，经历代妆銮已失原貌，但躯体巨大，确为江浙间第一大佛。

摄山龛大石像，即指今南京栖霞山齐隐士名僧绍所凿无量寿佛（永明元年，483 年），也即千佛崖第 1 窟像。名僧绍与定林寺僧远关系密切（见《高僧传·僧远传》），僧祐所经营的摄山石像当即是此。

光宅寺无量寿金像，此像早已不存，但在《高僧传·法悦传》中有记载："悦乃与白马寺沙门智靖率合同缘，欲造丈八无量寿像……鸠集金铜，属齐末，世道陵迟，复致推斥。至梁初，方以事启闻，降敕听许……悦、靖二僧，相次迁化。敕以像事委定林僧祐。其年（天监八年，509 年）九月二十六日移像光宅寺……自葱河以左，金像之最，唯此一耳。"僧祐所造三像，一弥勒两弥陀，反映当时长江下游净土崇拜的流行。僧祐治像的时代，从齐建武二年迄梁天监十五年（495—516 年），即北魏太和十九年迄宣武帝延昌末，这个时间相当于云冈第三期，龙门北魏期，但云冈、龙门造像内容却与此不同，云冈、龙门主要是释迦和弥勒，此弥勒作交脚菩萨形象与剡县坐佛形式者异，其意义也不是弥勒净土的本尊。造像内容不同，说明南北虽都盛行佛教，但佛教的内容并不完全相同。

四、"述列传"（卷十三至十五），是译经人的传记，前两卷多外国和西域僧之东来者，后一卷为中原和南方即所谓本国的僧人传。共收了 32 位译人传记，即内地 12 人，西域 11 人，天竺 12 人，安息 2 人。其实不止 32 人，因为好多人传内还有附传，有人统计附传还有 53 人之多。这些传记人物的时代是从汉到齐，他们都是中国佛教史上的重要人物。这部分的缺点是详南略北，这是当时政治形势使然，僧祐在南方，不易得到中原和北方资料的缘故。"述列传"中的史料更多了，我们按时间顺序也举几个例子：

a. 卷十三《支谦传》，记其"祖父法度，以汉灵帝世，率国人数百归化"，是说明汉末较多的西域僧人来洛阳译经的背景资料。

b. 僧祐是建初寺僧，建初寺创自吴孙权，所以僧祐对吴的佛教了解颇多，因此关于和建初寺有关的僧人，如卷十三康僧会、支谦等，传记多记东吴佛教事，这是东吴佛教史料的一个很重要的来源。《安玄传》所附《维祇难传》记武昌译经，反映了武昌（今湖北鄂州）发现佛教遗物并不是偶然的事。

c. 汉以来佛教通过海路东来，卷十四《佛驮跋陀传》记义熙八年（412年）还荆州即今江陵，遇天竺五舶主。那么早就有天竺海船溯长江到江陵，出人意料。卷十四《僧伽跋摩传》记宋元嘉（424—453年）中随西域商人舶还天竺。至于随海舶东来的人数更多，不能一一列举了。僧祐《法苑集》中有《晋孝武世（373—396年）狮子国献白玉像》《林邑国（越南南部）献无量寿鍮石像》都是从海路运来，非佛教遗物近年发现更多，如南海特产玳瑁的制品，印度、缅甸一带的钻石和西亚的玻璃器与货币等。

d. 陆路往还，无论南方、北方，都有大量佛教徒东来西往，晋宋之际即5世纪前半，好像形成一个高潮。卷十四罽宾人昙摩蜜多东来，经行的路线是：罽宾→龟兹→敦煌→凉州→入蜀→荆州→建康。到建康住钟山定林寺。卷十五智猛往返的路线是：长安→凉州→阳关→鄯善→龟兹→于阗→葱岭→罽宾→渡印度河入恒河流域抵华氏城（摩揭陀国都故城；阿育王迁都于此；佛灭后，第三次结集于此；唐玄奘至此时，已荒废。今印度巴特那），归途经凉州→入蜀→建康也住定林寺。由上可知当时主要陆路交通线的位置。看来凉州以东今兰州附近大约是一个交叉路，东去中原则向东去长安、洛阳；要去东晋南朝就南下入川，沿江东下。长途跋涉的僧人到建康，钟山定林寺是他们集中的地点之一，又定林寺又是僧祐的本寺，所以僧祐对这方面的记录，是有权威性的。

以上我们讲《出三藏记集》这部书的情况，从内容编排到史料利用，都充分表明这个目录书对佛教考古的重要性。此书收在大藏内，无单行本，可用《大正藏》（卷五十五目录部）本。

2.《历代三宝纪》

《历代三宝纪》，隋翻译学士费长房撰，又名《开皇三宝录》，末卷有《上开皇三宝录表》和《开皇三宝录总目序》可证。序末云："外题称曰《开皇三宝录》云,其卷内甄为《历代纪》。"因此,可知这两名都是原名。三宝即指三藏而言,此书是记录历代佛籍的书籍,所以后一书名比较符合内容。唐初《大唐内典录》著录时还用《开皇三宝录》,但有时简作《三宝录》,还有时叫《长房录》(卷一),也有时更简作《房录》。宋初以后逐渐使用了《历代三宝纪》,所以各大藏皆作《历代三宝纪》。

费长房,《大唐内典录》卷五、《续高僧传》卷二有传,都很简略,好像都没有找到除本书以外的资料,因此这个人物的事迹不清楚。就本书提供的情况有:

《上开皇三宝录表》说:"但昔毁废,臣在染衣(黑紫色的缁衣。僧人服缁,故曰染衣),今日兴隆,还参法侣,时事所接,颇预见闻,因纲历世佛法缘起。"这是记他自己的历史和编书的缘起。

《开皇三宝录总目序》说:"开皇十七年(597年)十二月廿三日大兴善寺翻译学士臣成都费长房上。"这是记书完成之时、著书的地点、费自己的职务和籍贯。

《总目序》又说:"齐、周、陈并皆翻译,弗刊录目,靡所遵承,兼值毁焚,绝灭依据,赖我皇帝,维地柱天,澄静二仪,廓清六合,庭来万国,化摄九州,异出遗文,莫不皆萃,臣幸有遇,属此休时,忝预译经,禀受佛语,执笔暇隙,寝食敢忘,十余年来,询访旧老,搜讨方获,虽粗辑缀,犹虑未周。"这是记编书情况(书籍齐全),其中说明了费著此书,用十多年的时间,而费长房当时主要工作是译经。

此书《总目序》自记内容,共四个部分,"一卷总目,两卷入藏,三卷帝年,九卷代录",共十五卷。但书的顺序并不是这样编排的。编排次序是一帝年、二代录、三入藏、四总目。

卷一至三:主要是用年表的形式记帝年。费说这部分是为了"张知佛在世之遐迩"。从周庄王甲午(前687年)佛诞生起,到隋开皇十七年丁巳(597年)。卷一记周秦;卷二前汉、新莽、后汉;卷三魏、晋、宋、齐、梁、周、隋。每卷前有这个时期的大事叙论,后列年表。年表上纪年,下录佛事迹、译经、建寺,还有国内、边境的大事记。年表在南北分立时期,分上、下栏,南北对照。"帝年"的体例是沿用了我国史书的表的做法，便于检查。"帝年"实际上把《出三藏记集》的"撰缘记"部分，扩大并充实了内容。

卷四至十二：为代录，代录按朝代"编鉴经翻译之少多"。分为十六个朝代：卷四后汉；卷五魏、吴；卷六西晋；卷七东晋；卷八苻秦、姚秦；卷九西秦、北凉、元魏、高齐和陈；卷十宋；卷十一齐、梁、周；卷十二隋（北周僧多入隋，不另列）。每卷前记这个朝代的历史，其次统计这时期译经总数，此为经录。经录以人为单位，"人以年为先，经随人而次"，后记译人传记。传记里有时还附有重要译著序记的摘要。因此代录之著，实际是把《出三藏记集》的"诠名录""总经序""述列传"三部分合在一起了。

帝年和代录这两个部分，应是此书的主体。费编书时，南北统一了。《出三藏记集》写时，南朝佛籍尚不全，更缺乏北方资料的情况，这时都有所改变，所以费著书给我们提供了大量史料。

一、和《出三藏记集》相重的部分，补充了不少新内容，下面分类举几例：

Ⅰ类，补译人：《法华三昧经》六卷，《出三藏记集》失译人；《历代三宝纪》记甘露元年（256年）外国沙门支疆梁接于交州译。交州今河内附近，可见三国时佛教从海路东来也渐频繁。

Ⅱ类，补译经：西晋时号称敦煌菩萨的竺法护，是早期译经史上的重要人物，也是我们研究佛教遗迹的人应予注意的人物。关于他，《出三藏记集》说出154部，309卷经；《高僧传》说他出165部，而费则记录了他出210部，394卷，《大唐内典录》卷二同。这是经过费的多年搜寻而增加了四五十部翻译的佛籍。这一增补，对竺法护的研究就大不相同了。关于竺法护事迹也有分歧，《出三藏记集》和《高僧传》的记录是一个来源，而《历代三宝纪》卷六的记载却另有来源。《出三藏记集》和《高僧传》说竺"世居敦煌"，而费说他"从天竺国大赍梵本婆罗门经来达玉门，因居燉煌，尊称竺氏"。《大唐内典录》卷二同。《出三藏记集》《高僧传》说他永嘉之乱（311年）与门徒从洛阳东下至渑池，而费则说"……后到洛阳及往江左"。这个分歧，不好轻易肯定哪个。

Ⅲ类，补译经时：昙曜等译经三部，见前引《出三藏记集》。《历代三宝纪》卷三和卷九的记录不仅译经字数增多，时间、地点也都明确了："《入大乘论》二卷，《净度三昧经》一卷，《付法藏传》四卷，右三部合七卷……和平三年（462年）昭玄统沙门释昙曜慨前凌费，欣今载兴，故于北台石窟寺内集诸僧众，译斯传经，流通后贤，庶使法藏住持无绝。""《杂宝藏经》十三卷，《付法藏因缘传》六卷，《称扬诸佛功德经》三卷，《大方广菩萨十地经》一卷，《方便心经》二卷。右五部合二十五卷，宋明帝世，西域沙门吉伽夜魏言何事，延兴二年（472年）为沙门统昙曜于北台重译，刘孝标笔受，见道慧《宋齐录》。"（《内典录》卷四同）

二、补充了《出三藏记集》撰后，即梁至隋时期的新内容。这部分《历代三宝纪》不与现存其前书籍相重，而是《历代三宝纪》第一次出现的部分。在南方梁、陈时期，在北方是北魏晚期、东西魏、北齐周时期和统一前后的隋时期。特别是北齐和隋初的资料，对我们很重要。卷十二的《法上传》《灵裕传》《信行传》都是重要史料。法上在魏、齐时管理佛教前后四十年。灵裕是开创宝山石窟的高僧。信行是三阶教的开创者。迄隋初在大兴善寺翻译的诸僧和学士传，值得举例的很多，希望同学们自己多看看。这个时期的事迹，又见于《续高僧传》，当然《历代三宝纪》是它的资料来源，正像《出三藏记集》和《高僧传》一样。

三、《历代三宝纪》收了一部分序记的摘要：卷九有《洛阳伽蓝记》杨衒之序，卷十一有僧祐《出三藏记集》序，都可取以校勘。卷七《毗昙旨归》之后，抄录僧度（王晞）为什么作此书的一般事迹，其中穿插了僧度和他妻杨苕华的诗文。度诗有："不闻荣启期，皓首发清歌，布衣可暖身，谁论饰绫罗，今世虽云乐，当奈后生何。"反映了东晋上层部分文士间包括对小乘在内的佛教的理解是和对道家隐者差不多的。诗文本身也是很优美的文字。

四、《历代三宝纪》还记录了佛教流传的一些重要事迹：1. 对释迦生卒年月，中国人的考证，费长房应是早期的重要人物，他在卷十一记录了梁赵伯林据佛灭后《众圣点（年）记》的考证，卷十二记录了北齐法上的考证，卷一费长房序记录了包括上两说在内一共六种说法，而采取了周庄王三十年甲午，即鲁庄公七年（前687年）的说法。这个说法，虽不一定可靠，但它是根据我国古代记载此事最早的书籍三国吴谢承的《后汉书》（唐韩鄂《岁华纪丽》卷三引）。六种说法中，北齐法上的考证，是为了回答高句丽国大丞相王高德的问题的，这件事也说明了北齐、高句丽之间的佛教联系。2.《历代三宝纪》卷十二集录了开皇初关于复兴佛教的诏令和各种事迹。这是研究隋代佛教史的重要资料。

卷十三至十四：是入藏录，即是按照入藏的顺序，把前面"代录"中所列的现存佛籍，开出一个简目。这部分是《出三藏记集》所没有的。它应另有来源。来源是南北朝晚期南北都出现了的《众经目录》。这个问题，我们在下一项里讲。

入藏录"别识教小大之浅深"，分两个系统，卷十三是《大乘录入藏目》："大乘录者，菩萨藏也……合有五百五十一部，一千五百八十六卷。"卷十四是《小乘录入藏目》："小乘录者，声闻藏也……总有五百二十五部，都合一千七百一十二卷。"然后再分经、律、论。两目数字差不多。论部数，大乘录多些；论卷数，小乘录多些。由此可知，隋时小乘教的势力尚不弱。入藏分大、小乘，大概由来已久，据《历代三宝纪》卷十五记载，知从刘宋《众经别录》就这样分了。此后南北朝的经目都这样分。这种分法到后来一直未变。在这顺便说一下《历代三宝纪》所引的刘宋《众经别录》。这个目录敦煌发现了卷上的残卷（P.3747），残卷原无书名，是经王重民先生考订出来的。上面我们已经讲过了，王文收在《敦煌古籍叙录》中，台湾的潘重规曾写过《敦煌写本〈众经别录〉的发现》，刊《敦煌学》第四辑中（1979年，香港）。此别录智昇撰《开元释教录》时就说："今寻本未获，但具存其目。"后一句指《历代三宝纪》所引者。敦煌残卷据字体估计为唐以前所写，因此不能不说这是一个重要发现，它比《出三藏记集》要早几十年，是现存最早的经录。此录每记一书，都用一句话标明经义宗旨，便于读者检阅。标明宗旨之后，还记有"文"或"质"或"文质均""文多质少""不文不质"等字样。"文质"是六朝时期评论文章的两个标准。简单说，就是注意修辞文字的曰"文"，注意表达意思的曰"质"。这两个标准对翻译文章，尤其重要。《众经别录》对每部佛书都有一个文或质的评价，当然，对阅读佛书者有很大的启示作用了。不能再谈远了，下面还是说《历代三宝纪》。

卷十五：是序目，序目之前有《上开皇三宝录表》。序目即此书的序和目录。序目排在全书之末，是沿袭我国著书的旧例，如《史记》最后一卷是《太史公自序》，《汉书》最后一卷是《叙传》。《历代三宝纪》序目的最后列前代佛籍目录，以表明本书的根据。这部分列两组旧目。

前一组共六家，是费长房所见者有：

1.《众经别录》，即前面讲的那部经目；

2."《出三藏记集目录》齐建武年（494—497年）律师僧祐撰"；

3."《魏世众经目录》永熙年（532—534年）敕舍人李廓撰"；

4."《齐世众经目录》武平年（570—575年）沙门统法上撰"；

5."《梁世众经目录》天监十七年（518年）敕沙门宝唱撰；

6."《大隋众经目录》开皇十四年（594年）敕翻经所法经等二十大德撰"（此目尚存）。

这六家目录，即《历代三宝纪》的依据。

后组共二十四家，"捡传记有目，并未尝见，故列之于后，使传于世"。其中有所谓汉魏时目录，多是伪书，大约皆北朝晚期佛教徒宣传东汉以前佛教即东来而作。这类不存的目录中，重要的目录有《释道安录》、梁天监十四年（515年）敕释僧绍撰的《华林佛殿录》等。

上述《历代三宝纪》根据的目录一个存有残卷，一个尚存。尚存的法经《众经目录》，很简略，著作的时间又和《历代三宝纪》很近，所以不讲了。大家可检阅《大正藏》第五十五卷。

《历代三宝纪》无单行本，可查《大正藏》卷四十九的《史传部》。《大正藏》入史传，是把它看作史传的书籍，这是根据弘教书院《缩刷藏》来的，而《缩刷藏》又是受明藕益《阅藏知津》入传记类的影响。《历代三宝纪》是佛籍目录书，不是传记，入传记不一定合适。

《大正藏》底本是《高丽藏》,《高丽藏》是较好的大藏,这以前我们已讲过。比《高丽藏》本子还早的《历代三宝纪》,存有零卷,即敦煌出有三卷(五、六、七),相当于《高丽藏》的七、八两卷,即"代录"中的东晋、前后二秦部分,可对校。敦煌卷存巴黎编号为P.3739,王重民先生有跋文,收入《敦煌古籍叙录》。

3.《大唐内典录》

《大唐内典录》撰者是道宣。内典对外学而言,佛教徒谓佛籍为内典。隋仁寿年敕大兴善寺僧撰《内典录》五卷,见《大唐内典录》卷十,道宣沿用其名,而冠以大唐。《大唐内典录》,即大唐(当时)佛籍录的意思。这本书上承《出三藏记集》和《历代三宝纪》两书。道宣在该书卷十中说:"上集群目,取讯僧传等文,勘阅详定,更参祐、房等录。《祐录》征据,文义可观,然大小雷同,三藏糅杂,抄集参正,传记乱经,考括始终,莫能通决。《房录》后出,该赡前闻,然三宝共部,伪真淆乱。自余诸录,胡可胜言。今余所撰,望革前弊,然以七十之年,独运神府,捡括漏落,终陷前科,具述所怀,示其量据,庶有同好,复雅正之。"卷末记"龙朔四年春正月于西明寺出之",龙朔四年即麟德元年(664年),这时撰者已"七十之年"了。

道宣,《宋高僧传·明律篇》有传,为丹徒世家之子。从日严寺僧智颢、弘福寺智首两律师受业。道宣自己说:"宣少寻教相,长慕寻师,关之东西,河之南北,追访贤友,无惮苦辛。"(卷五)贞观十九年(645年)玄奘归来组织译场,诏令道宣参与译经。显庆元年(656年)西明寺初就,宣充上座。因为他隐居终南山,所以他常自称"终南山沙门释道宣"。乾封二年(667年)卒。宣从贞观末年(649年)起"方事修辑",著述很多。撰《大唐内典录》时,他自己统计有18种110余卷。道宣弟子很多,"可千百人"(《宋高僧传》)。唐学律僧多出终南山,所以他在盛唐以前的佛教界名声很大,流传很多神奇的传说。和道宣同在西明寺的道世,在他的《法苑珠林》卷二十二中记有他的神异事迹,可知道宣当时声誉之大了。关于道宣神异事,《宋高僧传》本传也有记录。

《大唐内典录》书共十卷。卷前有道宣自序。序云:"集录奔竞三十余家,举统各有宪章,证核不无繁杂,今总会群作,以类区分,合成一部,开为十例。"十例具体到该书中,就是十录,也就是全书的内容。

第一录,卷一至五,"历代众经传译所从录"。按朝代顺序,然后按译人列译经;

第二录,卷六至七,"历代翻本单重人代存亡录"。单指全部,重指部分,译人存亡时代;

第三录,卷八,"历代众经总撮入藏录";

第四录,卷九,"历代众经举要转读录"。摘要披读之众经;

第五录,卷十,"历代众经有目阙本录"。有序无目,名见第一、二录者未重刊;

第六录,卷十,"历代道俗述作注解录"。此土著述,上承《出三藏记集》的总经序的卷十二杂录部分。此土著述单列一目,此本开其端,是中国佛教史的重要参考目;

第七录,卷十,"历代诸经支流陈化录"。宋本系"支流"作"支派"。支派出生经——由大部经中抄出另行而陈于异卷。有序无目,因具见前;

第八录,卷十,"历代所出疑伪经论录";

第九录,卷十,"历代众经目录终始序"。将《出三藏记集》卷末所附,扩大系统化,单出一目。这是汉文佛籍目录书的专集,与一般的汉文佛籍书不同;

第十录,卷十,"历代众经应感兴敬录"。这是以前所没有的,新增内容。

上述十录可以归括为三类:

Ⅰ类:第一录,实际是总录的性质。

Ⅱ类:第二至第九录,是别录的性质。别录云者,是总录分类后的再现。

是方便读者分类检阅用的。这一类处理方式有两种:一种是"有序无目",另一种是"有序有目"。后一种,或是因为要补充些内容,如第六、第九两录;或是因为重要便于检查,如第三、第八两录。

Ⅲ类:第十录,按朝代顺序记东晋以来迄唐初佛教、佛经的应感事迹,这部分与经录无关,纯属迷信宣传,是为了扩大佛教信仰而写的。

在上述三类共十录中,我们从收录的具体的史料方面考虑,第一录和第十录值得注意。

第一录和《出三藏记集》《历代三宝纪》时代相重的部分,道宣作了不少补充。例如,《后魏录》中记录了恒安郊西石窟有魏碑事,《后齐录》中记高洋诛灭李老、并归佛法事,这些都是不见他书的。另外,与两书不重的部分,即《隋录》中开皇以后的部分和《皇朝录(唐)》,这里记录了仁寿和大业时,还有唐初的重要和尚的译经事迹。这些虽然大部分与道宣另一著作《续高僧传》相重,但也有《续高僧传》所略去的。

第十录所蒐辑的应感事迹,东晋、刘宋事迹抄自《高僧传》,魏齐以降,多道宣自己所辑录。其中,有的是《续高僧传》的节录,有的不见于《续高僧传》。例如记房山石经事,"幽州沙门释智苑……隋大业中,初构石室,四面镌之,又取方石写诸藏经,每一室满,以石锢之,铁锢其缝"。这段文字与唐临《冥报记》不尽相同,唐文作"幽州沙门释智苑……于幽州北山凿岩为石室,即磨四壁,而以写经,又取方石别更磨写,藏诸室内,每一室满,即以石塞门,用铁锢之"(《太平广记》91释知(智)苑条引《冥报录》,"幽州北山"作"幽州西山","用铁"作"熔铁")。两段文字相较,知道宣的记录有的辞句比唐临准确,因知道宣并不是抄自唐书,而是别有来源。道宣、唐临时间差不多(唐临600—659年,六十岁;道宣596—669年,七十二岁),都是房山石经的最早记录。又如记成都北绵竹、什邡一带,唐初盛行道教,"释宝琼者,绵竹人……本邑连比什邡,并是米族,初不奉佛,沙门不入其乡……"并是米族,可知这里的道教可能还是五斗米张鲁的流裔。张鲁流裔过去只知最迟到十六国成蜀时期,道宣这一条记载,又可把五斗米道教的流传向后推二三百年,并知它的消失是与佛教的盛行有直接关系。

《大唐内典录》敦煌出有残卷，存七卷，即卷二、三、四、五、八、九、十，为伯希和劫去，编号为P. 3807、3877，这应是现存最早的本子。佛籍雕印后，此书无单刊本。大藏本有两个系统：即丽本与宋本，两个系统分歧较大的在卷二西晋录前半和卷五的陈录、隋录。《大正藏》将此两系统都收入了，所以看此书，要找《大正藏》本（卷五十五）。

* * *

《开元释教录》以前的经录，我们着重介绍了《出三藏记集》《历代三宝纪》和《大唐内典录》三种。这三种经录有沿袭，也有独创。我们看这三种经录，不在目录的实用，而在从中收集和综合对我们佛教考古有用的史料。再重复一遍，这三种经录对我们了解唐初以前的佛教遗迹是很重要的，包括石窟寺遗迹。不仅对内地的佛教遗迹，对河西、新疆乃至中亚地区的佛教遗迹也同样有用。从这三种书中所记译经人的籍贯，可以了解新疆地区、中亚地区的人什么时间来内地译经，所译经是从何处携来的，两个地区的译人所译经有什么区别，有没有各自的特点。再进一步还可以了解中亚地区或是新疆地区是否还可再细分小区域，例如安息人与月支人、于阗人与龟兹人等。新疆地区佛教情况，对我们佛教史来讲，是一个很重要、具有关键性的地点，那里的佛教遗迹也比较多而且复杂，恢复新疆佛教的历史，这批经录是很重要的资料。只有把新疆遗迹和经录资料结合起来，才能写出较好的新疆（地区的）佛教史来。20世纪30年代，日本人羽溪了谛写了一本《西域之佛教》，有贺昌群译本，但最好看原书。这部书目前还是关于新疆佛教史的重要著作，但该书缺乏遗迹资料，有些遗迹与文献（主要经录）结合得也有问题，现在应该重新编写了。新疆如此，河西地区的佛教史亦然。佛教主要是陆路这条路东传的，为了弄清内地的佛教遗迹就不能不注意河西、新疆乃至葱岭以西佛教的情况。这一点希望同学们要给予足够的重视。

三　汉文佛籍目录（下）

后一类汉文佛籍目录，从《开元释教录》开始。后一类目录史料价值远不如前一类。《开元释教录》在编辑方式上，沿袭以前目录的做法较多，因撰时也较早，所以还有一些史料价值。此外，我们要讲的《至元法宝勘同总录》《阅藏知津》和《大正藏》目录，就只有实用价值了。实用价值，就是对我们检阅佛籍有帮助。除了上述四种目录之外，这部分中还提到了另外七种目录，即：

1.《开元释教录略出》（4卷，智昇撰）

2.《贞元续开元释教录》（3卷，圆照撰）

3.《贞元新定释教目录》（30卷，圆照撰）

4.《续贞元释教录》（1卷，南唐恒安撰）（以上见《大正藏》卷五十五）

5.《大藏圣教法宝标目》（10卷，宋王古撰，管主八续集）

6.《大藏经纲目指要录》（13卷，宋惟白集）（以上见《昭和法宝总目录》二）

7.《新编汉文大藏经目录》（吕澂著）

1.《开元释教录》

《开元释教录》简称《开元录》，长安崇福寺智昇撰，二十卷。智昇，《宋高僧传·义解篇》有传，但事迹很少，没有超出《开元释教录》本书提供的资料。其实我们细读《开元释教录》，还可比《宋高僧传》多知道些智昇和他撰写此书的情况。

一、《宋高僧传》说:"开元十八年(730年)……撰《开元释教录》二十卷"。开元十八年应是撰成之年。《开元释教录》卷九末更明确记是年撰成于西崇福寺的东塔院,同时完成的著作还有四种。和佛籍目录有关的有《续大唐内典录·历代众经传译所从录》一卷,内收《大唐内典录》迄麟德元年(664年)以后至开元十八年所出的佛籍。此书已佚,今《大正藏》所收不是智昇原书,是后人摘抄《开元释教录》而成的。还有《续古今译经图纪》一卷,此书尚存,系续靖迈《古今译经图纪》而作。这里简单介绍一下靖迈和他的著作。

靖迈传,也见于《宋高僧传·义解篇》。靖迈是四川简州福聚寺僧,玄奘归来译经,他参加了译场,是慈恩寺译经十二高僧之一。靖迈就是因为有这个经历所以才能写这个书。靖迈书现存,《开元释教录》卷十记此书"大慈恩寺翻经堂内,壁画古今翻译图变,靖迈因撰,题之于壁"。译经人始于后汉迦叶摩腾,终于玄奘。是靖迈书实际是大慈恩寺翻经堂内壁画的说明。

智昇续书的内容,据《续古今译经图纪序》:"自兹厥后,传译相仍,诸有藻绘,无斯纪述,昇虽不敏,敢辄赞扬。"始于智通,止于金刚智(当时他还在,卒于开元二十年)。《古今译经图纪》除了简述壁画所图翻经大师的简单事迹之外,还列举了他所翻译的经名卷数。因此,这两本书,即靖迈的《古今译经图纪》和智昇的《续古今译经图纪》,对注意佛籍目录的人都有参考价值。

二、智昇撰《开元释教录》是下了功夫的。他既熟读佛籍,又对之前的佛籍目录进行了钻研,《宋高僧传》说此书"最为精要"。智昇自序中说:"夫目录之兴也,盖所以别真伪,明是非,记人代之古今,标卷部之多少,撮拾遗漏,删夷骈赘。欲使正教纲理,金言有绪,提纲举要,历然可观也。但以法门幽邃,化网恢弘,前后翻传,年移代谢,屡经散灭,卷轴参差。复有异人时增伪妄,致令混杂,难究踪由。是以先德儒贤,制斯条录,今其存者殆六七家,然犹未极根源,尚多疏阙。昇以庸浅,久事搜寻,参练异同,指陈臧否,成兹部帙,庶免乖违,幸诸哲人,俯共详览。"我们看此书,知道智昇这些话不是夸张。最前面五句话,是他对自己工作如实的评论。后面我们讲内容时再讨论。

关于智昇事迹,除《开元释教录》本书外,我们从房山云居寺的开元二十八年(740年)王守泰的《山顶石浮图后记》中知道:开元十八年,玄宗的亲妹妹金仙公主奉送唐新旧译经4000余卷为范阳石经本。护送来范阳的即是智昇。很凑巧,关于智昇的事迹都在开元十八年。护送经本,估计当在《开元释教录》等书完成之后。

《开元释教录》分总录、别录两部分,各十卷。"总录括聚群经","别录分其乘藏"。

总录"以人代先后为伦,不依三藏之次,兼叙目录新旧同异",共分十九个朝代,每代以译人为纲,先记录译人事迹,然后列所出诸经,并著录了新旧目录的异同。异同涉及的内容有名称、卷数、译人、译时等。异同部分中,还记录了各经最初的著录,这些对我们都是很有用的。按智昇自己评价的五句话,检查一下总录部分:

"别真伪、明是非""删夷骈赘"两项,表现在译人所出诸经部分。前者考辨所译经之真伪,后者考证某些经是否"别生从大部出"者。

"记人代之古今""摭拾遗漏"两项,前者可以总录的体例来说明,后者可以总录中所补前凉的事迹为例。《开元释教录》比其前六十六年的《大唐内典录》多出来前凉一代。关于前凉译经,我们在讲《出三藏记集》时提到了,不过《出三藏记集》只记录了《首楞严经》,《开元释教录》则记了四部经,并记录了这四部经都是贵霜衰落之后,月支人支施崙从中亚带来凉州的,而又都是在咸安二年(372年)译出的。智昇很重视前凉译经,他在叙述四部经之后,还记"前凉之代应更出经,后进遇之,幸续编附"(卷四),说明智昇认为他搜集的前凉译经并不完全,这四部经并不能代表前凉一代,希望以后续附。可惜智昇之后,并没有人再注意此事,所以也就没有再新续附的前凉译经了。

"标卷部之多少"这项,既列举在书名之下,又在新旧目录异同部分之内进行了考证。列在书名之下的卷部数,实际是在新旧目录异同部分内进行了考证的结果。

另外,总录所记的译人事迹,唐以前虽也有增补,但主要出自前书。初唐以后部分（卷九）多出自智昇之手，互见于《宋高僧传》的，是《宋高僧传》抄自此书。《宋高僧传》抄时过于简略，所以《开元释教录》与《宋高僧传》互见的僧传，要以此书为据。智昇所撰传者的时间在武后—开元之间，此时正是密教盛行之时，所以唐密教僧人的事迹，《开元释教录》是一部很重要的史料。

总录的最后一卷（卷十）是《叙列古今诸家目录》，列举了四十四家经目（本书也著录了，列在最后），并举出了各家目录的子目。对这些目录的编排，提出了自己的看法。这部分，一方面使我们今天对已佚的目录，可以有些了解；另一方面也看到了智昇对各目的评论，知道他确实对其前的经目作了很深的对比分析和综合研究，因而使他的《开元释教录》的水平提高了一大步。

别录，"别录之中，曲分为七：一有译有本，二有译无本，三支派别行（大部中抄出别行者），四删略繁重（同本异名，广中略出，皆删去），五拾遗补阙（补旧译，增新译），六疑惑再详（重加考订），七伪妄乱正。就七门中二乘区别，三藏殊科"。这是七种分类目录，据这七种分类目录的名称，就可知道智昇自评的几句话，并不是虚构夸大。现在还是用上面的几句话，来分析这别录部分。

"记人代之古今"与"标卷部之多少"两项，在别录中只反映了结论，这是因为别录的体裁的缘故。因为别录的编排是"二乘区别、三藏殊科"的，这表现在一、二两录最清楚。

"删夷骈赘"反映在三、四两录。

"撫拾遗漏"即第五录。

"别真伪、明是非"是六、七两录。

这部分分类目录的"别录"中也有不少史料。以卷十八"疑惑再详"（第六录）、"伪妄乱真"（第七录）两录为例，我们可以从著录的历代伪造诸经的情况来考查当时我国社会的变动，如伪造的《弥勒经》《高王观世音经》《尸陀林经》。《尸陀林经》主要应是记载一种天葬法。隋扬州僧信行创三阶教派，主张三阶末法之世，僧徒苦行，世人应尽施舍，死后舍身饲鸟兽，以进佛国。这派曾流行一时，许多大寺院都建有三阶院居此派僧人。武后—开元时，强行禁止。在三阶教派盛行时，文献记载当时大城市都设有尸陀林地点。三阶教事迹从极盛到衰落和当时伪造经典的事件，《开元释教录》著录于《三阶教法》等三十五部三阶教伪经之后。《开元释教录》的记录是关于三阶教派的重要史料。

别录最后两卷"入藏录"（卷十九、二十）。佛籍目录后附入藏录，始于《历代三宝纪》即卷十三、十四（《历代三宝纪》共十五卷，第十五卷为序目），在书最后；其次是天册万岁元年（695年）佛授记寺明佺等人奉敕撰的《大周刊定众经目录》，也在末两卷，即卷十三和卷十四《见定入藏流行目》上、下。《开元释教录》的入藏录是指开元十八年时国家审定入藏的目录。《开元释教录》影响后来最大的，是这份入藏录。智昇对以前各目都进行了研究、评论，所以吸收了各家所长并多有创新，特别表现在入藏录这部分中。汉文佛籍目录据此书卷十《叙列古今诸家目录》知最迟从宋《众经别录》起，即开始区分二乘、三藏殊科，但更进一步的改进，则是逐步的，改到《开元释教录》，应该说是作了一次总结。这次总结的结果，重要者有：

1. 主要佛籍归类，以大部统摄散品；
2. 小乘三藏（经、律、论）分细目；
3. 圣贤集传附后，先西土，后此土（东土）；
4. 以千字文编帙（秩）号（每帙10—15卷）。以千字文编号从此开始一直使用到后来。

入藏录二卷，丽本与宋本以及宋本系统的元明藏本不同，不同处有三点：

a. 丽藏目无译人，宋元明藏有；

b. 每经的纸数不同，以开头的《大般若波罗蜜多经》为例，丽本一千五百八十纸，宋本则为一千三百三十一纸。用纸不同，说明行款、字数有异，古人抄书、刻书，往往影抄、影刻。所以属于一个系统的本子，行款、字数都相同，如果不同，那可能就说明不是一个渊源了。

c. 丽本在卷二十的后面，多出两部分：①一部分是重出或伪疑不入藏的有118部247卷的目录；②另一部分是75部104卷的目录，此目标明"兴元元年（德宗，784年）八月一日于正觉寺新写入藏便作此目录"。这一部分多属密教经和仪轨。此多出的两部分，牵涉入藏内容多少较为重要，但从①"不入藏"和②兴元元年的标记，可知当时这并不是《开元释教录》的原文，宋本系统所以没有这两部分。但丽本多出这个非智昇原文部分，也另有参考价值。所以《大正藏》把这两个本子都收了——《大正藏》本是丽本，附"重出"的第十九、二十两卷，是以明本为底本，校以宋元藏的。

宋、元、明藏另有《开元释教录略出》四卷，也是智昇撰。丽本无。这个《略出》实际上即是上述的"入藏录"部分，每种书名下附译人姓名，这一点与宋、元、明藏《开元释教录》同，另外，后面还有丽本的①，但无②。①前标出"《开元释教录》第二十末不入藏经"等字样。《开元释教录》用千字文编号，实际是开始于《略出》。看来，《略出》应该是当时大藏的简目，亦即当时真正作为目录使用的目录。今天我们查《开元释教录》的编号，《开元释教录》本身没有，而是查这个《开元释教录略出》。

《开元释教录》此土撰述入藏的不过24人40部，和其前的《大唐内典录》著录了72人200多部相比少得太多，显然这不是遗漏的问题。这是因为当时强调佛土原典的缘故。这一点，从中国佛教史史料看，是一缺点，但这个现象本身，也正好说明这一段佛教史的特点。

《开元释教录》有金陵刻经处单行本，《略出》无单行本。两本都可看《大正藏》本。《大正藏》入藏录有两种版本，要注意。

《开元释教录》撰成后的六十五年即贞元十年（794年）西明寺圆照撰《贞元续开元释教录》三卷，续收玄宗、肃宗、代宗和德宗四朝所增加的佛籍和《开元释教录》所失收的佛籍共134部299卷。贞元十六年（800年）圆照又仿《开元释教录》体例，重新编定汉文佛籍目录《贞元新定释教目录》三十卷，它是《开元释教录》以后第一部重要经目，简称《贞元录》。圆照《宋高僧传·明律篇》有传，是代宗、德宗时的著名律师。此目入藏1258部5390卷，510帙。编辑《贞元新定释教目录》的时间，已是唐后期。唐中央政令对地方越来越不灵通，所以《贞元新定释教目录》的实际意义，远远没有《开元释教录》大。从五代时一个访经的和尚的记录（恒安，后要讲他）看，知道《贞元新定释教目录》续收的经，南方都没有，可知《贞元新定释教目录》虽然也由政府承认了，但没有推广，许多地方还沿用《开元释教录》，所以《贞元新定释教目录》续收的书都没有。但它总还是一部被政府承认的佛经目录，所以我们也要简单叙述一下。

《贞元新定释教目录》之后，洛阳和尚恒安，于唐亡之年（907年）南来江表，之后，又历谒名山，经关右，并远游五台，"看览藏经"。既看到了《贞元新定释教目录》所续收诸经，又搜集了《贞元新定释教目录》的遗漏，于945年（南唐李璟保大三年）回到金陵，居西都（时金陵为南唐西都，扬州为东都）右街报恩禅院撰《续贞元释教录》一卷。恒安撰《续贞元释教录》时，上距《贞元新定释教目录》成书已一百四十六年。这件事告诉我们：1.《贞元新定释教目录》使用的范围，只在中原北方；2.《贞元新定释教目录》以后的译经，也多保存在中原北方，南方似乎从《开元释教录》以后，就很少变化了。

现把上述几种目录的卷、帙数列表如下：

距前录的时间	经录	卷数	帙数
	《开元释教录》	5048	480
63年	《贞元续开元释教录》	299	30
6年	《贞元新定释教目录》	5380	510
146年	《续贞元释教录》	80	8

由上表可知开元十八年（730年）以后，增加的佛籍很少，这一方面说明这个时期佛教已经衰微，同时也表明这是后来经录一直在《开元释教录》的基础上增补而没有较大变动的一个重要原因。

2.《至元法宝勘同总录》

《至元法宝勘同总录》简称《至元录》。在讲《至元法宝勘同总录》之前，应先讲讲《开元释教录》和《至元法宝勘同总录》在我国佛籍流传上所起的作用。

《开元释教录》完成的时间，正是唐代盛世。《开元释教录》本身优点多，再加上得到政府的支持，所以此书的影响是很大的。具体点说，就是《开元释教录》完成以后，全国各地寺院建立的佛籍，就都基本上以它作为根据了。于是全国佛籍出现了一个大一统的时期。它的这个作用，可以说在我国佛籍历史上是独一无二的。可以稍稍和《开元释教录》比较一下的，是《至元法宝勘同总录》。为什么说稍稍比较？因为在元世祖支持下编的《至元法宝勘同总录》这个工作，目的就是要划一佛藏，但客观情况不同了，所以《至元法宝勘同总录》虽然编出，有了一个划一的标准，尽管这个标准也很好，但实际上并未行得通。这个问题，我们在前面讲佛籍版本时牵涉了后面的一半。这里再全面谈谈。

《开元释教录》所要统一的佛籍，是没有一个有一定次序的抄本藏经，当时两京地区寺院的佛籍，大约在《开元释教录》完成之后，都根据《开元释教录》重新整理了，所以各地来两京寺院抄经的，大抵都是同一系统，编排的次序也都按《开元释教录略出》的千字文编号，因此，《开元释教录》出现以后，使全国佛籍大体上出现了一个统一的局面。所以，北宋初第一次刊刻大藏，即《开宝藏》时，还以《开元释教录》为标准。《至元法宝勘同总录》出现的时代不同了，它面临的是十来种刻板藏经，而且这十来种藏经都有一定的编排顺序，《至元法宝勘同总录》编好以后，既没有按《至元法宝勘同总录》刊刻的新大藏，又不能限制旧有藏经的继续流通使用，因此，《至元法宝勘同总录》可以说是完成了一个较好的统一的总目，并没有完成像《开元释教录》那样起了划一佛藏编排的作用。即使如此，《至元法宝勘同总录》的编辑也还是很重要的。它的重要性，在于它是《开元释教录》以后唯一的一个把又分裂的佛藏系统统一了，即使是在目录中统一，也是难能可贵的。《至元法宝勘同总录》如何把分裂的佛藏系统统一了呢？这需要追溯一下《开元释教录》以后的情况。

《开元释教录》修好后六十九年出现了《贞元新定释教目录》，它虽然与《开元释教录》的目的相同，想再一次统一收入比《开元释教录》所收有了扩展的佛籍，但事与愿违，并没有引起像《开元释教录》那样全国性的影响。这主要因为当时唐王朝的局势和开元十八年（730年）时，大不相同了，中央的力量削弱了，佛教的宗派观念也更加深了，而这种分离趋势又日益发展，于是，出现了接受《贞元新定释教目录》、流行《贞元新定释教目录》的地区和继续沿用《开元释教录》地区的两个佛教系统。据恒安《续贞元释教录》的记载和现存十来种宋、辽、金、元大藏的实际情况，我们知道：

一、关右、北方地区大体上是接受、流行《贞元新定释教目录》的地区，而四川、江南则是继续《开元释教录》的地区；

二、关右、北方实际上也不同，北方在五代以前即所谓藩镇割据地带，它还有自己的特点。这是因为会昌毁佛和五代战乱较多的关右和中原，佛藏散失很厉害，而北方较为安静，佛籍损失较少。它不仅把《贞元新定释教目录》系统保存下来了，而且还在《贞元新定释教目录》系统的基础上又有了新发展；

三、到了北宋统一之后，情况又有了变化。四川、江南情况仍旧，新出的佛籍，即按《开元释教录》千字文的顺序往下排，从《开宝藏》《福州东禅寺藏》一直到宋元之际的《碛砂藏》和元杭州《普宁藏》，大体上都是这个系统，而与北方系统的差别日益扩大；

四、根据近年的研究，知道《开宝藏》的情况比较复杂，《开宝藏》运到汴梁之后，自太宗起不断有新入藏的佛籍。这些新入藏的佛籍，曾编了两个目录，即真宗时诏赵安仁等编了《大中祥符法宝录》，仁宗时又诏吕夷简等人编了《景祐新修法宝录》。这两部目录，元以后失传了，解放前在《赵城藏》中发现了它们的残本（前者原书22卷，存14卷；后者原书21卷，存13卷），影印到《宋藏遗珍》中。这两部经录所新收的佛籍都补入了官板大藏，即《开宝藏》。但这些后补入的佛籍，不见于福州东禅寺以下江南系统的宋、元藏，但却传到北方，收到《高丽藏》中。《高丽藏》和《契丹藏》关系密切，也许《契丹藏》也收入了。这件事很特殊，北宋新收入大藏的佛籍，不见于江南诸宋、元大藏，却存于《高丽藏》，或许也存于《契丹藏》中。《赵城藏》中收入上述两目，可见《赵城藏》也不属于江南宋、元藏系统，

应属于北方系统的大藏;

五、《契丹藏》还收了辽代高僧的著作,这批辽高僧的著作有的也为《高丽藏》所收,但不见于各种宋藏。

上述大藏系统混乱的情况,从《贞元新定释教目录》出现的800年算起,一直到1287年即元世祖至元二十四年,乱了近500年。至元二十四年世祖诏编的《至元法宝勘同总录》完成了,根据《至元法宝勘同总录》所记,知道它是综合了五种经录编辑的。这五种经录是经过选择的,选择的标准,我们初步总结一下,它是把以前历代的译经分了五期,每期选了一种有代表性的经录,这五种经录是:

1.《开元释教录》(简称《开元录》)从后汉永平七年至开元十八年(64—730年)

2.《贞元新定释教目录》(简称《贞元录》)开元十八年至贞元五年(730—789年)

3.《大中祥符法宝录》(简称《祥符录》)贞元五年至大中祥符四年(789—1011年)

4.《景祐新修法宝录》(简称《景祐录》)大中祥符四年至景祐四年(1011—1037年)

5.《弘法入藏录》(简称《弘法录》)景祐四年至至元二十三年(1037—1286年)

前四种目录,已经讲过了。第五种《弘法入藏录》需要讲几句。至元十六年(1279年)元灭南宋,后六年即1285年编《弘法入藏录》。《弘法藏》是元初以《赵城金藏》经板作基础,加以增补。增补的内容就是对校不同系统的佛藏之后,把不同系统的佛藏各自多出的部分,有选择地汇总了进去,因此划一不同系统的经目,应是《弘法藏》入藏目的目的,不过此目没有流行,后二年(1287年)完成的《至元法宝勘同总录》就是以《弘法入藏录》为一重要来源的。下面我们把上述大藏的几个系统图解如下:

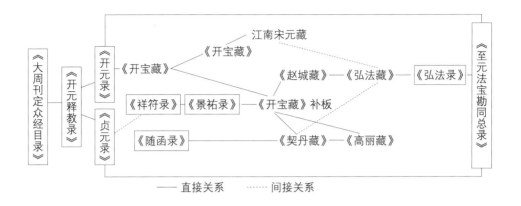

上图是从经录的关系，即从《开元释教录》到《至元法宝勘同总录》的沿袭关系，作了一个简述。在简述中，主要是说明《开元释教录》和《至元法宝勘同总录》的重要意义。下面具体讲《至元法宝勘同总录》。

《至元法宝勘同总录》十卷，是元世祖敕令编辑的，编辑的时间是至元二十二年春至至元二十四年夏（1285—1287年）。工作地点在大都大兴教寺（址在今北京宣武门内街西），领衔的是顺德府（今河北邢台）开元寺僧庆吉祥。除了从各地召来的著名汉僧外，还召来了不少非汉族的僧人。这是因为世祖诏编目时，命和藏文大藏对校并兼注梵名音译，这个工作就不是汉僧所能胜任的了。主要的非汉族僧人有：

资德大夫（正二）释教都总统正宗弘教大师合台萨里		译语证义
翰林学士承旨正奉大夫（从二）	安藏	译语证义
翰林学士承旨中奉大夫（从二）	弹压孙	译西蕃语
北庭都护府通显密教讲经律论沙门	斋牙答思	证西天语
西蕃传显密二教讲经律论赐衣沙门	湛阳宜思	校勘证义
西天扮底答通五明师	尾麻罗 宝利	证明
西蕃扮底答拔合思八帝师上足弟子	叶辇（琏）国师	证明

和藏文大藏对勘，标注梵名异译，是这部目录所特有的特殊之点。梵名音译有严格的统一的翻译方式和规则，今天可以根据当时的规则还原梵文。因此，这个增加的梵文标准，使这部目录具有了特殊的学术价值。

《至元法宝勘同总录》是以不久前编辑的用《赵城金藏》为主要根

据的《弘法入藏录》为底本的，明确以《入藏录》为底，这样，就改变了自《贞元新定释教目录》以前的主要的汉文佛籍目录的编辑方法，废掉了过去作为佛籍目录中主要部分的"总录"和"别录"。实际上就是仅仅保存了以前经录中的"入藏录"部分，也就是沿袭了《开元释教录略出》这种简目系统，因而它的史料价值就缩小了，而仅仅是一部实用找书的目录了。

《至元法宝勘同总录》的具体情况是：

卷一先记录编目的缘起，接着就说明"科此总录，大分为四"：

"初总标年代，括人法之宏纲"，简记自后汉孝明皇帝迄至元二十二年中间有译经的朝代，传译人数，所出经、律、论数。后两项只记卷数，没有具体内容。

"二别约岁时、分记录之殊异"，依据它根据的以前的五个经录，分五期简录上述诸经。

"三略明乘藏，显古录之梯航"，分记上五录所记的经、律、论部数与卷数。

"四广列名题，彰今目之伦序""记总录如科判"，接着就从卷一的后半开始分经律论，经名契经藏，律名调伏藏，论名对法藏。经律论又分大小乘，大在先小在后。名大乘经为菩萨契经藏，名小乘经为声闻契经藏。大乘中又分显、密教（为此目开创的分法），开列目录。子目先后是依上述五录次序排列的。论之后是圣贤传记，这部分通大、小乘，分五类：1. 赞扬佛德；2. 明法真理；3. 述僧行轨；4. 摧邪护法；5. 外宗异执。

全书卷一至卷八列契经藏（经），卷八列调伏藏（律），卷八至卷九列对法藏（论），卷九至卷十列圣贤传记。

每部佛籍汉名之后，列梵名译音，有蕃本者注"对同"或"同"，无者注"蕃本阙"。最后列千字文编号的帙号。

《至元法宝勘同总录》编辑的时间迟于元藏的刊刻，元藏未来得及使用此录。明、清大藏的次序都是根据此录编次的。因此，此目在今天应用上用途较多。

《至元法宝勘同总录》自收入《碛砂藏》后，（明）《南北藏》、

《清藏》皆收入。无单行本。《昭和法宝总目录》卷二收的《至元法宝勘同总录》出自明《嘉兴藏》，虽比较容易找，但不好。最好看影印《碛砂藏》的本子。

讲《至元法宝勘同总录》以后的佛籍目录，应先讲讲自《开元释教录略出》以来，这种简目式的经录流行以后，在佛教流传上，出现了新情况，随着这种情况的出现，对佛籍目录也提出了新的要求。自唐以来，逐渐向下层流行，也扩大了大藏于一般文人当中的影响。大藏一般都藏在寺院，上述两种人——下层人和文人不大容易看到，即使能看到大藏，而他们也不一定想遍读大藏，只是想在大藏之中寻找某方面的佛籍。后一种情况，随着佛教分派系的发展，许多僧人也有此要求了。随着这新要求，北宋时就出现了两部佛籍提要的书籍。这种提要性的目录与自《出三藏记集》到《开元释教录》不同，后者是多种经录的合编，而前者只有一种提要性质的目录，它量少，简便易查，每部书还有简单的内容。这种新式的目录正适合新时代一些人的需要（即上面说的那些人）。这两部书是：王古《大藏圣教法宝标目》，简称《法宝标目》；惟白《大藏经纲目指要录》，简称《纲目指要》。王古是北宋名臣王旦的曾孙，名入《元祐党籍》，号清原居士。清末陆心源撰《元祐党人传》卷三有辑传。《法宝标目》十卷，卷前有王古序偈。

卷一至卷六列大乘经律论，卷六至卷八列小乘经律论，卷九至卷十为圣贤传记。

此书无总目，佛籍按上顺序排列，每书简记内容。此书在《至元法宝勘同总录》刊行后，松江僧录管主八曾为此作续集，即补入了秘密部。大德四年（1300年）江西吉州路报恩寺僧克己增加了一篇序，此序之后有几页按《至元法宝勘同总录》卷一增入的所谓"文前大科分为四段"的文字，大概也是克己加进来的。因此，今天看到的王古书有元人渗入的部分。正因为有此部分，所以有人竟认为王古是元人了（《阅藏知津》）。此书《明南藏》始入藏。《昭和法宝总目录》卷二据《嘉兴藏》本录入，虽不理想，但颇易找。此书，北图有单行的宋本。

惟白是北宋末东京法云禅寺住持，崇宁三年（1104年）在婺州（在今浙江金华一带）金华山阅藏写成《大藏经纲目指要录》十三卷。

"今于四百八十函则函函标其部号，五千余卷则卷卷分其品目，便启函开卷即见其缘起耳。"此书以函号领先，依函号录佛籍，然后摘各书的品题，略作提要。函号即千字文号。此书未入藏，有南宋单本传世，北京图书馆有藏本，另有日本万治二年（顺治十六年，1659年）重刻本，《昭和法宝总目录》卷二所收即据此本。

上述这类佛籍提要书，较完备的是明末清初出现的《阅藏知津》。

3.《阅藏知津》

《阅藏知津》，津，津达，由津渡而到达。《阅藏知津》者，佛籍指南的意思。著者是明末的一位有名的天台系统的和尚蕅益智旭，苏州人，俗名钟始声，字振之。智旭与莲池（号）袾宏（名）（因住杭州云栖寺又号云栖或云栖袾宏）、创刻《嘉兴藏》的紫柏（号）真可、憨山（号）德清，并称明代四高僧。蕅益智旭为了作此书，自序中说读了二十七年大藏"始获初稿"，顺治十一年（1654年）定稿。其实并未最后定稿，还有48种只列其名，未及完稿就于顺治十二年逝世了。康熙三年（1664年）刊行。自序和刊刻纪年都用干支纪年，不用清代正朔。

此书分总目和本书两部分，前者四卷，后者四十四卷，共四十八卷。

总目分四部分：经藏、律藏、论藏和杂藏。四部分又各二分，前三藏分大、小乘，杂藏分"西土"与"此方"。大乘经论和杂藏的细分，此书有特殊处，其他部分和之前区别不大，下面介绍其特殊处：

一、大乘经分五目，即五大部。分五大部并不特殊，但以华严为首，这是由于尊天台的缘故；其次是方等，方等分显说与密咒；再次是般若、法华、涅槃以及其他诸经。

二、大乘论分三目：释经论、宗经论和诸论释。三目之下还各分西土、此土两类。

三、杂藏，此方部分分十五目：忏仪、净土、台宗、禅宗、贤首宗、慈恩宗、密宗、律宗、纂集、传记、护教、音义、目录、序赞诗歌、应收入藏此土撰述。

总目在排列上，也有特别之处。在总目中有重译者"今选取译之巧者一本为主，其余重译即列于后""凡重译本，于总目中，即低一字书之，使人易晓。至后录中，则与主本或全同，或稍异，仍备明之，使人知其或应并阅，或可不阅也"。总目的编排既有系统，又较完备。

总目之后即本文，本文即按总目的顺序，一部书一部书详加叙述，其大体次序是：书名、卷数、有无序文、《南、北藏》（千字文）字号、译著人，然后分品提要，最后记录有无附录和跋尾。这种提要式的目录，渊源于《出三藏记集》的"总经序"部分，但把它扩大了。这种目录的做法，确实可以达到不看本书即可知其大概的效果，因此，某书失传之后，这样目录又可起存其篇目的作用。前者是它的实用意义，后者更具有久远的学术价值。所以清初朱彝尊撰《经义考》即效此法。而后来《四库全书总目》徒发议论，就远不如这样做客观了。这类佛籍提要书，《阅藏知津》之后，迄今还没有一个可以代替它。

康熙三年（甲辰，1664年）夏之鼎刊行此书后，因为它既方便一般读者，也方便信徒，所以在佛教界流传很广，使以前这类书籍都黯然失色，被它所淘汰。

所谓以前的这类书，即指已讲过的王古《大藏圣教法宝标目》和惟白《大藏经纲目指要录》。入清以来，这两部书几乎都不大为人所知晓了。因为《阅藏知津》风行，所以印的数量也大，到康熙四十八年（1709年），刻板已模糊了，又进行了一次补刻，即康熙己丑朱岸登补刻本。元明以来日本佛教受南方影响越来越大，明末清初智旭的声誉在日本也很大，他的著作包括《阅藏知津》也流传到日本，日本佛教界争相购置《阅藏知津》，供不应求，所以在天明二年（乾隆四十七年，1782年）日本翻刻。日本翻刻本比康熙两刻本要好，因为它以夏本为底，核以朱刻。但日本翻刻本国内不易找到，北大图书馆有此本。由于它在日本流行，居然可以使明治十三年（1880年）日本弘教书院编印的《缩刷藏》，废弃了当时中国流传的清藏的排列次序，而大体上改用了此书的编次。宣统时我们据《缩刷藏》排印的《频伽藏》，是近代藏经流传较多的一种，所以《阅藏知津》在今天读大藏（《频伽藏》）时还有实际用处。

关于此书，易得的本子是光绪辛卯（十七年，1891年）金陵刻经处校订重刊本。此书补入了前述智旭未及写出的48种佛籍的书名和撰人。此书民国初年上海有小本,俗称"巾箱本",易找。《昭和法宝总目录》卷三所收,是根据金陵本排印的本子。

4.《大正藏》目录

以上所讲各种经录、经目都是和尚编纂的。他们之中有佛学较深的高僧,但都是站在佛教立场上,这一点毋庸置疑。进入20世纪有了新的变化,整理佛籍、编辑佛籍逐渐从宗教界过渡到学术界,从宗教研读到研究宗教,即研究佛籍不只是为了信仰,有的是为了研究社会现象了。这个变化当然是逐步的。就编辑经录、经目的人来说,首先要在研读佛教书籍的佛教信徒中分化出研究佛籍的学者来。从封建社会走向资本主义社会,然后才能更向前进。可以表示这方面的第一部经目应是《大正藏》的目录。这种目录出现在日本并不奇怪,因为近现代日本是信佛教人数最多的国家(按比例算),据说现在还有七千万人,而它又是资本主义发达的国家。闲话少说,讲《大正藏》目录。

《大正藏》目录有四种:

一、《大正新修大藏经总目录》和《续大正新修大藏经总目录》。这实际是《大正藏》的简目,也就是传统经录中的入藏录。流行的黄皮十六开小本,即昭和五年(1930年)四月印行的本子,不全,只收到《大正藏》的第71卷。71卷以后的子目与原书不同。所以此目,查71卷以前可用。《大正藏》正藏55卷,即查印度撰述和中国撰述部分可用。56卷至85卷是续编,收日本撰述,这部分就不全适用了。完整正确的《大正藏》目录,收在《大正藏》别卷的《昭和法宝总目录》卷一和卷三。卷三是昭和九年(1934年)出版的,这时整个《大正藏》都已出齐了。

二、《大正新修大藏经勘同目录》和《续大正新修大藏经勘同目录》,这是仿《至元录》编辑的《大正藏》详目。此目是我们看《大正藏》离不开的一个重要目录。该目按《大正藏》的顺序排列,每经所记的内容有:经名、卷数、《大正藏》卷数及页码、经名异译(日、中、梵、巴)、著译者及年代、现存各大藏的函（帙）号、底本与校本、内容品目、异译对照及注疏并参考书、备考（单行古抄、巴利文本）。这实际是汉文佛籍有关目录学的一部辞典。它也反映了纂修《大正藏》时所下的功夫。这个目录，一般用《大正藏》的人，都不大用，主要是他们不清楚这部书的重要性。《大正新修大藏经勘同目录》和《续大正新修大藏经勘同目录》，分别收入《昭和法宝总目录》卷一和卷三。

三、《大正新修大藏经著译目录》和《续大正新修大藏经著译目录》，收在《昭和法宝总目录》卷一和卷三。这是《大正藏》所收汉文佛籍著译者的小辞典。内容有生卒年、事迹和著译目录。

四、《大正新修大藏经书目总索引》，收在《昭和法宝总目录》卷三。《大正藏》收书多达3283部，它的分类法又不易检查，有此《索引》可称方便。不过，此书和上述《大正新修大藏经著译目录》的编排，都以日本假名为顺序，不明假名的人查起来不方便。

《大正藏》除了这四种目录，昭和九年（1934年）以后以小野玄妙为主要组织者，着手编辑《大正大藏经》索引，1934年，刊行《阿含》《目录》《法华》各一册。由于小野逝世和第二次世界大战结束，索引工作中断。1956年，由日本六所佛教大学［龙谷（8册）、大谷（6册）、驹泽（5册）、高野山（4册）、大正（4册）和立正（4册）］组成"大藏经学术用语研究会"，负责重新编辑索引，1980年代初，把《大正藏》的正藏部分55卷的索引全部编定，共31册。不久，台湾新文丰出版公司影印了此书。影印本虽然质量不如原本，但它价格便宜，我们学校图书馆进口一部990元人民币。这部索引，主体部分是分类项目索引，一共分50类。为什么分50类？这是"大藏经学术用语研究会"讨论的结果。50类有的也不尽合理，但用起来很方便。除了分类项目索引之外，还附有读音索引、字划索引、四角号码索引、梵语索引。这些附录的索引是为了方便国际上的使用。由于这部索引的出现，使《大正藏》更加巩固了它的国际地位。31册索引，每册之前有《收录典籍解题》，说明本册索引所收的典籍，新文丰影印本附汉译，译文不佳。《大正藏》自56卷以后无索引，这部分用处不大，所以日本也没有继续做的计划。

《大正藏》优点多于缺点，是以后我们常用的书籍。用此藏时，我再强调说一下，要利用《昭和法宝总目录》和31册《索引》。

* * *

从学术角度编辑佛籍次序，我想它的代表作应是1963年编著、1980年出版的吕澂《新编汉文大藏经目录》。这个目录，并没有按它编排的大藏，对我们找佛籍没有什么实际的使用意义，但从学术目录的角度来看，它还是有重要意义的。

这目之前有《谈新编汉文大藏经目录译本部分的编次》《有关大乘经分类部分的补充说明》和《新编汉文大藏经目录说明》三篇文章，希望大家看一遍，就可以了解为什么我们强调这本没有实际使用意义的目录了。简单说：

1. 这是一本从佛书的基本内容出发来分类的又一个尝试，大家可以和《大正藏》对比一下，我认为，此目是在我国传统经录的基础上改造出来的，它比《大正藏》的改造更合理。改造即是学术化。学术化的合理，对我们了解佛籍是很重要的。例如吕目对华严、大集的处理，是以内容为主的，而不是看它部头大小。华严从判教的理论看，可以单分类，因而吕目又把它作为大乘经中的部门名目。又如本生、本事、譬喻、因缘之类的佛籍原为律藏的支分，所以置之于律藏的经释之后。

2. 有译无译经本的考证，大藏中有很多原来失译或缺本新得之书，由于考订未当而误题了译者的。这个问题，吕目指出大半由于《长房录》而来，而为《开元释教录》所因袭，因而一直影响到后来。这应是一个很重要的问题，译经的译者弄错了，就出现了译经的时代问题。时代不准，那牵涉的问题就多了。这个问题，过去虽也有些被人质疑过，但从未系统作过考证，吕先生把它系统化了，并进行了仔细的考订，是对佛籍的一大贡献。吕目虽然没有把全部考证过程写进去（不可能写进去，限于体例），但公布了结果。

3. 吕目删去了一些佛籍，这个清洗工作也是很重要的，等于帮助看佛籍的人清除了垃圾。

4. 吕目记录各书名目、卷数、译者、译时、异译本勘同，并告诉我们最初著录的经录。

5. 吕目的分类：五大类，一经藏、二律藏、三论藏、四密藏、五撰述。前四类皆译本，后一类主要是中国撰述，即不是译本。

经藏：先列大乘通论之经——宝积全藏，次列大乘别详逆果之经（渐次修行皆得道果）——般若、华严、涅槃三部，后列小乘共依之经——阿含部。

律藏：先列大乘律，后列小乘律。

论藏：分释论、宗论两部，印度撰述附后。

密藏：综合仪轨，别为金刚顶、胎藏、苏悉地（妙成就）、杂咒四部。

撰述：以中国人撰述为主，酌收高丽、新罗著作，依体裁区分八部：章疏、论著、语录、纂集、史传、音义、目录、杂撰（护教、忏仪等）。章疏部分又分经、律、论三疏和密教经轨疏、义章五目。论著部分分三论宗、天台宗、慈恩宗、贤首宗、律宗、禅宗、净土教、三阶教八目。

吕目上述分类，可以帮助我们了解各种佛籍的所属，对我们研究佛教遗迹，特别是唐以后的用处更多。

因此，我觉得大家看佛籍时，可查一下吕目，看看他对你要看的佛籍是如何分类和考证的。

* * *

汉文佛籍目录就讲至此。总结一下，前一部分重点书籍是《出三藏记集》《历代三宝纪》《大唐内典录》，后一部分重点是《开元释教录》《至元法宝勘同总录》《阅藏知津》和《大正藏》目录等，总共不过十部左右重点书。希望大家至少要把这十部左右的书借出来看看，不要求仔细，只要求大家看看这些书里究竟写些什么，哪些对我们有用，以备以后检阅。当然，如果能把我们提到的佛籍都看看更好，其实总起来也不过二十几种。

四　汉文佛籍目录以外的工具书

阅读任何书籍都需要工具，即工具书，看佛籍也不例外；但汉文佛籍工具书，只限在佛籍本身的内容。由于佛教书籍本身是发展的，所以汉文佛教工具书也有其发展过程。

汉文佛籍工具书可大体分为三个发展阶段。

一、大藏音义阶段：在这一阶段，以大藏为整体一本一本地进行音义，即一套佛籍为一个单位。这些书，主要为上层佛教徒而作，供他们使用，时间从六朝晚期至唐初。

二、字书、类书阶段：在此阶段既简化又分解了大藏，即把字的音和词的义分开了，便于查找。这样一来，量也少了，变得也合理了，因为前一阶段大藏内容的重复较厉害，而音义随之也得全部注解。字书、类书的出现，对上层佛教徒说来不太重要，因为上层佛教徒看大藏就足够了。这样，就意味着佛教开始向纵向发展，说明一般佛教徒和俗人也注意佛经了，人们随之越来越要求改进以前的大藏。这种倾向在晚唐开始出现，到五代、宋逐渐普及。

三、新式词典阶段：字书、类书主要是为佛教徒念经、看经准备的。而新式词典，与其说是为佛教徒准备，不如说是为研究佛教而撰写的。这反映了佛教不仅世俗化，而且佛教也成了被研究的对象，即有人把研究佛教当作学术活动看待了。在这种情况下，出现了新式词典这样的佛教书。

汉文佛教书籍在世界佛籍系统中是最完整的。在这方面，印度所保存的梵文和非梵文的佛籍也不能与中国的相比。所以研究佛教不可能不参考汉文佛籍。

因此，汉文佛籍在佛书方面的词典化，不仅为本国，而且也为外国人所使用。尤其日本、朝鲜，他们不仅认为汉文佛籍完整，而且他们自身也在学习汉文，这样，在讲新式词典时，要特别注意日本人的著作。

把佛教作为研究对象是社会发展的产物。日本的资本主义发展得比我国早些，尽管汉文佛籍主要是中国的东西，但是到了新式词典阶段，中国就落后了。因而，在这一阶段，就要谈日本人的此类佛书了。

我们是搞石窟寺考古的，所以主要讲第一阶段，后面的两个阶段则简单提一下，因为石窟寺考古主要对象是六朝—唐代的遗迹，所以就要看六朝—唐当时的著作，这样精确性较高。

1. 大藏音义阶段

音义这类书，是为了诵读汉文佛书而作的。因此，它就是以一卷一卷的佛经为小单位，按照卷的先后，把难读的字标出音，把难解的字写出义。这种做法，即把一卷作为一个单位，就要产生重复，但却方便了读经。如《金刚经》卷一出现了一个字，音义标上，卷二还出现同样的字，又标注上。因而，特别是在一些名词的使用上，音义这类书对校勘佛典有用处。诸如卷一标出一字，卷二写错了，但卷三以至后面还会出现这个字，这样，假如有一些地方有错误，拿别的可以校勘。

佛教用语，主要是佛教专门名词和术语，往往是翻音的。要翻音，必须找一个准确的音来对应。中国古代译音的规则很严谨，梵文字母用哪个字，翻过来一直是对译的。鸠摩罗什、玄奘和北宋为中国佛经翻译的三个大一统时代。

对直接从梵文翻过来的名词，由于字音很准确，今天根据当时的情况，可以翻回到梵文。所以音义对汉文、西域文字和梵文的对译有较大的价值。今天发现的许多其他文字的佛经，从音义查汉文佛籍，然后复原以前的经已大有可能。

至于理解佛教的用词，即意译的词，由于古代和现代的词意不一样,所以不能用现代的义来理解,而应按当时的词义。中国古代没有词典,只有类书,所以它对我们理解六朝—唐翻译的词大有用途。

汉文佛籍不仅是翻梵文而来的,六朝至唐代僧人所撰写的著作,有些用词也不易懂,如《出三藏记集》《高僧传》中的有些词,而音义对查这类书也有裨益。同时,它也是了解作音义当时的名词术语的最好的参考资料。

总起来说,对六朝—唐代的音义书(主要是唐代的书)不仅当作佛教词典来看,而且也可作为唐代的名词术语来看。

到了第二、三阶段,即字书、类书和新式词典的阶段,这时的佛书作者都大量使用了大藏音义阶段的书,所以假如要查第二、三阶段的书,如果书中引用了第一阶段的东西,在写文章、作论文时则要查第一阶段的资料,即第一手资料,这样史料价值较高。

看第一阶段的书,即音义的书,最有效的办法,除了查之外,要边看边查,即看某一部经,就把那部经的音义放在旁边对照来看。如看《妙法莲华经》时,把《莲华经》的音义查出来,放在旁边对照来看。

音义的书还有另外一个用处。在整理佛经时往往遇到残经。如果残经缺前或缺后,则没有什么问题。但如果前后皆缺,如果对音义熟的话,可用此来考证残经是什么,即按音义难解的字、词来考证。

敦煌遗书,伯希和拿走不少。其中有一件前后均缺,但内容是记载西域地理行程的,书中记录了从新疆—中亚细亚—苏联中亚—巴基斯坦—西藏。书中的内容很多,且有年代,作者开元年间到了安西都护府。这部残书是讲8世纪上半叶西域的历史和地理的,但此书为何书?作者是谁?怎么用?均不知道。当时伯希和把此书拿到北京,进行展览。并请了许多专家、学者来鉴定。当时罗振玉也在被请之列。罗看此书时注意了其中的字、词,回去后查了慧琳的音义,知道此书是唐时新罗僧人慧超写的《往五天竺国传》。罗先生是从音义里找到了书名和作者的,书是8世纪僧人到天竺的记录。之后,罗氏写了《慧超往五天竺国传校录札记》,后收在《敦煌石室佚书》里。

当时与罗振玉关系密切的藤田丰八,根据罗氏文章,得到启示,写了《慧超往五天竺国传笺释》一文。这篇文章成了藤田丰八的一部重要著作。藤田从此即致力于东西交通史的研究，成为这方面的专家。

罗振玉在敦煌经卷方面的研究，即考清了残卷的书名、作者并论述了书的重要性，成了其有名的论文。这是如何使用音义的一个好例证。

下面具体讲几个音义。

佛教音义的书，在南北朝就已经有了，是当时佛教徒仿效儒家书的做法。我们知道，中国的经书到东汉时有了许多音义的著作，即以一部经为单位标音，如郑玄作了《礼记音》。音的书是由经书开始的。东汉晚期应劭做过《汉书》的音义。汉以后至南北朝，主要的书都有了音义，如东晋徐邈、李轨都注过《五经音》，甚至《后汉书》也出现了音义的书。到了南北朝时期，音义的书扩大了。《楚辞》音在此时至少出现了三部。南朝梁萧统昭明太子编了一部《文选》，不久便出现了三家的音义。

在这种背景下，佛教书籍也开始出现了音义著作。

现知最早的音义是北齐道慧著的《一切经音义》。这部书与同时期其他的音义现均不存在了。为何不存？我们推测：唐初出现了玄应的《一切经音义》，大概是玄应的音义作得好，因而把前面的《音义》废了。

1.《众经音义》

玄应《众经音义》，为现存最早的一部大藏经音义。

玄应，清人为避康熙的讳（康熙名玄烨），将玄改为元作元应。玄应为唐初的和尚，隶属于大总持寺、大慈恩寺。玄应对字书有研究。当时玄奘回国后，唐皇室给他组织了译场，直接由皇帝领导。建译场时，从各地组织和尚，玄应也在其列。其职务为"正字"。玄应博学字书，在《大正藏》里收的《阿毗达摩大毗婆沙论》卷一之末记录了译场时间和翻译人，时间为"显庆元年（656年）七月二十七日"，译场列位有一行为"大慈恩寺守沙门玄应正字"。由此说明当时玄应在做"正字"工作。玄应的生卒年代不详，但据这条记载，他应卒于显庆元年七月廿七日之后。玄应做此工作，对佛经的音义作过比较研究，对于北齐道慧的《音义》作过批评，说道书"不显名目，搜访多惑"。道书现已不存，要了解其间接情况，此评论有参考价值。玄应既然对道书有这样的批评，他自己的书就要写名目，不多惑了。正因为他觉得道书不好，就重新作了音义。可惜他没有写完，只有25卷。从《大方广佛华严经》开始，一共音义了440多种佛书，作了当时佛书的一半。

应书的前面有道宣的序，叫《大唐众经音义序》。因为道宣与玄应为同代人，道序作《众经音义》，由此我们知道应书原名叫《众经音义》。而改为《一切经音义》，大概从《开元释教录》开始。《新唐书》叫《大唐众经音义》是依据道宣的序，并不是修《新唐书》时还叫"众经"，当时（北宋仁宗时代）应书早叫《一切经音义》了。

我们今天看应书，除了注意校勘佛教书籍外，还要注意以下两点：

1. 翻译过来的名词，在玄应那个时代是怎么理解的；
2. 除了译过来的名词，唐初汉僧自己使用的名词当初是怎么解释的。

我们看书的目的，是为了弄清当时的佛教遗迹和当时的佛书。而专搞佛教考古的人在使用专门名词上不能乱用、胡用。因而翻过来的名词和我们自己的名词是怎么理解的对我们来说很重要。下面举例说明之。

玄应《一切经音义》卷六为《妙法莲华经》的音义。书中有"宝塔""加趺"二词，而这两个词对我们来说很有用。由下述可看出对翻译过来的名词和我们自己的名词是怎样解释的：

> 宝塔……正言窣堵波，此译云庙，或云方坟，此义翻也。或云大聚，或云聚相，谓累石等高以为相也。案：塔字，诸书所无。唯葛洪《字苑》云："塔，佛堂也。"

葛洪为东晋时人，那就是说在东晋以前没有"塔"字。这条音义告诉我们：①窣堵波是聚相的方坟；②这种方坟也为佛庙，也是佛堂。塔作为佛庙、佛堂，是东晋以来中国人的看法。

把塔作为佛堂，实际上从汉末就这样做了。

《三国志·吴志·刘繇传》记军阀笮融在徐州修浮图祠：

> （融）乃大起浮图祠，以铜为人，黄金涂身，衣以锦彩，垂铜槃九重，下为重楼。

这条记载是写公元2世纪末时徐州的情况，据此知道它里面是放置佛像的佛堂、佛庙、宝塔。

为了弄清"宝塔"的意义，下面我们看《一切经音义》卷一给《大方广佛华严经》音义的解释：

> 刹……梵言差多罗，此译云土田……案刹，书无此字，即刹字略也，刹音初一反，浮图名，刹者，讹也，应言剌瑟胝，剌音力割反，此译云竿，人以柱代之，名为刹柱，以安佛骨，义同土田，故名刹也。以彼西国塔竿头安舍利，故也。

刹，就是刹柱，刹竿；塔就是在刹竿上放骨。

六朝的人叫宝塔，也叫宝刹。东魏兴和二年（540年）《敬史君显儁碑》云"建七层之宝刹"。

从宝塔和刹相结合看，宝塔也为方坟，也就是佛庙和佛堂。

此外，玄应还说宝塔与支提相同。卷五《施灯功德经音义》：

> 支提，又名脂帝浮图，此云聚相，谓累石等高以为相，或言方坟，或言庙，皆随义释也。

支提又可译为制底，即为有中心塔柱的石窟，俗称"塔洞"，即凿山崖而建的佛庙或佛堂。

以上是关于宝塔的音义。下面谈谈"加跌"。卷六《妙法莲华经音义》：

> 加跌，古遐反。《尔雅》："加，重也。"今取其义则交足坐也。

> 《除灾横经》《毗婆沙》等云：结交趺坐是也。经文作跏，文字所无。按《俗典》：江南谓开膝坐为跘跨坐，山东谓之甲趺坐也。

这条音义告诉我们加趺可作"跏趺"，也叫"交趺"。卷五《文殊师利佛土严净经音义》：

> 交趺，又作跗……《三苍》(即《苍颉篇》《训纂篇》和《滂喜篇》)：跗，足上也，谓交足而坐也。

由此可知：1. 跏、交趺，交足背于膝上；2. 这个词不是外来的，"跏趺"这个词流行于中国的大部地区。山东即在太行山以东，为北齐区，唐初视山东为佛教圣地。这样，山东俗语之所以为佛教徒所接受就可解释了。

此外，在《一切经音义》里，也收了不少历史、考古名词。如卷一《大方等大集经音义》：

> 劫波育，或言劫贝者，讹也。正言迦波罗。高昌名氎可以为布。罽宾以南大者成树，以北形小，状如土葵，有壳，剖以出花如柳絮，可纫以为布也。《尔雅》：御寒也。

这是唐初关于棉花的记录。关于棉花，杜甫、白居易的诗中均有过记述。在内地用棉花做布是宋以后的事情，而我国的西北则早些。新疆在汉末南北朝这个时期已发现有棉花。关于棉花，最早见于汉文记载的且较明显的就是玄应的《众经音义》。又如卷二《大般涅槃经音义》：

> 陶家，西域无窑，但露烧之耳。《史记》：陶瓦器也。《苍颉篇》：陶作瓦家，舜始为陶，诸书也借音为跳也。

我们知道，烧造陶器的发展，最初是从无窑到有窑的。日本绳文时期的土器就是露烧的。没有窑的陶器烧得温度低，而我们过去对温度低这点不明确，现在看来新疆的陶器有的即是露烧的。

《玄应音义》书中与历史、考古有关的词很多，在此不一一列举。

关于玄应书，除了看经外，平常也可翻翻。其书在各藏均有收入，但有两个系统：其一，宋、元、明藏系统（清藏没有收）；其二，《高丽藏》系统。

两个系统的内容并不完全一样。我们现在用的《高丽藏》，是影印丽本，较好。日本弘教书院排印的《缩刷藏》，既收了丽本，也收了宋、元、明各个本子，看玄应书时可对照着看，较为方便。根据《缩刷藏》编印的《频伽藏》，把两个本子都删去了。其原因，据校刻人黎养正的说明，"夹注缩印，每遇繁难处，手民苦其朦混，谢弗难任"。此外，黎还说玄应书已包括在《慧琳音义》中去。由此说明，他对二书没有研究。我们认为，《频伽藏》所作的删减是错误的。

《大正藏》没有将两个系统全部排印。

玄应书是解释佛经的书，到唐以后，不看佛经的人不用，故它在一般的文人手里失传了。到了清乾隆年间，字书开始发展起来，这就需要五代的注。这样，当时的文人就注意了玄应书，因为玄应书用了唐以前许多字书的材料，如《字苑》。清人注意玄应书，目的是重视他引的字书。所以，有的清人把里面的字书辑出来，也有的把它从大藏（明藏）里抽出来单印。乾隆以后单刻的《玄应音义》错误很多，因此我们看玄应书，应查看《缩刷藏》。

关于《玄应音义》，陈垣《中国佛教史籍概论》有论述，请参看。

2.《一切经音义》

《一切经音义》作者慧琳，为长安大兴善寺和尚。大兴善寺在当时为国家的寺院，唐朝自玄宗流行密教时起，大兴善寺就成了密教的最高寺院。

慧琳在《宋高僧传·义解篇》有传。宋初在中原和南方，人们对慧琳不大清楚，所以作书时，把书名写成了《大藏音义》。大藏指《开元释教录》入藏的大藏，既然这样，他音义佛经的顺序与《开元释教录》的顺序相同，即首为《大般若波罗蜜多经》，末为《护命放生仪轨》。《开元释教录》共著录480帙，慧琳将此全藏作了音义。音义虽然在中原和南方没有流传，但却流行于北方。

辽代僧人希麟，在评论《慧琳音义》书时说："（琳）栖心二十载，披读一切经。"《慧琳音义》始撰于建中末（783年），完成于元和初（806年），但书成后不久便遭会昌灭佛，复法后（847年）唐朝才下令将此书收入大藏。然而由于当时政治局势，唐中央政府的命令作用不大，有些寺院没有传录此书，所以北宋时，中原、南方找不到这部书，故《开宝藏》和宋、元系统的大藏没有收。而《契丹藏》却收入了慧琳书，《高丽藏》是根据《契丹藏》收入的。《宋高僧传》书成于988年，作者赞宁没有看到慧琳原书，所以将此书说成《大藏音义》。

《慧琳音义》一百卷，该书不全是他自己所编的音义。其中包括以前的四种音义，即玄应的《众经音义》、慧苑的《新译华严经音义》、云公的《涅槃经音义》和窥基的《法华音义》。后三个《音义》，在玄应《众经音义》中没有收入。

慧琳对上述《音义》是有选择收入的。他对玄应书有"选择"，对云公《音义》"再加删补"，对窥基的"再详订"，而对慧苑的书则没有作评论。

除了四种书之外，慧琳自己编的部分很有特点。我们看书或写文章时，不要把他引的书和他自己的音义混在一起，要分别引出，如《慧琳音义》卷二十六引《云公音义》。慧琳自己著述所以有特点，是因为他跟从了许多老师受业学经，也曾跟随唐中叶有名的密宗和尚不空受业，得到了不空的赞赏，被视为高徒。故他音义的独到之处是密教经的音义。

据《宋高僧传·义解篇》："（慧琳）内持密藏，外究儒流，印度声明、支那诂训，靡不精奥。"《宋高僧传》作者赞宁为南方当时有名的和尚，同时他也是当时的政治和尚，所以《宋高僧传》不是一般的著作，内有其政治标准。他的学问从唐末到宋初在学术界很有地位。既然《宋高僧传》对慧琳是这样的评价，我们知道琳书虽在当时看不到，但他的地位是肯定的。今天我们看此书，知道它量大而精博，因而对琳书要比应书更加重视。

下面举几例说明其书的重要性，还是以前引玄应书中的几个名词来作例，塔，卷二十七《妙法莲花经音义》：

> 塔，梵云窣堵波，此云高显。制多，此云灵庙，律云塔婆，无舍利云支提。今塔，即窣堵，讹云塔。古书无塔字。葛洪《字苑》及（隋陆法言）《切韵》：塔即佛堂、佛塔、庙也。

与玄应书相比，慧琳对塔的解释简略并有补充。隋代也认为塔即为佛庙，因为《切韵》是隋代的作品。当时塔的概念与现在的不一样，当时塔就是代表佛，庙里的主要建筑就是塔，汉代佛庙就是塔。所以我们一定要搞清楚术语的发展过程，为了不弄错，音义书对我们来说较为重要，是基本书。《魏书·释老志》里将这个问题说得很清楚了：

> 佛既谢世，香木梵尸，灵骨分碎，大小如粒，击之不坏，焚也不焦，或有光明神验。胡言谓之舍利。弟子收奉，置之宝瓶，竭香花，致敬慕；建宫宇，谓之塔。塔亦胡言，犹宗庙也，故世称塔庙……（太祖作五级浮图，文成复法后）敕有司于五级大寺内，为太祖已下五帝，铸释迦立像五。

魏收为北魏晚期很有名的文人，到北齐时写成此书。这个解释是魏晋以来的解释，所以魏晋至唐关于塔的记载，大致相同。

跏趺，卷八《大般若波罗蜜多经音义》：

> 跏趺：上（左）音加，下（右）音夫。皆俗字也。正体作加跗，（东汉末）郑注《仪礼》云：跗，足上也。顾野王《玉篇》云：足面上也。案：《金刚顶》及《毘卢遮那》等经坐法差别非一，今略举二三，明四威仪（行、住、坐、卧）皆有深意。结跏趺坐略有二种，一曰"吉祥"，二曰"降魔"。凡坐皆先以右趾押左股，后以左趾押右股，此即右押；右手也左居上，名曰"降魔

坐",诸禅宗多传(结)此坐。若依持明藏教瑜伽法门,即传吉祥为上,降魔坐有时而用。其吉祥坐,先以左趾押右股,后以右趾押左股,令(合)二足掌仰于二股之上;手也右押左,仰安(足)加趺之上,名为"吉祥坐"。如来昔在菩提树下成正觉时,身安吉祥之坐,手作降魔之印。是故如来常安此坐转妙法轮。若依秘密瑜伽身(手印)、语(念咒)、意(意念)业举动威仪,无非密印,坐法差别并须师授,或曰半加,或名贤坐,或象轮王,或住调伏与此法相应,即授此坐,皆佛密意,有所示也。

卷二十六《涅槃经音义》:

> 结加趺坐:趺,音府无反,《三苍》云:足趺也。郑注《仪礼》云:足上也。按:摄持鞋履之处名为足趺。慧琳云:结加趺坐者,加字只合单作加盘,结二足更手以左右足趺加于二髀之上,名结加趺坐。其坐法差别,名目颇多,不可繁说。今且略叙二种坐仪。先以右足趺加左髀上,又以左足趺加右髀上,令(合)二足掌仰于二髀之上,此名降魔坐。二手也仰掌展五指,以左押在安在怀中。诸禅师多传此坐是其次也。若依持明藏教灌顶阿阇梨所传授,即以吉祥坐为上,降魔为次。其吉祥坐者,先以左足趺加右髀上,又以右足趺加左髀上,也令(合)二足掌仰于二髀之上,二手准前展指仰掌,以右押左,此名吉祥坐,于一切坐法之中此最为上。如来成正觉时,身安吉祥之坐,左手指地作降魔之印。若修行人能常习此坐,具足百福庄严之相,能与一切三昧相应,名为最胜也。

上述卷八的"结跏趺坐",可分显、密两类。结合我们的业务,看显教的东西时,可以不这样叫,但如搞密教遗迹时,则应用上述这套描述。如描述西安碑林石刻艺术馆里的那些白玉佛像,则须用此类描述;而搞石窟寺,则不一定用此种描述,因为密教是唐中叶以后出现的。

慧琳是受业于不空的,所以精通密教,对密教的解释准确性较高。

他不仅注音、释义，有时还辑录了重要密教经典的翻译经过。如：卷三十五《佛顶尊胜陀罗尼经音义》详细记录了此经的翻译经过。从北周保定四年（564年）始译此经，到唐代宗广德二年（764年）不空最后一次翻译，其间大约二百年前后共译了八次。这八次译经，慧琳均详记了译人、译地。它是此经的翻译史料。慧琳在记述了这段经的翻译史之后，说：

> ……慧琳音至此经，遂检勘译经年岁先后，故书记之，晓彼疑繁之士。贞元十八年壬子（午）（802年）岁记。

从时间看，这一段是慧琳写这书之时。上述《佛顶尊胜陀罗尼经》对我们搞佛教考古的人有用，因为现存大部分经幢都刻此经。有的刻咒语，有的刻此译经的经过。但要知道他们所依据的是何书，就要查慧琳的《一切经音义》，看他们据哪个本子。因为《佛顶尊胜陀罗尼经》的不同本子，慧琳《一切经音义》都收了。

慧琳是疏勒人，所以其音义中记叙西域或西北少数民族的情况较详。但目前研究西域史地之人，使用琳书材料的不多。卷十一《大宝积经音义》：

> 于阗，案此国今即贯属安西四镇之城，此其一镇也。于彼城中有毗沙门天神庙，七层木楼，神居楼上，甚有灵验。其国界有牛头山，天神时来，栖宅此山。山有玉河，河中往往漂流美玉，彼国王常采，远来贡献，东去长安一万二千余里。

这是关于于阗在公元8—9世纪之际，一个私人的记录，不是官方的。慧琳记载此庙较详，另外也提到了玉河的问题。像这样直接记录唐朝西域事的书还不多。

此外，在卷八十九《高僧传音义》还著录了鄯善的事：

> 鄯鄯，音善，碛西蕃国名也。今安西四镇东镇焉耆者是也，西

去安西七百里也。

这也是有关安西四镇的历史资料。特别是鄯善，在以前讲四镇时，均没有上述这种提法。这样就有一个问题，即究竟焉耆包括在四镇之中，还是焉耆另属一镇，现对此问题尚不太清楚。并且，我们现在也没有理由来怀疑慧琳的说法。现在看来，这两条关于四镇的记录，迄今所有写关于安西四镇的文章，都没有提到过。

下面讲一下有关新疆风俗习惯的一些史料。卷四十一《大乘理趣六波罗蜜多经音义》：

> 苏莫遮冒，西戎胡语也。正云飒麿遮，此戏本出西龟兹国，至今由（犹）有此曲。此国浑脱，大面拨头之类也。或作兽面，或象鬼神，假作种种面具形状，或以泥水沾洒行人，或持罥索搭钩捉人为戏，每年七月初，公行此戏，七日乃停。土俗相传云，常以此法攘厌驼（驱）趁罗刹恶鬼食啖人民之灾也。

卷八十二《大唐西域记音义》：

> 穹庐……案穹庐戎蕃之人以毡为庐帐，其顶高圆，形如天象，穹窿高大，故号穹庐……

这是两条记载西北少数民族风俗习惯的资料。第一条说苏莫遮冒，是关于假面具的一个很重要的材料。中国本土原来没有假面具，它是在六朝晚期传入的，慧琳的《一切经音义》为我们提供了线索。另外还讲了泼水的事情。这些均在当时的长安流行过，就是说西域的有些习俗在长安曾有过影响。第二条中所说的毡帐也在长安有过流传，多见于唐人诗文，在敦煌壁画中也可见到不少。

此外，慧琳书中记录少数民族语言的资料也不少。卷三十五《一字佛顶轮王经音义》：

旋岚：下音蓝，旋蓝者，大猛风也。元魏孝昌帝时，俗用因循，书出此字，也是北狄突厥语也，以北地山川多风本因岚州岢岚镇，后周改为岚州，因有此岢岚字，流行于人间。岢音可，一切字书先无此二字，披览史书，于后魏书中见其意，所以知之，故疏。

卷三十八《金刚光焰止风雨陀罗尼经音义》：

岚飑：上音蓝。此岚字诸字书并无，本北地山名，即岚州出木处是也，也北蕃语也，后魏孝昌于此地置岢岚镇城。岢，音可。城西有山多猛风，因名此山为岚山。

卷七十九《经律异相音义》：

随岚：下蓝。《古今正字》云：岚，山风也。此字因北狄语，呼猛风为可岚，遂书出此岚字，因置岚州之镇也。

卷六十四《四分律删补附机羯磨音义》：

氍毹（毹）：上具俱反，下数衢反。波斯胡语也。《博雅》：氍毹西戎罽㲩也，即是毛锦有文彩，如五色花毯也。《西域记》云：出波利斯国即波斯国是也。

上述是关于记载两条少数民族（外国）的语言资料。

关于岢岚，山西省现尚有此县，名为岢岚县，是从突厥语演化而来的。关于岢岚，在这里录了三条。它们之间互有补充，对此，这个词也确解了。

氍毹，东汉时已有，到唐代更多，跳舞时，地上要铺之。关于跳舞铺的地毯，在唐代叫跳舞筵，也叫菀莚。关于菀莚，在慧琳《一切经音义》中有解释。卷七十四《僧伽罗刹集音义》：

> ……案：菟蓙，地褥也，即氍毹也，俗呼为地衣，毛锦是也。

因为慧琳是新疆人，所以书中牵涉的一些西域的事情解释得较精确。除此之外，慧琳《一切经音义》对唐代的事物也作了很广泛的解释。因而，慧琳《一切经音义》可以看作关于唐代一些名词、术语之词典。

下面举两例与佛教有关的名词。
卷十《金刚般若波罗蜜音义》：

> 偏袒……借用字也。《说文》云：（袒），衣缝解也……今非此义。案经云：偏袒者，以右髆去衣露肉也。彼方谓虔敬之仪极也。

卷二十七《妙法莲花经音义》：

> 龛室：上苦含反，《广雅》：龛，盛也，取也……案：龛室者，如今之檀龛之类也，于大塔四面安其小龛如室，故言龛室；此小室中有种种形儿（貌），如檀龛像也。

第一条所说"偏袒"为佛教徒的装束。慧琳说"袒"是个借用字（见上），这个解释对我们有用，为何有偏袒？原因"彼方谓虔敬之仪极也"。

第二条讲的是龛室。龛室在中国保存较少，而日本保存的檀木龛室则很多；在印度，有的龛室是用象牙雕刻的，似一座小房子。

卷六十一《苾刍尼律音义》：

> 安龛：下坎含反。（中唐张戬的）《考声》云：凿山壁为坎，安佛像也。

由此看来，开龛造像的说法是依据唐代的音义的说法。

由上述可以看出，慧琳《一切经音义》是一部很有价值的参考书，应为我们的必读书之一。

3.《续一切经音义》

慧琳《一切经音义》成书以后，大约过了170年，辽代燕京和尚希麟又续了慧琳的音义，故叫《续一切经音义》，全书十卷。

慧琳《一切经音义》，是按《开元释教录》入藏录的顺序编排的；而希麟《续一切经音义》，则是按圆照的《续开元释教录》的次序排列的。希麟《续一切经音义》内容不多，只有25帙（套）。这25套书的顺序，从《大乘理趣六波罗蜜多经》开始，止于《续开元释教录》。《续一切经音义》成书于辽圣宗统和五年（987年），即宋太宗雍熙四年。希麟是受燕京悯忠寺（今法源寺）无碍大师（字诠明）之托续慧琳《一切经音义》的。但希麟的《续一切经音义》并未传到北宋，原因是当时辽、宋的书禁甚严。这样，宋藏系统的大藏便没有收入此书。不过，希麟的《续一切经音义》收入了《契丹藏》，而据《契丹藏》扩充的《高丽藏》，也收了此书。

希麟的事迹现不太清楚，只知道他是辽代燕京崇仁寺的一位大和尚。崇仁寺是辽代的一个大寺，一直到元代尚有此寺，但其确切地点现已不清，只知在南城即今北京宣武门南。

如上所述，希麟《续一切经音义》内容较简略，但它大体上沿袭了唐代和尚音义的做法，故从中可看出一些佛教名词、术语的演化。

下面还是以"塔"和"跏趺"为例说明之。

先谈"塔"，卷一《大乘理趣六波罗蜜多经音义》：

> 窣堵波……此译云高胜方坟也，即安如来舍利砖、石、铁、木等塔是也，俗语或云浮图也。

卷五《大威力乌枢瑟摩明王经音义》：

> 制帝：梵语也，或云支提……此翻为积集，或云生净信，或云灵庙，皆义译也。谓于佛阇维处及经行说法处，建置坟、庙、

台、阁,总名也。令诸人天积集福善之所也。

上述两条音义告诉我们:1. 根据当时塔的实际情况,对于此前对塔的解释作了修改。以前只说塔是石制的,而在本书中却也提到了砖塔、木塔、铁塔等。这些均为当时塔的实际存在及构成情况。2. 补充了建塔地点的条件,说释迦火化及在各地说法之地可以建塔。3. 书中反映了佛的坟庙之地可建很多附属建筑物,如台、阁等,实际上这是一所寺院。

下面再谈谈"跏趺",卷二《新大方广佛华严经音义》:

跏趺……其跏字只合单作加……吉祥坐为上,其降魔坐次也。

卷四《大乘本生心地观经音义》:

跏趺:上音加,下音夫。二字皆相承俗用也。正作加跗……案《金刚顶瑜伽仪》云:坐有二种,谓全加、半加,结加坐即全加也,加跗坐即半加也,谓降魔、吉祥等也。

从上述两条音义看出,希麟对"跏趺"二字的解释较以前有了增加。"半加"在慧琳《一切经音义》中只简单提到过,但在希麟《续一切经音义》中却解释清楚了。希麟在《续一切经音义》中解释"降魔坐""吉祥坐"是半加,但慧琳《一切经音义》所讲却与之不大一样。希麟所以能写得清楚,是因为"半加"在当时较常见。辽代盛行密教,故希麟在《续一切经音义》中解释清楚"半加"就不是偶然的了。

慧琳、希麟两部音义,现存本子都源自《高丽藏》。因为二书在《高丽藏》中是连排的,所以据《高丽藏》排印的其他本子,如①狮谷白莲社刻本(1737年)、②日僧忍澂校本、③卍字藏本(根据忍澂校本《黄檗藏》本排印的)、④《缩刷藏》本(直接根据《高丽藏》排印,由于是排印的,错误难免多了一些)和⑤《频伽藏》本(据《缩刷藏》刻印)都把二书排印在一起。值得注意的是,雕印《频伽藏》的主持人黎养正,根据上述诸书作了校勘,故《频伽藏》中唯独这两部音义书比《缩刷藏》好,因而《大正藏》又收入了《频伽藏》本。

抗战前,北京大学文科研究所曾根据白莲社的书作了一本《一切经音义引用书索引》,由商务印书馆出版,此书我们可以参考。据《一切经音义引用书索引》,慧琳、希麟二音义书中所引古书有七百多种,而这些书宋以后有许多已亡佚不存了。当然,《一切经音义引用书索引》有许多错误,我们用时要注意。由于编者不懂佛经,所以有些东西弄错了。如"跏跌"这条,《慧琳音义》卷二十七对跏跌的解释"……交坐,《除灾横经》……"本应在"交坐"后断句、打点,但《一切经音义引用书索引》却把六个字合为一书名来解释。另外,《一切经音义引用书索引》将论、律互混。

4.《新集藏经音义随函录》

关于音义这类书,最后要介绍的是《新集藏经音义随函录》,作者可洪为五代时晋的和尚,全书共30卷。

可洪为汉中人。他在《随函录》自序中说,"在依河府方山延祚寺""披览众经",从后唐长兴二年到后晋天福五年(931—940年),"首尾十载"。他在依河府一边看经,一边在众经中录出难字,"凡音切者总一十二万二百二十二字,据此作《随函录》"。

"依河府"在何地不清,"方山"更不知在何处。据可洪后序,他作书时参考了不少以前的音义。他先后看了玄应的音义、西川厚大师的经音、浙右谦大德的经音以及河东博士郭迻的经训,但没有看到慧琳的《一切经音义》,好像他也不知道琳书。可洪看书十年不知道琳书,说明慧琳《一切经音义》在晚唐、五代并没有广泛流传。

可洪《新集藏经音义随函录》着重切音,不重解释。所以书之内容简单,但也有些特点。

a. 他注重了新旧译的对比。卷一《大般若经音义》:

禅,音市连反。《大品经》(鸠摩罗什译,27卷)云:禅那。《智度论》(解释大品般若经的,也为鸠摩罗什译)云:(后)秦云：思维。《大般若经》（玄奘译，100卷）云：静虑。

由此看出，鸠摩罗什和玄奘的意译不大一样。卷四《大方广佛华严经音义》：

僧坊，音方，区也。区院也。

僧坊在唐、五代时是个常见词，一般讲每个寺院有多少僧坊，其意如上。

b. 可洪的音义从《大般若经》开始，终于《诸集经乱识仪》等六种，是按《开元释教录》排列的。虽然此书按《开元释教录》顺序排列，但在帙号的编排上与《开元释教录略出》的编号不完全一样。怎么不一样呢？《新集藏经音义随函录》从《开元释教录》的第三种，即从《摩诃般若波罗蜜经》开始，比《开元释教录略出》多排出一个千字文号。自此以后，它一直比《开元释教录略出》多排了一个千字文号；而排到《广弘明集》时，则又多了一个千字文号。这样，从《广弘明集》始共多排了两个千字文号。由于这个差别，就使大藏经出现了两套排法。宋藏系统使用的是《开元释教录略出》的排法，而《契丹藏》则用《新集藏经音义随函录》的排法。《新集藏经音义随函录》如何传到辽代不清楚，但由于辽藏是根据《新集藏经音义随函录》的帙号编排，所以《契丹藏》收入了《新集藏经音义随函录》。

"随函录"，就是根据函号的次序所编排的记录，函号指千字文号，函＝袠（裹、帙）＝袠（帙）。而《新集藏经音义随函录》就是依据函号的目录来记大藏的音义。加"新"字，这里是有别于前人之作。函就是容纳的意思，作为装经，它是书衣（布套子）。函或袠有其发展变化。一般卷子装的为十卷一袠排列，装置如敦煌藏经洞（第17窟）原藏的经袠（图26：1）。如果卷子太薄（指每卷而言），有的卷子装每袠可达十二卷，也有十一卷的，但一般情况下都是十卷一袠（图26：2）。卷子装改为梵笑装，梵笑装也叫经折装，卷子装变为梵笑装后，袠也为十笑一袠（图26：3）。现在看来，从晚唐五代时起，

四　汉文佛籍目录以外的工具书　99

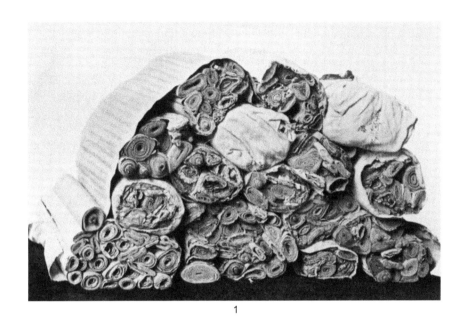

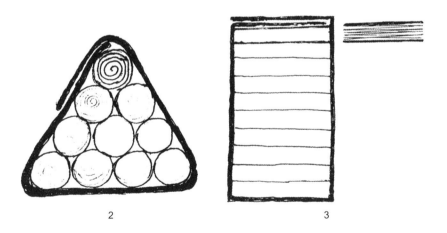

图26　1. 敦煌藏经洞所藏的经袱　2、3. 袱、函裹经断面示意

凡记录大藏的音义，都是用随函的办法。用这种方式作的音义，有西川厚大师的音义和浙右谦大德的音义。音义的书有两种形式，一种包括在卷子或梵箧本里；另一种是单独成书。单独成书，依据函号而定。由于书名为随函，这样就重视了函号。

可洪《新集藏经音义随函录》的特点，是把函号放在前面，如"卷一、天、《大般若波罗蜜多经》第一帙"。这样的标题法与《开元释教录略出》的不一样。《开元释教录略出》是把千字文放在书或卷子的后面，而随函则把函号放在书或卷子的前面。

随函的做法从晚唐到宋一直较流行，有名的《大藏经随函索隐》就是这时作的。《大藏经随函索隐》作者为云胜，是宋太宗和宋真宗时期的和尚。太宗和真宗初年，曾对《开宝藏》作过一次全面的校勘，主其事者就是云胜。《开宝藏》校勘后，发现其中有错，便作了上书，卷数达600卷之多。"索隐"，就是校正的意思；叫"随函"，是据函号的次序作的。此书现已佚。到宋初，有关全藏的书，还喜欢用随函的做法。

我们看《新集藏经音义随函录》，可用《高丽藏》或《缩刷藏》本。

2．字书、类书阶段

上面我们讲了大藏的音义书，即汉文佛籍工具书的第一阶段。下面准备谈谈工具书的第二个阶段，即字书、类书阶段。本应先讲字书，后讲类书，但由于照顾书的年代，还是从类书讲起。需要提一下的是，字书与音义有点关系，但音义不是真正的字书。

类书，是把许多书辑在一起然后分类另编书。类书基本上没有本人的著作，只是将前人的书分类，然后再抄一遍而已。类书对我们查找资料有价值，如要查关于衣服的资料，我们就可以在类书中查关于衣服的部分；要查花，就查类书中有关花的部分。

佛教出现类书，说明其早已过了初期阶段，而进入了一个兴盛时期。要想知道佛教记载中分类的东西，就要查类书。从兴盛到较普遍流行时期之间又有一段时间，这期间佛教进一步世俗化了，因而对类书的要求也要世俗化。兴盛时期的类书是较精深且较专业的，这是为有学问的大和尚所作的类书。而到了普遍流行,即世俗化时期所作的类书,是一般信佛的人(包括一般僧人)所需的。两者不一样。前一类书精深些,后一类书通俗化些。后一类书对研究佛教教理方面的用途不大,但对于研究佛教迷信这方面有重要意义。我们是研究佛教形象的,故对后者也不可忽视。

1．类书

(1)《法苑珠林》 南北朝到隋为佛教的兴盛时期,这期间出现了一部很重要的类书,叫《法苑珠林》。《法苑珠林》100卷,作者为唐初有名的和尚道世,总章元年(668年)完成。道世曾参加过玄奘的译场,也是学问寺——西明寺的和尚。道世与道宣同在一寺,彼此很熟。道宣在《大唐内典录》中谈到过道世并著录了《法苑珠林》,道世也在其书中谈到了道宣。道世在《宋高僧传·义解篇》有传。

法苑,指佛教范围;珠林,是把佛教范围很好的文章拼在一起的意思。《法苑珠林》是从佛教的经、律、论里面,把佛教的各种事迹分类重新加以编辑,共编了一百篇。每篇一卷,并有一名目;名目下再分很多子目,总起来有六百多条小子目。分类是先分一百个大类,然后再分六百多个小类。

《法苑珠林》每篇(即每卷)的前面,大部分都有一个述意部,即对这篇作一总的概述。本来这部分应该很有用,但由于是用骈体文写的,所以"华丽有余,记事不足",用处不大。之后讲具体内容,是从汉文经、律、论中抄出来的。抄出的佛经都写了经名,有的也写了子目。需要说明的是,我们引此书时,一定要查它引的东西现在是否还在——如现在仍存,须再引原书;如现佚,则可以直接引此书。这是引书的常识。

每篇的最后有一"感应缘",就是对该篇所讲的佛教事迹有什么灵验。实际上,这是辑聚了一篇篇故事,但对我们有用。《法苑珠林》的"感应缘"中,记录了许多著名的庙宇或其事迹、僧人的事情或者何时有何特殊的安排、事件等,所以这部分对我们搞佛教考古有用。"感应缘"中特别对塔、石窟作了许多具体的记录,对我们来说很有价值。

如隋文帝晚期，在全国各地广建舍利塔。在何地建？为何建？《法苑珠林》里大多作了记载。现在山西、河南、陕西、甘肃等地发现的寺塔遗迹，大部分可与《法苑珠林》的记载相印证。发掘出的塔基往往重修过，有些重修的塔现在仍存。另外，书中关于南北朝、隋、初唐时期石窟的记载也不少，有名的凉州石窟此书中就有记录。关于敦煌石窟，也有记录，但不多。隋代敦煌曾修建一庙，此庙在圣历碑中曾提到，在敦煌卷子中有记载，在《法苑珠林》里也提到了。因此，"感应缘"部分是我们应当注意的资料。

《法苑珠林》是根据佛教教义分类编辑三藏的，可以说是引经据典，故历来都说此书"大旨推明罪福之由，用生敬信之念"。这两句话，一方面是说明引经据典，另一方面是指有灵验。

由于类书翻检方便，所以在汉文佛籍中占有重要地位。特别是《法苑珠林》的"感应缘"部分，所辑古书大都不存，故更为非佛教徒所重视。清初修《四库全书》时，把此书也收了进去。这样，《法苑珠林》这部书就有了两个系统，其一为《四库》系统，内分一百二十卷；其二为大藏系统，一直都是一百卷。《四库》系统编为一百二十卷是不妥的。《四库全书》依据的是《径山藏》（《嘉兴藏》），而《径山藏》把《法苑珠林》改为一百二十卷。商务印书馆影印的《四部丛刊》，也用的是《径山藏》，日人在清乾隆年间所编大藏也是《径山藏》系统。我们看、引《法苑珠林》这部书时，不要用《四库》系统，因为虽然表面上卷数改了，但其内容没有变动。

《法苑珠林》在陈垣《中国佛教史籍概论》中已有介绍，我们可以参考。不过需要说明的是，我们的目的与陈先生的偏重点不一样。

（2）《义楚六帖》《义楚六帖》又名《释氏纂要六帖》，二十四卷。义楚，五代高僧，俗姓裴，卒于宋初开宝中，为齐州开元寺和尚，《宋高僧传·义解篇》有传。义楚先将大藏看了三遍，后仿白居易《白氏六帖事类集》作此书，用了十年时间，始于晋开运二年（945年）迄于周显德元年（954年）。

《白氏六帖》，也称《白孔六帖》，是唐代重要的一部类书。白居易把唐代的事情分为六大类，其下分小类。《白氏六帖》在唐代很流行，故此书是研究唐代历史的重要著作。

依据《白氏六帖》体例，义楚作了佛教的六帖。《义楚六帖》与《法苑珠林》的做法不一样，它较《法苑珠林》更普及些。义楚从大藏里，按类把佛教的文章和一些杂事分为六类，六类下再分50个部。这部书没有"述意"和"感应缘"，引三藏很简略，因而它对佛教事理的阐述远不如《法苑珠林》。假如说《法苑珠林》是一部演说佛教事理、汇辑佛教事迹的书，那么《义楚六帖》只是一般的佛教类书了。不过此书对我们注意佛教考古的也有参考价值，如入禅入定的窟，在本书中就有一不见他书的名词，叫"定窟"。定窟即为小窟，这种窟在敦煌很多。"定窟"一词，源自《义楚六帖》。

《义楚六帖》没有入藏，崇宁二年（1103年）刊成后，流传得很少，日本有传本。1675年（康熙十四年）日本的一座寺庙刻了此书，国内20世纪40年代有影印本，北大图书馆藏有日本刻本（图27）。

此外，宋代道诚作《释氏要览》一书，三卷。明代陈实作《大藏一览集》，十一卷。上述两种类书分别记载宋、明时期有关佛教的一些解释，对了解宋、明的佛教事迹有一些价值。

（3）《翻译名义集》 南宋初年，有一本关于译名的类书，叫《翻译名义集》。过去翻译佛经有几种名词不翻义，只译音。而不翻义的词，更不好懂其义。真正把翻译的词汇集起来的始于此书。《翻译名义集》的作者法云，是苏州景德寺的一位大和尚，在两宋之际作了此书。法云用二十多年的时间，把大藏汉译的梵语名词提出来，然后分为六十四类，每类下面列一些词条，然后作些解释。所以此书也可看作是汉译梵名的词汇或词典。

《翻译名义集》对我们看佛教书籍很有用处，不过其解释是两宋时期的看法，有些不符合佛经的原义。当然，任何时代翻译的佛经都有其时代特色。如鸠摩罗什翻译的佛经带有前秦特点，而玄奘的译经又具有初唐特色。宋朝是中国佛教世俗化的一个阶段，所以其时代特色对梵文的解释更重一些。如我们看卷七"窣堵波"的音义，知道它与以前各书的解释不太一样，此书说"窣堵波"就是"塔"。另外，我们还可参看一下"僧祇支"的解释。

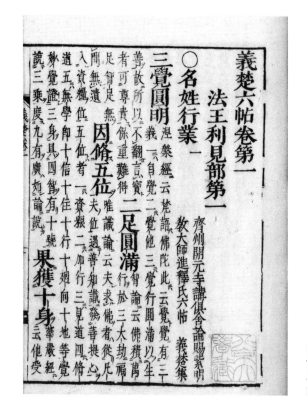

图27 北京大学图书馆藏《义楚六帖》(日本延宝三年，1675年，刻本)(李□3842)

《翻译名义集》这部书，在20世纪初曾出现好几个本子，《四部丛刊》影印的是宋本，七卷。清人没有看到宋书，当时出现的几个本子卷数均不一样，如金陵刻经处的本子为二十卷（附有断句）。我们引用时，要用《四部丛刊》影印的七卷本。

2. 字书

自晚唐以来，音义这类书逐渐重标音、略字义，前面所说可洪《新集藏经音义随函录》就是重标音。到了辽代希麟作《续一切经音义》时，虽然也简略解释了字义，但仍保持着以前的形式。

（1）《大藏音》 由于重标音做法的流行，到宋神宗时期处观作《大藏音》时就更加重标音了。处观是当时都城汴梁积严寺的大和尚。《大藏音》在编排上不用随函方式，而用《说文》的部首方式，所以放在字书里。

由于采用了部首排列方式,这样就避免了一字多次重复的做法,只要一次就解决了问题。此书由于不重复且略字义,这样分量就少了,只有三卷。三卷书从1070—1093年,共作了二十多年,由此看出作者著书的用心良苦了。不过此书对念佛有用,对我们远不如音义的书有价值。

《大藏音》自《普宁藏》入藏以后,各藏均收入,没有单行本。由于此书都是源自"绍兴本",所以全名也作《绍兴重标大藏音》。

(2)《龙龛手镜(鉴)》 字书用部首检查每个字的方法,开始于《说文》。到了盛唐,颜元孙用编韵书的办法,第一次用四声编部首,用文字排列,作了《干禄字书》。干指祈求,禄即俸禄。由于此书的目的是祈求俸禄,所以他分析了字有俗、通、正三体。

到了10世纪末,辽代和尚行均,沿用颜元孙之法,作了一部佛教词典——《龙龛手镜(鉴)》。龙龛,指佛教书籍,因为佛书是放在龙龛里面的;《龙龛手镜(鉴)》,意思是看佛教书的一面镜子。行均为了说明新、旧字以及当时通行的字的关系,着重分析了每一字的字体,将一字区别为五种体,即古、今、正、俗及诸体。全书收二万六千多字,在编法上,又把四声用在各部的部首内,从内容、体例到方法,均比颜氏《干禄字书》提高了一步。

就看佛书来说,此书比《大藏音》用处多一些,因为它:1. 解释字义的内容多;2. 字数多;3. 除单字外,还包括了许多词。由于作者为辽代和尚,所以其字义对了解唐宋时期北方的一些事情有帮助。

卷二 瓦部"瓷"。

卷二 缶部"瓷,甋音唐,瓷器"。

《龙龛手镜(鉴)》收了不少与瓷器有关的字,比慧琳《一切经音义》所收要多,这反映出瓷器的使用比中唐更普遍了。

卷四 竹部"箶,箭室也";"箙,弩室也"。

这反映出当时装箭的和装弩的囊不一样。

卷一 示部"祆,呼烟支,胡神官品也"。

卷四 食部"餕,正音甲,餕饼,鞞鏫属也"。

卷三　木部"杉，音杉，木名，似松，埋之不朽"。

卷一　金部"钃，卢盍反，锡钃，铅属也"；"镞，转轴，载田也"。

上述例子约可说明《龙龛手镜（鉴）》一书包括的内容很丰富。

行均书前有统和十五年（997年）燕京悯忠寺和尚智光的题记，给我们提供了一些行均和他作书的资料，即记载了他的一些事迹。智光序说："郭迻但显于人名，香严唯标于寺号，流传岁久，抄写时讹。寡闻则莫晓是非，博古则徒怀慨叹。不逢敏达，孰为编修？有行均上人，字广济，俗姓于氏，派演青齐，云飞燕晋，善于音韵，闲于字书，睹香严之不精，寓金河而载辑。九仞功绩，五变炎凉……（智光）辱彼告成，见命序引……新音编于龙龛，犹手持于鸾镜。形容斯鉴，妍丑是分，故目曰《龙龛手镜》。总四卷，以平上去入为次，随部复用四声列之……时统和十五年丁酉七月癸亥序"。

上引序文告诉我们：1. 行均的简历。2. 为何作书、著书的时间以及编辑方法。3. 著书地点在金河，即河北省蔚县小五台山的北台东麓。此寺明清时称作"沟窑寺"，在辽代是一座著名大寺。当时寺内藏有许多书，辽代高僧道殿也在此居住过。4. 序中提到，行均著书时依据两种著作，一是郭迻的书，一是香严寺的书（不知为何人所作）。此外，《龙龛手镜（鉴）》还引了许多其他书，诸如《随文》《随函》《江西随函》《西川随函》《应法师音》《琳法师音》《浙韵》以及《川韵》。除《随文》不知何书外，《随函》是后晋可洪的《新集藏经音译随函录》，《江西随函》乃可洪《随函录》后序所举江西谦大德的《经音》，《西川随函》为西川厚大师的《经音》，《应法师音》为玄应的《一切经音义》，《琳法师音》为慧琳的《一切经音义》，《浙韵》也许指的是《江西随函》，因为谦大德为浙右人，而《川韵》或许指的《西川随函》。由于他引了这么多书，这一方面说明他编书依据很多，另一方面也反映了金河寺藏书之富。

智光，号法炬，为燕京悯忠寺和尚。悯忠寺是大辽境内的学问寺，其地位比金河寺可能要高，许多辽代有名的高僧可能都与此寺有关。

《龙龛手镜（鉴）》未入大藏，只以单行本流传。此书有两个系统:一为辽刻,抗战前在朝鲜曾发现王氏高丽时期的翻刻本,是据辽刻本复刻的,为残卷,只有1、3、4三卷,缺卷2。另一系统为宋刻。据统计,宋刻系统有四部存在,宋朝讳"镜"字,故改称《龙龛手鉴》。现存的四部宋刻本,均出自北宋熙宁年间(神宗时)复刻辽的本子。此出自熙宁时期的刻本并不是真正的熙宁刻本,而且至少还有两个系统:《四部丛刊》中影印的本子,其中的卷1、3、4为一个本子,时间较晚,为南宋中、晚期;而卷2为另一本子,时间为南宋初年。南宋时期一再复刻此书,可见当时对它的重视。近年香港潘重规组织重印了此书,并编了索引,使用起来较为方便。

比较一下两种本子,觉得高丽本要比北宋的本子好,如卷一有下面几个词,可以对比一下:

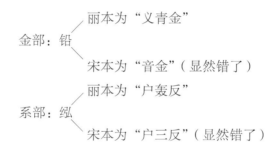

由此看来,高丽翻刻辽本,比北宋翻刻辽本要仔细得多。

3. 字书、类书的变化

上面我们把佛教的字书、类书讲了一下。不论字书或类书,它们都属于工具书。字书从单行的字义,发展成为随函的音义,而且随着装订的变化,即由卷子装改为梵笑装,便出现了把音义分散到每卷后的做法。最早把音义分散到每卷后的做法,出现在北宋单刻的佛经上。到了南宋,把音义放在卷后的做法被大藏接受,始于《思溪藏》,一直沿用到民国初年金陵刻经处刻的本子都是如此。

字书和类书的变化:

(1)单刻音义的类书都是在唐朝初年出现的,这说明唐初为佛教的一个兴盛期。

（2）音义的随函和类书的简化都出现在五代时期，由此说明此时佛教向下（层）发展。

（3）之后，又接着出现了查找佛教音义的字典式的类书，如北方的《龙龛手镜（鉴）》，南方此时也大量翻刻《龙龛手镜（鉴）》一书。此外，两宋之际，宋代和尚也编了《大藏音》。这时的类书也较通俗化，如《释氏要览》。另外，这时期还出现了派系的类书，如睦庵的《祖庭事苑》（宋代禅宗的龙门派是很厉害的一支派系，他们作了此书）。上述情况告诉我们：此时一方面佛教通俗化，另一方面佛教内部部派的发展更为重要了。

3．新式词典阶段

新式词典阶段是指近代的新式词典来说的。佛教进入到近代，人们开始进行新式的学术研究。佛教研究最早发生在欧洲，但对汉文的研究，值得注意的是日本。日本的佛教是由中国传入的，他们的书籍也以汉文为主。唐宋以来，我们流行的佛书，在很大程度上也成了日本佛教界注意的书籍。清代康熙、乾隆年间，日本人翻刻了不少我们的书籍。统计了一下，他们翻刻《翻译名义集》为1628年，《大藏一览集》为1642年，《法苑珠林》的时间是1671年，《义楚六帖》的时间为1675年，《释氏要览》的时间为17世纪中叶，《慧琳音义》为1746年。此外，他们在1782年还翻刻了当时较流行的目录书——《阅藏知津》。

日本明治维新以后，他们的资本主义发展得较迅速，因而其佛教学研究也随之开展起来。这样，他们既不满足于翻刻中国的字书、类书，也不满足于他们自己仿汉文字书、类书而编的字书、类书了，如他们编的《禅林象器笺》。因而，在西方当时盛行编辞典的影响下，他们开始编辑新式词典。

新式词典阶段大体上可分为三个时期。

1．大正时期出版的一些佛教书籍

大正元年即民国元年，大正年间的主要著作有织田得能编辑的《佛教大辞典》。此书1899年开始编辑，1911年织田卒，由他的弟子最后完成，大正六年（1917年）出版。织田是日本佛教真宗大谷派的一个和尚，大谷派在日本的政界、军界都有关系。《佛教大辞典》这部书作得较粗，不过它吸收了西方辞典的一些长处，诸如翻音等。此书是日本最早的一部大型佛教辞典。

织田死后，大谷派办的佛教大学（现称龙谷大学，新疆、敦煌出土的文物很多收藏在这所大学里）另外组织了一个整理织田未完成著作的班子。这个班子工作做得较仔细，完成了三卷本《佛教大辞汇》，刊行于1922年。这部《佛教大辞汇》比前期整理的《佛教大辞典》要丰富得多，当时得到了很高的评价，称此书是"明治时期三部比较大的佛教书籍之一"。

另外两部，一是弘教书院的《缩刷藏》，另一部为京都藏经书院的《续藏》。《续藏》收入了清朝没有收入的重要佛教书籍，抗战前商务印书馆曾影印过，近年台湾又影印了此书。

2．抗战前（昭和时期）出版的佛教书籍

这一时期，最主要的书籍是望月信亨的《佛教大辞典》，这部书共七卷，其中五卷正文，一卷年表，一卷索引，于1932—1936年出齐［1936年又出版增补册（第八卷）、补遗Ⅰ（第九卷）、补遗Ⅱ（第十卷）］。望月是当时日本佛教界的权威。他编辑此书时，正担任日本大正大学教授。此书比织田《佛教大辞典》提高了一步。

这一阶段，日本佛教界也注意了各种文字的佛教书籍的对照研究，有两部书值得我们注意。第一部是榊亮三郎《梵藏汉和四译对校翻译名义大集》，第二部为（大谷）赤沼智善的《印度佛教固有名词辞典》。前者主要是梵藏的对照，后者主要是梵文和巴利文的对照。巴利文是南传佛教书籍所使用的文字。南传为小乘，所以书中所收的名词在很

大程度上限于小乘书籍。南传佛教认为其最能传授释迦本意，所以称"固有名词"。

3．抗战后（也为昭和时期）出版的佛书

二次世界大战后，最主要的佛教著作是中村元编的《佛教语大辞典》。此书的编辑，以上述织田、望月二书为基础，并参考了许多专门的词典（包括对校宗派词典）。此外，他们还参考了半个世纪以来世界各地重要的佛教研究成果。书后还有笔划、藏、梵、巴利文的索引。由于此书辞条多，文字简洁，又有方便的索引，所以在昭和56年（1981年）又出版了一本缩刷版，使用起来更为方便。《佛教语大辞典》现在成为国际较为流行的一部词典。

这一阶段也出版了不少各宗派专用的词典，如增永灵凤的《禅宗小辞典》、金子大荣的《真宗圣典》。宗派词典的出现，说明日本佛教的研究有了深入。

新式词典在我国的最早出现，是1922年丁福保编的《佛教大辞典》及《佛教小辞典》。此书用八年时间编成，他参考了织田、望月的两部词典，实际上此书很多是翻译过来的，如梵文都是照移过来的。其中也收了不少日本词条，用处不大。《佛教大辞典》1984年文物出版社出版了影印本。

编写词典不容易，它不仅反映了编者的水平，更重要的是社会水平。

日本佛教界的势力较强，著名的佛教大学就有四五所，而且各个佛教寺院的住持都是佛教大学毕业的。据不完全统计，现在日本全国有七千万佛教信徒。尽管清中叶以前日本的佛教受中国的影响，但18世纪以来中国的佛教衰弱了，研究也不如以前了。而日本能达到现在的水平，很重要的原因，是因为在它的本土有一个多世纪的稳定局面。

考古发现与中西文化交流

目　次

前言（1980年稿）············ 119

　　1．解题 ············ 119

　　2．西方的范围 ············ 121

　　3．本专题内容次第 ············ 122

一　商周时期（前16—前5世纪）（1980年稿）············ 123

　　1．中亚、西亚地区发现的陶鬲 ············ 126

　　2．东西方发现的青铜刀子和剑 ············ 127

　　3．丝织品、软玉、绿松石和玻璃珠饰等的东西方传播 ············ 131

　　4．东方发现的晚期铜剑和带钩 ············ 134

二　战国时期（前5—前3世纪，前475—前221年）
　　（1985年稿）············ 138

　　1．镶嵌玻璃珠饰的东传和中亚发现的战国器物 ············ 139

　　2．胡服骑射 ············ 140

　　3．南方发现的玻璃制品和海路的开通 ············ 141

三　西汉（前3—1世纪中期，前201—25年）（1985年稿）············ 144

　　1．张骞出使与汉武经营西域 ············ 145

　　2．北匈奴西迁与匈奴北部的遗迹、遗物 ············ 146

四　东汉魏晋（3世纪中期—4世纪初，252—316年）
　　（1985年稿）············ 152

　　1．匈奴第二次分裂与西迁 ············ 152

　　2．班超事迹 ············ 155

3. 贵霜王朝的兴起 ………… 156

4. 安息、大秦和东方交往的遗迹 ………… 163

五 东晋南北朝时期（4世纪初—6世纪）（1980年稿）………… 169

1. 粟特人东来和中原发现的西方文物 ………… 171

2. 我国石窟艺术中的西方因素 ………… 177

3. 蚕丝技术的西传和外销丝织品的发现 ………… 178

4. 纸开始西传的问题 ………… 181

5. 南方发现的有关遗物 ………… 182

六 隋唐五代时期（7—10世纪）（1980年稿）………… 186

1. 粟特以东的突厥地区的发现和碎叶城遗址 ………… 187

2. 昭武九姓的遗迹 ………… 190

3. 大食的兴起与大批粟特人、波斯人东来的遗迹 ………… 196

4. 吐鲁番—敦煌的发现 ………… 198

5. 长安、洛阳等地发现的与中亚、西亚有关的遗迹 ………… 201

6. 西亚传来的宗教遗迹 ………… 208

7. 从中国向东传的西方器物 ………… 209

8. 大食地区发现的唐代遗物 ………… 211

9. 晚唐五代海路上的遗迹 ………… 214

10. 晚唐五代我国室内设备的逐渐复杂化 ………… 216

七 宋元时期（10—14世纪）（1985年稿）………… 219

1. 前期的遗迹（两宋时期的遗迹）………… 220

2. 后期的遗迹（元代中西文化交流）………… 223

附录 有关中西文化交流的汉文古文献（汉—唐）

（1980年稿）………… 228

1. 有关中西文化交流的汉文古文献（一）………… 228

2. 有关中西文化交流的汉文古文献（二）………… 235

图表目次

图 1　早期游牧和畜牧民族活动范围示意 ………… 126

图 2　中亚、西亚发现的陶鬲 ………… 126

图 3　蒙古以西和向东南经内蒙古、河北、甘肃、
　　　陕西迄河南发现的青铜刀子 ………… 127

图 4　贝加尔湖以南经蒙古迄内蒙古和河北发现的曲柄匕首 ………… 128

图 5　陕、晋、豫发现的短剑和中亚、西亚发现的短剑 ………… 129

图 6　前一千纪中期匈奴地区发现的尖裆鬲 ………… 134

图 7　晚期的青铜短剑（一）………… 134

图 8　晚期的青铜短剑（二）………… 134

图 9　青铜刀子、短剑发现的范围示意 ………… 135

图 10　西亚、西伯利亚和中国境内发现的带钩 ………… 136

图 11　镶嵌玻璃珠和镶嵌玻璃珠的铜镜与带钩 ………… 139

图 12　山字纹铜镜 ………… 140

图 13　巴泽雷克积石墓壁衣上织出的坐椅 ………… 140

图 14　战国时期中西海路开通路线的推测 ………… 142

图 15　诺颜山下匈奴墓所出毛毡上的纹饰 ………… 148

图 16　诺颜山下匈奴墓所出毛锦上的纹饰 ………… 149

图 17　阿巴根大型遗址平面和复原简图 ………… 150

图 18　阿巴根大型遗址所出瓦当 ………… 150

图 19　阿巴根大型遗址所出铺首 ………… 150

图 20　匈奴第二次西迁遗物：丝织品上的菱纹、玉璲、
　　　弓弭和铜鍑 ………… 153

图 21　弓弭所在的位置 ………… 154

图 22　印欧语系的游牧民族使用的铜钹鍑 ………… 154

图 23　民丰、楼兰发现的有希腊、罗马雕饰风格家具上的各种纹饰 ………… 160

图 24　白沙瓦大塔（雀离浮图）平面 ………… 162

图 25　白沙瓦大塔址发现的铜舍利盒 ………… 162

图 26　冯素弗墓发现的玻璃鸭型容器 ………… 165

图 27　日本玻璃勾玉 ………… 168

图 28　南京象山王氏墓发现的玻璃杯 ………… 168

图 29　南京象山王氏墓发现的金刚指环 ………… 168

图 30　东晋南北朝时期亚洲政治形势 ………… 170

图 31　大同发现的高足鎏金铜杯 ………… 172

图 32　景县和韩国庆州发现的玻璃碗 ………… 173

图 33　安阳范粹墓发现锤鍱胡腾舞纹饰的扁壶和景县封氏、祖氏墓发现的大尊 ………… 176

图 34　景县高雅墓发现的瓷壶、伊朗出土的银壶和祁县韩裔墓发现的青绿釉鸡首壶 ………… 176

图 35　大同云冈第二期石窟雕刻有西方因素的各种柱头 ………… 179

图 36　大同云冈第 10 窟门神所著冠饰 ………… 179

图 37　大同云冈第二期石窟中的莲瓣装饰带 ………… 179

图 38　大同云冈石窟忍冬纹由简单向繁缛发展 ………… 179

图 39　三原李和墓石棺上的联珠野猪纹和人面纹 ………… 180

图 40　常州南朝墓画像砖上的瓶花 ………… 183

图 41　日本奈良新泽千塚发现的玻璃碗 ………… 184

图 42　西伯利亚突厥遗迹出土的秦王镜 ………… 187

图 43　吉尔吉斯斯坦阿克彼兴古城址（碎叶城址）平面和所出残石像足座、瓦当 ………… 188

图 44　阿克彼兴古城址内佛寺（大云寺）平面、唐代寺院中的弥勒佛倚坐像和洛阳龙门石窟双窟平面 ………… 189

图 45　昭武九姓的位置和东进中国的主要路线 ………… 191

图 46　乌兹别克撒马尔干阿弗拉西阿勃遗址（康国）平面 ………… 192

图 47　阿弗拉西阿勃第二层外城内宫殿遗址北部方形殿址平面 ………… 192

图 48　阿弗拉西阿勃第二层外城内方形殿堂内壁画的布局 ………… 193

图 49　片治肯特古城（米国）平面 ………… 194

图 50　片治肯特古城外城寺院遗址壁画中所绘织物上的四瓣小花与勾云纹饰 ………… 194

图 51　布哈拉川华拉赫沙古城（安国）平面 ………… 196

图 52　大食范围示意（附著录唐镜、唐五代瓷片出土地点）………… 197
图 53　新疆阿斯塔那发现的波斯纬锦上的联珠野猪头纹饰 ………… 198
图 54　西安何家村唐窖藏中的玻璃碗 ………… 201
图 55　陶瓷器仿金银器举例 ………… 202
图 56　陶瓷碗（杯）仿金银器造型的变化，仿西亚胡人驯狮、
　　　象的青瓷扁壶 ………… 203
图 57　西安、洛阳发现敷地砖和波斯宫廷石膏装饰上的纹饰组合 ………… 204
图 58　西安附近石刻中常见的缠枝海石榴纹饰 ………… 204
图 59　扬州发现三彩瓷片上的纹饰 ………… 206
图 60　敖汉旗发现的金银器 ………… 206
图 61　辽阳发现带饰上刻划的胡瓶和双螭铜瓶 ………… 207
图 62　韩国庆州新罗墓出土的高足玻璃杯 ………… 210
图 63　伊朗希拉夫港口出土的白瓷碗 ………… 215
图 64　高元珪墓壁画中的坐椅 ………… 217
图 65　无为宋塔发现盛舍利的玻璃瓶 ………… 221
图 66　龙泉碗底类似菊花纹的贴饰 ………… 223
图 67　伊朗发现青花玉壶春瓶颈部莲瓣饰带内书有"90"数字 ………… 223

表一　原住里海北部的雅利安人迁徙后的分布简况 ………… 124
表二　匈奴第二次西迁遗物与分布地区 ………… 153
表三　佉卢文字表 ………… 158
表四　宋元时期亚洲主要政治范围的兴衰示意 ………… 220
表五　东西方分区年代简表 ………… 227

前　言[*]
（1980年稿）

前言准备了三个部分，第一部分解释一下这个题目和与这个题目有关的问题；第二部分说明一下我们所指的西方的范围和这个范围内的考古工作的问题；第三部分讲讲本专题的内容和次序。

1．解　题

"考古发现与中西文化交流"这个题目，顾名思义，我们是要强调有关中西文化交流的考古发现，并不是讲全面的中西文化交流的历史。考古，大家都知道，它所涉及的绝大部分都属于物质文化，因此，中西文化交流中的意识形态方面的内容，这里就不会牵涉很多。就是物质文化方面，也还要较多地局限于发现，现在还不能讲得很系统；相反，资料零散是这个专题的实况。上面说了，我们要强调考古发现，为了说明考古发现的性质、意义，必然要牵涉遗迹、遗物的历史背景，但是这里讲的历史，既是很有限的，又不会是有系统的。可是中国历史简况大家要胸中有数，不然就搞不清考古发现的意义了。因此，关于中西历史，同志们要自己在下面复习。为了方便大家接触第一手汉

---

[*] 《考古发现与中西文化交流》是辑录1980年、1985年两次讲稿的不同章节拼凑到一起的。因此，在行文体例上多有差异，但为了尽量保存原稿面貌未作改动。此次公开的讲稿系据李志荣同志校勘全文后的打印本付印。印本内插图有些曾参考刘建华同志1980年听课笔记的附图摹绘。表五《东西方分区年代简表》系安家瑶同志参加讲授1986年《中外文化交流考古学》课时所撰，以其可以与本稿参用，因附刊正文稿末。

文文献史料，讲稿的最后专设附录一节，简单介绍一点和中西文化交流关系密切的我国古代文献。

任何国家和民族的文化，都不是孤立发展的，都是吸收了邻近国家和民族，甚至较远的国家和民族的文化，作为自己文化发展的借鉴的。当然，一个国家和民族的文化发展的根据，是他们本民族和自己的国家的生产斗争和阶级斗争的成果，这是一个原则，忘掉了这个原则，就变成了"外因论"了。过分强调一个国家和民族的文化发展的外来因素，是帝国主义的惯用手法，他们的目的，很清楚是为他们的侵略政策服务的。过去曾吵嚷一时，现在也还有人鼓噪的"中国文化西来说"，即是一个最好的例证。

任何民族和国家之所以能存在和发展，都是因为其具有优秀、进步的东西。因此，民族和国家间的文化借鉴都是相互的，不可能是单方面的，即使在社会发展的阶段上存在着先进、后进的不同，也是如此。顶多是在相互影响的方面有多有少，相互影响的范围有深有浅。这种多少深浅，也还不是一成不变的，某些时间少些、浅些，某些时期也可能多些、深些。

中国是一个多民族的国家，中华民族是以汉族为主体，和许多民族经过长期融合而逐步形成的。中华民族创造的灿烂的古代文化，使中国成为文明发达最早的国家之一，这是各民族共同努力的结果，从某一个角度讲，这也是中华民族相互影响交流的结果。但是，只有中华民族间的相互影响和交流是不够的，和中华民族以外各民族，特别和西方几个文明发达最早的民族和国家直接、间接地长期往还，彼此间的文化交流相互促进，影响面之广泛，往往出乎我们的意料。考古资料不可能很全面，但把了解到的各个遗迹辑录起来，也可以看到中西文化交流从遥远的古代到中古时期日益向纵深发展的许多事例。它将有力地告诉我们，随着社会生产力的发展，这种交流，必然日趋频繁。这一点，世界近代史、世界现代史都在许多方面提供了愈来愈清楚的事实，但近代、现代已不属考古的范围。因此，我们这个专题就终止于中古时期，具体到汉族历史，即是迄于宋元时代。但因为时间有限，我们只能将讲的内容尽量向后延长，希望讲到晚唐五代。

2. 西方的范围

从考古发现看中西文化交流，我们自己的发现是一个方面，另一方面是西方的发现。这里所说的西方，主要是指以下四个地区：

a. 地中海东部沿岸，包括小亚细亚、北非、希腊。

b. 两河流域—伊朗高原。这个地区和第一个地区的一部分，近年西方国家喜欢把它们联系到一块，叫新月形地带。这不仅因为连起来像新月的形象，更主要的是他们之间关系密切。

c. 印度河中下游和恒河流域的广大地区。今天前者绝大部分都在巴基斯坦境内，后者在今印度范围之内。

以上三个地区和我国一样，都是文明发达最早的地区。这三个地区和我国相互交往，在陆路上都要经过中亚，所以我们这里所说的西方也要包括中亚，即第四个地区。

d. 中亚。我们所说的中亚，大体上是从北边的额尔齐斯河北，经伊犁河、锡尔河，到阿姆河以南的广大地区，这个地区里的锡尔河、阿姆河都流入咸海，是一组双子河，我国古文献叫锡尔河作"药杀水"，阿姆河叫"妫水"或"乌浒水"，把两河中间的地带叫河中府。河中地区是中亚的重要地带。上面所说中亚的范围，现分属于哈萨克、吉尔吉斯、塔吉克、乌兹别克、土库曼五个苏联的加盟共和国和阿富汗。

上述四个地区的考古学，20世纪以来发展很快。前三个地区考古学的发展，有它们的共同点。二次世界大战前这三个地区的考古工作，绝大部分操纵在帝国主义国家手中，帝国主义者为了对这些地区的国家和民族侵略、掠夺，虽然也有些重要发现，但这些发现的意义，大部分都被他们所歪曲，甚至成为污蔑发现所在国和民族的所谓证据。二次世界大战后，第三世界人民在觉醒，三个地区的国家和人民为了反抗侵略，发扬自己的文化传统，加强民族自信心，配合自己的经济建设，促使了考古工作的发展，因此，考古成果的积累远远超过了大战之前。时代不同了，第一、第二世界某些国家为了能够继续在这个地区进行一些考古工作，也只有老老实实和有关国家合作，才能做出些有益的成果，例如法、日、意、西德和美国等的学术团体在西亚、北非各国所参加的发掘。苏联控制下的中亚地区，情况正好相反，他们从1950年代后期就在沿我国边境的广大地区，开展了所谓的考古工作，他们工作的针对性很强，首先是要分裂我们这个多民族国家，抹杀中亚地区和东方在历史上形成的密切关系，并妄图利用早已破产了的"文化西来说"，来否认我们这个在东方的文明发达最早的中心。事情总不会像侵略者想象的那样，他们的工作虽然不少，但可以供他们找借口歪曲事实的材料并不多，尽管他们对发表的材料任意剪裁，但事实的真相，不可能永远被埋葬，他们的报告文章，有时也对我们有些用处。

上面说的这些国外的考古工作，我们从各方面知道了不少项目，可是我们能进一步了解其具体内容的却不多。前些年人为的限制和多年图书期刊的欠完备是使我们闭塞的重要原因；各种文字的限制和我们学术情报工作不及时，也是原因之一；当然，像对中西文化交流这样内容复杂的考古工作的综合研究，更需要集体力量去进行。现在只就个人初步了解的情况粗粗地整理了一遍，不少想法有的参考了某些外国人的意见，不管是人家的看法，还是我们自己的，都不一定正确，仅供参考，更希望得到同志们的批评和指正。

3．本专题内容次第

这个专题准备按我国汉族历史的朝代顺序讲，商周（一）、战国（二），各占一题，两汉魏晋原连在一题（三，分上下），现分为（三）（四），东晋南北朝（五）占一题，隋唐五代（六）和宋元（七）各占一题。每个题目，先讲一点该时期的有关历史背景，然后据已知的情况列若干子目，再讲具体的内容和问题。另外，前面说了要讲一点和中西文化交流关系密切的汉文古文献，作为附录。

一 商周时期（前16—前5世纪）
（1980年稿）

从目前了解的情况，较为可靠的中西文化交流，大约始于公元前二千纪，即公元前20世纪到前11世纪这个阶段的中期。这个时期，地中海东部沿岸，两河流域—伊朗高原和中国都处在青铜时代的盛期，大体上也都处于奴隶制时代。奴隶主的贪欲，虽然刺激了东西交通的发展，但东西方交通的打开，最根本的还是始于人民之间的交往。在早期东西文化交往中，介于东西之间的畜牧和游牧民族起了很大的中介作用。

当前二千纪之初，居于里海北部的雅利安人，由于青铜器的使用和内部的分化以及气候的变化等原因，开始向四方迁徙：向南到了中亚、西亚；东南进入印度；向西进入欧洲；向东还有一支越过葱岭到了我国新疆的中部地区（表一）。向南这一支和留住原地的雅利安人，在语言系统上都属印欧语系的伊兰语族。伊兰语族的雅利安人一般分三语支。

北方语支 游牧在从里海北迄西伯利亚一带，在南西伯利亚考古文化上，大约相当于安德罗诺沃文化（前2000—前1000年初）与卡拉索克文化（前1200—前700年）时期。这北方语支的人，大约在前一千纪初开始了骑马游牧。从前一千纪的中期起，希腊、罗马人叫他们作斯基泰—萨尔玛提亚，我国汉朝叫他们作塞，再早的时期，商北方的鬼方和周的狄，可能和这一支有关系。

东方语支 主要也是游牧经济，他们分布在咸海以东，葱岭东西，即西亚历史上的索格底、巴克特里亚，亦即我国历史上的康居—粟特和大夏，深入我国河套地区的月氏以及南北朝时的稽胡、唐代的九州胡大约和这一支有关系。这东方语支的雅利安人，至晚在前一千纪前期，也有相当一部分开始了骑马游牧。

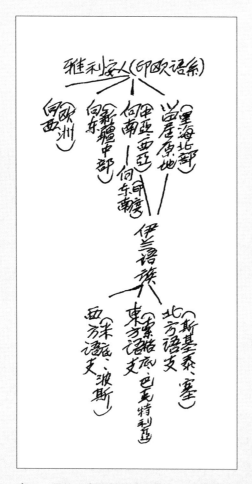

表一　原住里海北部的雅利安人迁徙后的分布简况

西方语支　比较早的时期就注意了农耕，也经营畜牧，但远不像上述的那两支那样流动游牧，他们主要分布在伊朗高原和两河流域，即西亚历史上的米底人和波斯人（合起来也叫伊兰人）。大约在前二千纪中期，这部分人中的一部分又向东越过苏莱曼山脉进入印度河中下游，即是印度雅利安人的祖先，这一支与这里的西方语支的伊兰语族的也还有区别。

前两语支东西游牧和我国早就发生了关系。他们迁徙无常，居无定所。他们向东游牧的一大批和我国北方民族在前一千纪前后就开始相互融合了。因此，这部分伊兰语族的雅利安人，有的也应是中华民族的组成部分。以上这些游牧民族，我们以后就暂叫它作伊兰语族的游牧民族。这支游牧民族，看来并不比下面讲的另外一支阿尔泰语系的游牧民族——即后来匈奴系统的游牧民族，接触黄河流域文化为晚。

属于东方人种的游牧民族猃狁、獯鬻即匈奴的前身，大约在前二千纪的晚期，在上述伊兰语族民族的东北方逐渐强大起来。他们从蒙古高原南下游牧，前一千纪中期到达了河套地区。由于和伊兰语族的游牧民族在经济生活上有很多共同之处，所以当他们强大之后，不仅把伊兰语族游牧民族的势力从中切断，甚至阻挡了他们向东发展，而且还把伊兰语族游牧民族向最东发展的部落吞并了不少，这就是我们上面所说的某些伊兰语族游牧民族和我们北方民族相互融合的部分。

另外，还有两支定居和半定居的民族：

一支是上面提到的在前二千纪从里海北部向四方迁徙时，向东越过葱岭到达新疆中部的雅利安人，他们逐渐在这里发展了农业和畜牧业，因而定居下来。这一支雅利安人的语言系统目前还未弄清楚，但知道它不是伊兰语族。

另一支是分布在今陕西、甘肃、青海西到新疆的羌。羌，牧羊人也。羌是定居的或是半定居的畜牧民族，在前二千纪末期，就和商周，特别和西周发生了较密切的关系，因此他和商周民族的融合，比以上所讲的各民族要早，也要深入。这个民族所属不清楚，从他的地理位置可以估计，他虽属东方人种的系统，但受到雅利安系统的影响，而且愈处在西边的，所受的影响也愈多。

图1 早期游牧和牧民族活动范围示[意]

以上这几支流动的游牧民族与定居和半定居的畜牧民族,在早期中西文化交流上,都起了重要作用,因此,我们不能不把他们的情况事先简单介绍一下,下面再具体讲重要的考古发现(图1)。

1. 中亚、西亚地区发现的陶鬲

近半个世纪以来,不断在中亚和西亚发现一种类乎于黄河流域常见的三足陶鬲。根据调查知道,这种陶器是前二千纪末期突然出现在东迄巴基斯坦北部,西经伊朗北部的里海南岸,迄伊拉克北部的广大的游牧地带;在伊朗北部,大约一直存在到前一千纪的晚期。这里的陶鬲,并不完全和黄河流域的相同,我们见到的有三种形式(图2):三种鬲的样式虽不相同,但它们有一个共同点,即都是尖裆。尖裆鬲在前二千纪末前一千纪之初,还存在于今甘肃和内蒙古一带,这个地带正是中原和伊兰语族的游牧民族,还有畜牧民族的羌等生活的草原区域相接触的地方。大耳下部出分歧、环形耳、流下有支撑,这些在

图2 中亚、西亚发现的陶鬲

黄河流域不见或少见的做法，应当都和畜牧、游牧民族生活流动，喜欢便于携带、吊起来使用的器物有联系。我们当然不能设想易碎的陶器，能够直接从黄河上游地区传到中亚，乃至西亚。但作为黄河流域文化特征的陶鬲，如这种触火面积大、有迅速煮沸而又易于制造等优点的陶鬲，是有可能经畜牧、游牧民族的介绍，经过间接的传播而影响到中亚乃至西亚的。

2．东西方发现的青铜刀子和剑

和这种陶鬲大约同时，西从里海北的卡马河流域（安德罗诺沃文化），东经贝加尔湖南（卡拉索克文化），一直往南，到长城沿线、甘肃东部、陕西北部、山西中部和河南北部，都发现了一种柄端饰以兽首或环首的青铜刀子（图3）。从时间上看，大约都在前二千纪的后期或稍迟到前一千纪之初。柄端多饰以大角羊首；环首青铜刀有的环周附有三个向外的凸起，还有的做出铃饰。大角羊首者南北都有，环首的似流行于自河套以南的地区。这种刀子刀身略有弧度，刃在内侧。另有一种内外侧都有刃的曲柄匕首，柄端饰以大角羊头或铃饰，分布地点从贝加尔湖以南一直到长城沿线，时间也在前二千纪的后期或稍

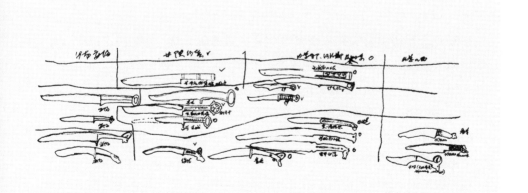

图3 蒙古以西和向东南经内蒙古、河北、甘肃、陕西迄河南发现的青铜刀子

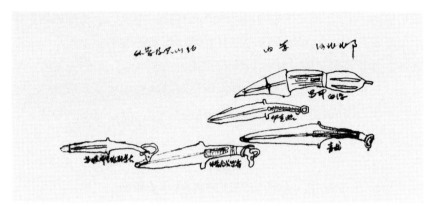

图4 贝加尔湖以南
经蒙古迄内蒙古和
河北发现的曲柄匕首

迟（图4）。以上这两种青铜利器，目前还不好推定哪里出现得最早，哪里是它们的发源地。但从形制相似，特别是柄饰的相似，可以估计它们应该是有关系的。这两种青铜利器——刀子和匕首，从用途上考虑，应是畜牧、游牧民族的食具和用具，因此最初和惯用它们的应是畜牧、游牧的民族。前面讲过伊兰语族的雅利安人的北方语支、东方语支，还有羌族，他们都是放牧的民族，而处在黄河流域的商和周，他们当时的畜牧经济也占有重要地位，在这种情况下，他们通过直接、间接的各种交往，相互影响，是完全可以理解的。后来黄河流域中下游畜牧因素微弱了，因而这两种利器也就少见了；但在河套、辽河一线，在前二千纪后期以后东方的畜牧、游牧民族——匈奴、东胡系统的民族——强大起来，刀子在这个区域也就得到突出的发展。

1955年，在陕西长安县张家坡的一座西周早期（成、康时期，前一千纪初）墓葬中，发现了一柄柳叶形、断面作菱形、全长27厘米的短剑（图5：1）。剑柄形制不整齐，又很短，只长5厘米，上面还有两个小孔。1980年在山西翼城西周墓葬也发现类似的短剑。比上述两件发现的时间稍晚一点，在洛阳中州路的东周墓葬中也发现了类似的短剑（图5：2），柄上的小孔有的只有一个，有的一个也没有。这几处发现，是我国青铜短剑中最早的形制。张家坡那柄在年代上，迄今还是我国出土的青铜短剑中最早的。但这种剑在中亚、西亚的编年都早得多。中亚南部土库曼共和国安卢的发现是：安卢第二的红铜短剑时代是前3000

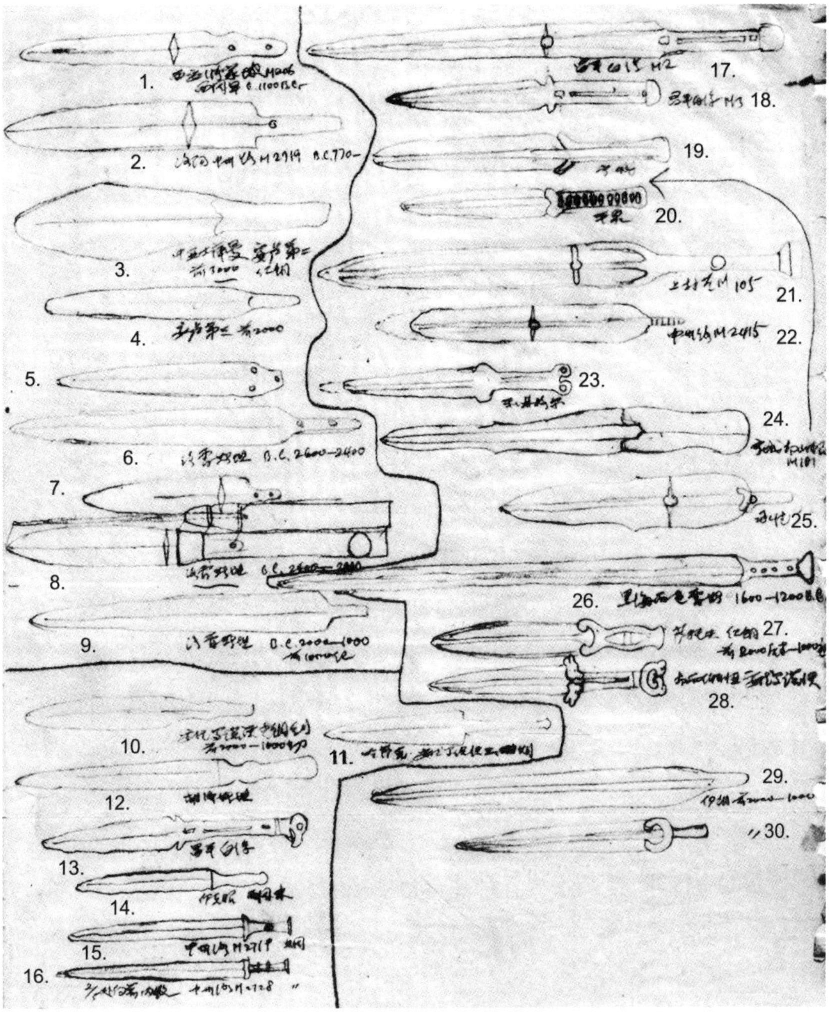

一 商周时期（前16—前5世纪） 129

图5 陕、晋、豫发现的短剑和中亚、西亚发现的短剑

年（图5:3），安卢第三的青铜短剑是前2000年（图5:4）。西亚伊朗洛雷斯坦青铜短剑的编年是前2600—前2400、前2400—前2000、前2000—前1000年，柄上的小孔从3—2、2—1到一个也没有（图5:5—5:9）。这种小孔的用途，也由于这里的发现了解了：它是套较长的剑把，连以铜钉使用的。中亚、西亚的发现是否可以帮助我们探索我国青铜短剑的渊源呢？值得注意。另外，大约在前一千纪之初，中亚和西亚又都出现了带柄的短剑（图5:10—5:12），我国出现这两种短剑的时间和中亚、西亚相近但略晚，昌平白浮带柄短剑的时间不会早于前一千纪初（图5:13），而（鄂尔多斯）伊克昭盟这类剑肯定要比前一千纪之初为晚（图5:14），中州路的发现更要迟到前一千纪的中期（图5:15、5:16）。看来，至少西方短剑的发展有可能一直是我国短剑发展的借鉴。情况还不仅如此，我国大约在前一千纪初期较晚一点还出现了一种断面作"♦"形的所谓"脊柱式"剑，有长型，有短型，它多分布在我国北方长城沿线，较早的昌平白浮出有长型、短型两种（图5:17、5:18），宁城平泉都出短型的（图5:19、5:20）。这种脊柱式的剑到了河南，如上村岭所出长型（图5:21），中州路所出接柄的短型（图5:22），在时间上就晚到西周末到春秋即前一千纪的中期了。也就在东西周之际，滦河、辽河上游以西流行柄端做出对峙双环装饰的"脊柱式"短剑（图5:23），而在滦河、辽河上游以东，则流行带柄或后接柄的曲刃"脊柱式"短剑（图5:24、5:25）。这种带柄或后接柄的"脊柱式"剑，也是西方出现的时间为早。黑海沿岸长型有柄的脊柱剑出现在前二千纪的中期（图5:26），短型有柄的脊柱剑出现在伏尔加河中下游和南西伯利亚的时间是前二千纪末到前一千纪之初（图5:27）。南西伯利亚的柄端做出对峙的装饰（图5:28）。后接柄的脊柱剑出现在伊朗西南部的时间也是前二千纪末到前一千纪初（图5:29、5:30）。

以上罗列的各种剑，西方出现的时间都比我国早，有的间距较长，如断面菱形的接柄的柳叶剑，相差在千年以上；也有的间距较短，如带柄的柳叶剑和脊柱式剑。间距较短的时间，也许不到一百年。间距长也好，短也好，有一个值得注意的现象是：从前一千纪之初开始，我国和西方才在青铜剑上发生了联系。从我国来看，在前一千纪初之前还没有发现剑这种武器，之后这种新的武器迅速发展，类型也迅速复杂化。在西方，剑从前三千纪的红铜时期就开始了，源远流长；到了前二千纪中期以后，类型逐渐复杂；到了前一千纪之初，我国以后不久所有的类型，差不多他们都包括了。这些迹象可以启示我们：我们的青铜剑，起码是北方和黄河流域的青铜剑的出现和发展，是与西方有着密切的关系的。至于这个密切关系的开始，为什么出现在前一千纪之初？这个问题也是值得探讨的。我们知道，剑这种兵器便于防身，在骑马技术出现以后，它又成为马上使用的重要武器；我们还知道骑马技术是在前一千纪之初在中亚、西亚一带开始发展起来的，也就是说伊兰语族的雅利安人的北方语支和一部分东方语支，开始了马上的游牧生活。骑马游牧，东西奔驰，这就必然加速了东西方的相互影响，青铜剑在东方突然发展和类型急剧复杂，大约就是在这种情况下发生的。其实在游牧民族迅速扩大放牧地区的情况下，东西方相互影响的内容远不只青铜剑。大约在商周时期较晚一点的阶段所出现的东西影响，多少都应和骑上了马的、迅速发展的游牧民族有关系。

3．丝织品、软玉、绿松石和玻璃珠饰等的东西方传播

黄河流域是发明蚕丝的地点。甲骨文中已有有关蚕丝的文字，商代遗物上也存留有丝织品的遗痕。看来，前二千纪后期出现了蚕丝，已是毫无问题的了。最近有人研究半坡陶器底上印出的织物痕迹，认为其中有丝织品的遗迹，如果可信，那就把蚕丝的发明提早到前四千纪。所以肯定丝织品是黄河流域文化最早向外传播的重要项目之一，这是由于其实用、美观、轻细的缘故。但由于有机物易朽，到现在为止，在国外还没有发现商周时期的丝织品。可是前一千纪的前、中期，西亚人和居住在西亚的希腊人的记录里，都记录东方的特产丝和生产丝的人民。他们对丝的了解，是从他们北方的游牧民族那里得来的。我国丝织品的西传，最初还要归功于游牧东西的伊兰语族的游牧民族和在中国西部的畜牧民族。

我们从新石器时代遗址里就发现软玉制品了，商周遗址中发现的

更多。我国产玉的地方虽然不少，但最好的软玉生产在新疆南部的和田一带。有人鉴定商周的玉制品的原料有的就出自和田。和田，远离黄河流域，在公元前一千纪后期以前，很长一段，在伊兰语族的游牧民族或是定居在新疆中部的雅利安人的势力范围之内。《管子·揆度篇》记"禺氏之玉"，《史记·赵世家》记载：前283年，苏厉为齐遗赵惠文王书："秦……攻王之上党平阳之西，勾注之南，非王有已……代马、胡犬不东下，昆山之玉不出，此三宝者，亦非王有已。"《管子》和《史记·赵世家》的时间虽晚，但可以根据它向前推测。《管子》所记的禺氏即是月氏，前面说过月氏是属于东伊兰语支的；《史记》所记勾注山，即今山西北部代县西北的雁门山，战国时那里是匈奴的范围，但在战国以前，那里正是月氏、北狄等伊兰语族游牧民族的范围，可见早期和田玉之东来，也是要经过这个游牧民族转手的，所以叫它禺氏之玉。这条向东来的路有可能走居延、河套；不走河西走廊，如走河西走廊必要经过羌。

同软玉东来的大约还有高级的绿松石。我们在新石器晚期的遗址中也不断发现绿松石制的各种饰品。一般的绿松石，湖北郧县一带也出产（文献记录是从元代开始的），但漂亮的纯碧绿的高级的绿松石，产地以葱岭西中亚的乌兹别克（撒马尔干附近）、阿富汗和伊朗东北部，特别是伊朗北部的最有名。前三千纪埃及和两河流域的人，就是从这里获得绿松石的。我国新石器晚期遗迹发现绿松石饰品值得注意的一个情况，是甘肃、青海发现的数量和单位都最多。以现在的省为单位，有人据已发表的材料统计，河北、山西、四川、广东各一处，辽宁、陕西、江苏两处，河南、山东三处，青海四处，甘肃十四处。青海、甘肃，特别是甘肃情况突出，看来不一定是偶然现象。商周时期出现了不少镶嵌绿松石的铜器，有的绿松石的质量是很高级的，我们估计甘肃新石器晚期和黄河流域商周时代遗迹中出土的这些高级绿松石制品，其原料有可能是从葱岭西边辗转传过来的。绿松石的东传，当然也要经过伊兰语族的游牧民族和定居在新疆中部的雅利安人以及羌等民族的转手。绿松石具有青绿的色泽，并且仅有5°—6°的硬度，和软玉差不多，有可以随意穿细孔的优点，它强烈地吸引着东西奴隶主们的贪欲，但出产地距离远，产量又不多，所以，以出产天然纯碱著名的地中海东岸，从很早的时候就开始人工仿造它了——即玻璃制品的出现。

玻璃制品，在古代，是地中海东部沿岸的特产。玻璃的主要原料是硅酸盐岩石中的石英，石英含有少量的铁，铁在一般情况下，使玻璃带有绿色，很像绿松石。石英哪里都有，但单纯的石英熔点很高，需要1700°以上的高温，如加助熔剂可降到1400°以下。最好的助熔剂是纯碱（碳酸钠），地中海东岸分布有大量的天然纯碱，所以很早这里就烧制玻璃制品了。从考古发展看，开始制造的大约是居住在那里的腓尼基人。前二千纪的前期，埃及也生产了，前1584—前1343年的埃及十八王朝的玻璃作坊已被发掘出来，最能代表十八王朝玻璃高水平的是一座王陵里出土的多种颜色的玻璃珠、管和在一些金属器上镶嵌的玻璃饰件。到前11世纪埃及又制造出了透明玻璃制品。埃及的玻璃制品在前二千纪末的地中海东岸和西亚一带的遗迹中，广泛地被发现。前一千纪初，地中海东岸也生产玻璃珠、管之类的饰具。玻璃珠、管饰，物美价廉，而且彩色多样，所以它很快地不仅代替绿松石制品，而且还可以代替其他矿物质、动物质的装饰如翡翠、水晶和珊瑚等制品。近年在陕西宝鸡、扶风西周晚期墓中发现的玻璃珠、管，它的形状大小和地中海发现的很相似，有人怀疑它是西方传来的，这是有可能的。西方玻璃制品除了以天然纯碱作助熔剂之外，他们涂玻璃质釉的器物也有用铅丹作助熔剂的，因此，即使我们化验西周晚期墓所出土玻璃珠、管有铅的成分，也不排除西来之可能。一类东西的出现，要注意它在这个地区是否有传统，还要注意它是否以后有所继续发展。空前绝后的器物就值得怀疑了。这种人造的具有漂亮颜色和光泽的玻璃珠饰传入我国以后，不久，我们就像使用绿松石一样把它镶嵌到铜器上，洛阳曾发现一件西周晚期的铜鼎，其上就镶嵌了玻璃珠。玻璃珠、管装饰品的传来，当然又和上述的情况相同，是经过伊兰语族的游牧民族和居住在新疆中部的雅利安人以及羌人为中介的。

4．东方发现的晚期铜剑和带钩

在上述作为中西文化交流中介的民族中，伊兰语族的游牧民族的作用可能更大些，因为他们可以东西奔驰，直接传播。这种多年来的传统情况，到了前一千纪的中期，出现了变化。北边的匈奴系统的游牧民族势力逐渐强大了。尽管匈奴与伊兰语族的游牧民族，在人种上、语言上都不相同，但在经济生活中都是骑马的游牧民族，因此，在他们强大的过程中，必然首先是汲取了比他文化高的伊兰语族游牧民族的青铜文化。又因为匈奴基地在东方，他们和黄河流域的居民，尽管中间有伊兰语族游牧势力的间隔，但游牧民族是迁徙无常的，事实上不可能完全隔断，因此，匈奴系的游牧民族也很早就和黄河流域的文化有了接触。所以，在前一千纪中期以后不久的匈奴遗物中，就兼有东西方文化的因素，同时还表现出东方因素的器物，比传到西亚的更接近东方，如尖裆鬲（图6），西方因素的器物比传到华北黄河流域的更接近中亚和西亚，这一点，我们可以从前一千纪中期东西出土的柄端做出对峙装饰的短剑看到。河套地区的前5—6世纪的匈奴人墓所出短剑（图7：①）与中亚所出的短剑极为相似（图7：②），西亚伊朗前6世纪的浮雕中表现的带鞘短剑也是做出同样的对峙柄饰（图7：③）。这种对峙柄饰在河套东部有的也做出双环形（图7：④）。怀来这种柄饰的剑在前一千纪的晚期出现在东北（图7：⑤），后来经过朝鲜半岛，传播到日本的九州北部（图7：⑥）。

前面讲过在滦河、辽河上游以东流行接柄的曲刃"脊柱式"剑，在前一千纪的中期以后也向东向南分布，沈阳和承德的发现，颇有相似之处，沈阳还发现了剑柄的遗迹或铜制的剑柄。这种剑后来也经由朝鲜半岛（平壤附近），传到了日本本州岛的东部，但如日本山口剑的时期恐怕要迟到公元前后了（图8、图9）。

图6　前一千纪中期匈奴地区发现的尖裆鬲

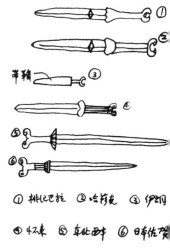

①排也巴拉　②哈萨克　③伊朗
④怀来　⑤东北辽宁　⑥日本佐贺
图7　晚期的青铜短剑（一）

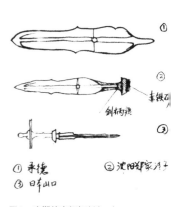

①承德　②沈阳郑家洼子
③日本山口
图8　晚期的青铜短剑（二）

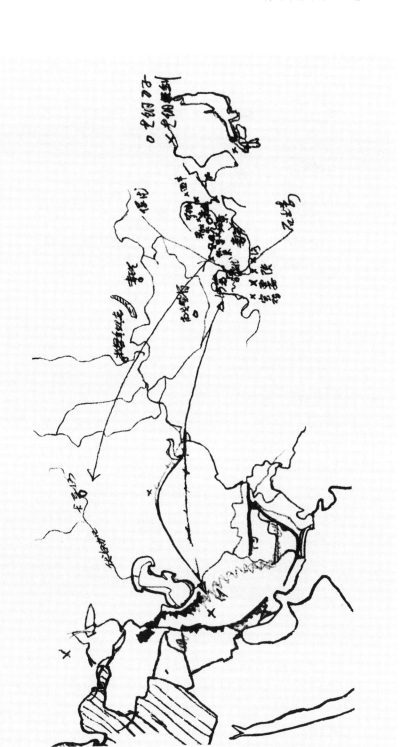

9 青铜刀子、短剑发现的范围示意

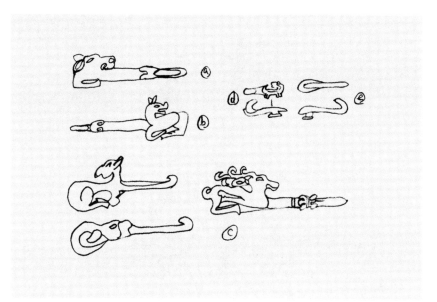

图10 西亚、西伯利亚和中国境内发现的带钩

和上述河套地区所出晚期的短剑同时，匈奴遗物中还有一种兽形小带钩。河套地区所出多卧羊、牛形和羊头的小带钩（图10：ⓒ），这与西亚、西伯利亚所出卧鹿（图10：ⓑ）、卧羊（图10：ⓐ）、狗头等形象者类似，其形象的内容是游牧地区经常接触的动物，钩端内曲。到了黄河流域就改为外曲，其形象多虎形、蛇身怪兽（图10：ⓓ）和立鸟等中原常见的动物形象，不久，钩身就出现了琵琶形（图10：ⓔ）。这种（中原常见的）小带钩和上述铜剑情况相同，也经由朝鲜半岛传到了日本。这里牵扯到东北、朝、日的发现，特别是朝、日的发现其时间已超出本题的商周时间范围，但为了这部分前后联系的紧密，就上下连讲下来了。这点，请同志们注意。

商周时期，我们讲到春秋战国之际，即从前二千纪中期到前一千纪中期，我国和西方的文化交流是通过我们当时边境地区畜牧游牧民族为中介而进行的。先是雅利安人伊兰语族的北支、东支的人民，还有不明语系定居于新疆中部的雅利安人和定居在黄河上游、河西走廊西到新疆的羌人，后来匈奴也加入了中介的行列。陶鬲、丝织品是从东向西传播的有代表性的遗物，青铜短剑、优质高级的绿松石和玻璃制品是从西向东传播的有代表性的遗物。柄端做出对峙装饰的短剑和小带钩，大约是经过匈奴系的游牧民族传到东方的西亚、中亚游牧民族的器物。当然，无论西去的还是东来的，都不可能一成不变，相反都有很大的变化，也就是说，某些外来的文化器物到了新的地方，必然要根据新的地方的传统和用途而有所改革，这种改革又是和它的祖形差别很大，西去的陶鬲的变化和东来的短剑后来在河北北部、东北地区出现了曲刃的形式，都是很好的实例。

中西文化交流不应包括朝鲜和日本的发现，但这里和以后的讲述中，凡提及朝鲜、日本的发现是只限于和西方有关的并经由大陆而东传的器物。纯属中国影响朝日的，就不是这个专题所能涉及的了。

在中亚、西亚的新石器初期遗址里发现大批牛骨、马骨，但是否是畜牧，还是野生牛马的遗迹，尚有争论。但在安卢第一（前4000年）已驯养牛、猪和羊，安卢第二已驯养马和驼（前3000年）。中亚和苏联欧洲部分墓葬殉马，出现在前3000年末，前二千纪中期，马已普遍被使用于驾车。

二　战国时期（前5—前3世纪，前475—前221年）
（1985年稿）

战国时期黄河流域的北部和西部，总的形势和春秋晚期差不多。河套以东是匈奴的势力，河套以西是伊兰语族的月氏的势力，再向西向南就是伊兰语族塞人的范围。这几个系统的游牧民族在这个阶段仍然起着中西文化交流的中介作用。

在西亚是古波斯帝国（阿契美尼德王朝）的后期，前334年马其顿—希腊王亚历山大东侵，前332年攻下埃及，前331年攻占两河流域，前331—330年侵据了古波斯帝国的两个都城——苏萨和波塞波利斯，然后又引兵向东北，前327年攻占了巴克特里亚（大夏），前326年又向北进入索格底（粟特）区域，越过了阿姆河（妫水，乌浒河），攻下索格底的中心撒马尔干，前326年一直向北侵略到锡尔河（药杀水），这样就侵据了古波斯帝国的全部领域，北边就和塞人的游牧区相毗邻。之后转向南抵印度河流域。前325年被迫回师，前323年死去。亚历山大死后，马其顿—希腊分裂。西亚地区由亚历山大的将领塞琉古统治，前312年建立由希腊人统治的塞琉古王朝，即我国历史上所记的条支。在亚历山大东侵以后和塞琉古王朝的前期，大量希腊人移居东方，在许多地点建立了希腊式的城市。考古发现距我国最近的一座是在今阿富汗西北、阿姆河畔的埃伊哈努姆。这个希腊式的城址是1965—1968年发现和发掘的（阿、法合作），城址东西6—7公里，南北8公里，以官衙、神殿为中心，围绕半圆形剧场、体育场和住宅，出有希腊文石刻、希腊石雕等，是一座典型的希腊小城市，它的时代应在前300年前后。1973年出版了发掘报告。这本报告是我们了解战国时期和我国最近的中亚地区的希腊文化遗址的主要资料。前128年

二　战国时期（前5—前3世纪，前475—前221年）　139

张骞到大夏时，这个希腊城市还存在，由他经行的路线看，他有可能到达了这里，因为这个城市距大夏都城蓝氏城不远。蓝氏城即马扎里沙里夫，在这个城市西北不过200多公里。前3世纪中期，塞琉古王朝的东部独立了两个国家：巴克特里亚（大夏）独立了，它的西边还独立了一个帕提亚（安息）。巴克特里亚（大夏）虽然独立了，但他的统治集团还是希腊的势力，当然也要包括东支伊兰语族的巴克特里亚人的上层。帕提亚是北支伊兰语族的游牧民族南下建立的国家。帕提亚在西，巴克特里亚在东。巴克特里亚的北邻是塞人，塞人东面就和河套以西的月氏接近了。巴克特里亚的东边到了葱岭西麓，和居住在当时新疆的各民族相毗邻。从这样的地理位置可以估计，当时中西文化交流，在中间的雅利安系统的游牧民族和畜牧民族所起的作用要比匈奴重要，以前葱岭东边的玉和葱岭西边的绿松石、玻璃大约仍然靠他们向东运输。

1. 镶嵌玻璃珠饰的东传和中亚发现的战国器物

前一千纪中期，在西方是希腊奴隶制繁荣时代，地中海沿岸遍布了希腊各城邦的移民城市。手工业、商业发展很快。地中海东部沿岸的玻璃饰品，也出现了不少新的式样，其中的镶嵌玻璃珠最为希腊人所喜爱。这种被希腊人所喜爱的镶嵌玻璃珠随亚历山大以来的向东移民而东播，再经上述的中介民族传到了黄河流域。

镶嵌玻璃珠是在像绿松石那种颜色——青绿色的玻璃珠上再镶嵌各种颜色、小大不同的小玻璃珠，并使之组成非常美观的各种花纹。这种玻璃珠在河南洛阳（韩）、辉县（魏）和湖南长沙（楚）、湖北随县（曾）的战国墓中都有发现（图11：a）。湖北云梦秦墓中，还发现了它的仿制品。更值得注意的是，洛阳金村战国墓中曾发现一件背面镶嵌玉环和上述那种美观的玻璃珠的铜镜（图11：b）。解放后，在河南辉县固围村的战国墓中发现镶嵌玉璧和这种玻璃珠的银带钩（图11：c）。这几件器物，表明这种新式的玻璃珠传入不久，我们的工匠就把它像过去使用绿松石一样装饰到金属器物上去了。

11　镶嵌玻璃珠（a）和镶嵌玻璃珠的镜（b）与带钩（c）

上述那些游牧和畜牧民族，从东向西，除了带去传统的丝织品，还带去了当时中原新兴的一种工艺品——纹饰精致的铜镜。苏联中亚哈萨克共和国和阿尔泰山麓，都发现了战国山字纹铜镜（图12）。这个地区是在北方支系的伊兰语族游牧民族塞人的势力范围之内。1947—1949年，阿尔泰山北麓巴泽雷克河谷发现了不少积石墓，这批墓经碳十四测定其年代在前一千纪的后半。积石冢下挖土圹，圹中施木椁两重。椁室殉马，多的可达10多匹，有的还有四轮木制马车，出了不少马具。椁中多出毛织品，纹饰的风格是他们自己的。其中M5出土的毛毡壁衣上织出骑士和坐在椅子上的女神的形象，女神所坐的椅子是当时地中海东部和西亚一带流行的家具式样（图13）。这座墓还出了我国的凤鸟纹样的刺绣。M6出土了一面山字纹镜。这批墓的发现，说明墓主人是北方支系的伊兰语族的游牧民族，通过东西的游牧，把西亚、中亚和中国的器物汇集在一起了。

图12 山字纹铜镜

图13 巴泽雷克积墓壁衣上织出的坐椅

2．胡服骑射

前307年，赵武灵王下胡服令，决定普及胡服。这件事，在中西文化交流上起了不小的作用。胡服即是指游牧民族的服装。赵武灵王当时说："变服骑射以备燕、三胡、秦、韩之边。"三胡，不仅指匈奴系统的胡，也包括伊兰语族的胡。其实匈奴也好，伊兰语族的胡也好，在服装上，由于都是骑马奔驰，这时大约已没有大的差异了。赵武灵王提倡的骑射，目的为了备战。而传统的东方服装是宽大的外衣和裹绕的牛鼻裤式的下衣，就很不适用了。宽大的外衣，特别是裹绕的下衣，怎么能便于骑马射箭呢？于是游牧民族的窄袖短上身和双腿裤子在部队里流行起来。马上使用的武具短剑也流行起来。胡服紧装，需要扎腰带，皮带带钩也随胡服而普及了。这里主要还是以剑和带钩为例作一些叙述。剑和带钩，从战国到两汉发展很快，各地都有发现，样式也越来越和游牧百族不同，突出的一点是剑身向长发展，带钩的形体向大发展，用玉作装饰的做法也出现了。剑身用铁以后，变化很大，我们下面还要提到。

3. 南方发现的玻璃制品和海路的开通

前面讲到的新式玻璃珠由于游牧民族作中介，在黄河流域发现不足为怪，但长沙楚墓出了不少。楚墓不仅出了玻璃珠，还出了玻璃制的谷纹璧。这种璧，洛阳也有发现。《战国策·楚策》记秦派张仪去楚游说，张仪说服了楚怀王，怀王"乃遣使车百乘，献鸡骇之犀，夜光之璧于秦王"。经过过去许多人研究，知道鸡骇是印度古代梵语Kharga（犀）的译音（对音）。印度是多犀牛的。夜光璧，从后来扬雄《羽猎赋》中有"夜光之琉璃"句，知道琉璃即玻璃，楚赠秦王的夜光璧就是玻璃璧。楚怀王把玻璃璧和印度犀同列，并且认为都是楚国的珍宝。这是怎么一回事呢？看来它们都是从楚国南方运来楚国内地的。《汉书·地理志》记南海诸国中："有黄支国……多异物，自武帝以来皆献见。有译长，属黄门，与应募者俱入海市明珠、璧琉离（即玻璃）、奇石异物，赍黄金杂缯而往……蛮夷贾船，转送致之……王莽辅政……黄支王令遣使献生犀牛。自黄支船行可八月，到皮宗，船行可二月，到日南、象林界。"日南，是汉设在今越南中部的郡，郡治在今顺化附近，象林是日南郡的一个县，大约在日南郡的最南边，从那里船行八个月加两个月计十个月，根据记载的方向和其他情况，中外的研究者一般都认为黄支在今印度东南海岸的康契普腊姆（Conjevaram），黄支是不完全的音译。黄支既有玻璃，又有犀牛。看来，海上这条通道，战国时期就已经开通了，所以我国南方的楚，能拿黄支的东西作为自己的珍宝赠送给秦。谷纹璧是我国所特有，据说较晚的个别长沙楚墓还出有玻璃印章，印章上的文字是汉字，这些怎么能从海外运来呢？公元80—89年间居住在北非的希腊人，写了一本《厄立特利亚海周航记》，厄立特利亚海即红海，但该书的内容并不仅限于红海，其上记：地中海东岸的玻璃原料，很早就向东输出，到了印度西南岸，又由那里转运到印度支那半岛。后一段航线正经过黄支，在康契普腊姆南不远的本地治里近年正好发现了从地中海东岸运来的玻璃器及其原料。因此，玻璃原料的东运得到证实。既然一世纪中期，玻璃原料（应是助熔剂天然纯碱）可运到印度支那半岛，那么再早一

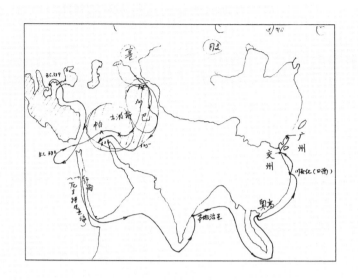

图14 战国时期中□□海路开通路线的推□

点，再运远一点，就有可能在我国战国晚期到了我国的交广地区了（图14）。玻璃璧、印章的发现，应当证实这个推测，即战国晚期玻璃原料天然纯碱已经由船运到我国南方，我国南方开始烧制玻璃制品了。

考古发现海路开通的遗物除一些玻璃制品外，近年南方和东南近海的遗迹还一再发现地中海—西亚生产的遍体锤鍱上凸起"O"形纹饰的圆形银盒。这种纹饰特殊的银盒，首先发现于云南石寨山的滇国墓，接着广州南越王墓也发现了，不久又在山东临淄汉初墓内发现。同类西方器物发现地点的分布，既多毗邻沿海，又相距广远，而所出墓葬的年代又极为接近，这些现象，很难想象短时期可以突然出现（还未包括器物东运途中曾有中介地点耽搁的可能）。汉初上距战国末才不过二三十年，因此，我们认为中西海运开始发生于战国阶段似乎更接近事实。

战国时期中西文化交流的场面扩大了。陆路的通道之外，海上的往还也逐步开始。文化交流的深度也超过了以前，胡服骑射是当时影响东方最重要的一个课题，近年秦俑坑的发现给我们提供了大量的形象资料，这批俑的形象还可以告诉我们胡服不仅是骑射的衣着，起码在秦时，车战的战士也穿起了胡服。这时期在中西文化交流方面另一个重要情况是西方烧制玻璃的助熔剂天然纯碱原料和用天然纯碱烧制玻璃制品的技术，有可能已从海道传到了我国南方。南方和近海城址的汉初墓葬一再发现具有西亚制造特点的银盒，也可作为战国末期海运开始的旁证。

三　西汉（前3—1世纪中期，前201—25年）

（1985年稿）

前3世纪末，我国北方匈奴族强大起来。前202年刘邦建立汉王朝，第三年（前200年）刘邦就被匈奴围困在平城（今山西大同）。此后，匈奴一直威胁汉王朝。汉大量输给匈奴各种物资，丝织品是其中主要一项。匈奴骑马游牧，丝织品对他们用处不大，他们索要主要是为了和西方交换。匈奴强大，一方面威胁汉，另一方面也不断攻击分布在河套以西——偏南的大月氏和偏北的乌孙，这两个语族虽有不同，但同是印欧语系的雅利安种的游牧民族。前174—前161年间，匈奴迫使他们的绝大部分，从今天河西、新疆向西退却，一直把他们驱逐到中亚的伊犁河流域。这样，汉王朝的北部、西北部，即从今天的长城沿线一直到中亚都成了匈奴的势力范围。匈奴驱逐了月氏、乌孙，他对新控制的河西、新疆地区进行掠夺和压榨，这时的中西往还，就为匈奴所垄断。当时，在西方，前146年罗马征服了希腊，称雄于地中海。前141年西亚的帕提亚（安息）吞并了两河流域，向东扩张，蚕食巴克特里亚（大夏）。前140年汉武帝即位。罗马、帕提亚和汉王朝在前2世纪的中期，都在巩固发展，也都在谋求商业往还，就是在这样的历史背景下，在东西文化交流历史上出现了新的局面。

从汉武帝即位之始，一直到西汉王朝之末，从开通西方通路到护卫、经营这条道路继续了一百多年，这一百多年有两件与中西文化交流有关的大事，现简述如下。

1. 张骞出使与汉武经营西域

汉武即位的第3年，前139年派出了使节张骞，原想联合西迁的大月氏夹击匈奴，这时大月氏又从伊犁河流域南迁到妫水（阿姆河），侵据了大夏（巴克特里亚）的中部以东。张骞前128年到了大宛贵山城（锡尔河上游的费尔干纳附近），又由大宛到月氏王庭蓝氏城（在妫水南岸，今阿富汗马扎里沙里夫附近）。这里土地肥沃，月氏迁到这个农业区安定下来不愿东返。张骞虽未完成联合大月氏夹击匈奴的使命，但对中亚、西亚的形势进行了了解。前126年张骞回到长安，向汉武报告了西方的繁荣。西方的繁荣，使汉武帝下了打击匈奴以开通西方路线的决心。前123—前121年连续讨伐了匈奴两次。前119年又派张骞迎乌孙东还，共击匈奴。这时乌孙游牧在伊塞克湖一带，也不愿东返了，第二次出使仍无结果。张骞在乌孙时派遣副使去安息、奄蔡、犁靬、条支、身毒等国。他们陆续回到长安之后，更具体地报告了这些国家的情况，就更扩大了汉武对西方的欲望，同时也清楚了，要打开通路只有依靠自己的力量。前115—前111年，先在河西走廊排除了匈奴的势力，陆续建立了武威、张掖、酒泉、敦煌四郡，移民屯田，北建长城，切断匈奴与南山的塞人的联系，这样，在前2世纪末从长安到今天甘肃西端这一段基本可以确保了。前114年张骞卒。此后，武帝大约根据他的建议，继续做了两件事：

A. 结姻乌孙

前115—前111年建立河西四郡之后，接着在前110—前105年之间，武帝以江都王建女（建，武帝弟之子，前121年谋反自杀）妻乌孙王，目的很清楚即"欲与乌孙共灭胡"。共灭胡，这时主要是希望乌孙阻挡匈奴南下，保卫通路。后来到了宣帝时，前53—前51年，也是为了同样的目的，又在乌孙王庭赤谷屯戍。

B. 李广利伐大宛

大宛在乌孙之南，正当逾葱岭西去的要冲，其地又以产天马闻名。

汉武帝为了加强骑兵击匈奴、为了开通向西的路线，都需要优良马种。张骞带回来的大宛天马消息，当然也会引起汉武帝的重视。汉武帝派人持金往购，大宛不仅不卖，还把使者杀了。汉武帝借此事件，先后调动十余万大军，于前104年派李广利西伐大宛，前102年大宛降。由于这次大规模的用兵，从新疆越葱岭到大宛这条路，基本平静了，所以前1世纪之初，中亚特产东传很多，《史记》《汉书》除记有大宛马外，皇家苑囿里种上了葡萄和苜蓿等中亚植物。

2．北匈奴西迁与匈奴北部的遗迹、遗物

宣帝晚期，匈奴五单于争立，前49年匈奴分裂为南北。前48年南匈奴单于呼韩邪入朝（昭君出塞故事中王昭君即嫁此单于）；北匈奴郅支单于西迁，称霸于中亚，建城于都赖水（怛逻斯水），前36年，西域副都护陈汤将兵出温宿，抵郅支单于城，破之，斩郅支单于，北匈奴四散。

A．北匈奴西迁的遗迹

叶塞尼河上游的米努辛斯克，其西北的托木斯克，再向西到托博尔河与伊路西德河汇合处都发现了山字纹战国铜镜和西汉精白镜、日光镜，这些，大约都是北匈奴四散后的遗物。其中托博尔河与伊路西德河汇合处的发现很重要，那是18世纪初的事，当时出土的文物很多，战国两汉铜镜，即多达几百面出在这里的古墓群中。这个迹象很突出，我们推测这个地点大约是郅支单于被杀后，北匈奴一支主力逃到这里，只有这样，才能遗留那么多的墓葬。陈汤西击郅支单于还有一件事值得注意，即是我国和大秦（罗马帝国）接触的问题。《汉书·陈汤传》记："（汤）前至郅支城都赖水上……步兵百余人，夹门鱼鳞陈（阵）。"鱼鳞阵即是士兵持盾牌错开排列起来，列成方阵。这种布阵法是罗马军队常用的龟甲阵。游牧的郅支单于如何学到罗马阵法？法人伯希和认为前54—前53年罗马侵略帕提亚（安息），帕提亚诱敌深入，罗马军队几乎全军覆没，大批罗马军官、士兵被俘，安息居之于东境守边。为安息守边的罗马官兵有不少逃窜到中亚，因而和

郅支单于发生了联系。陈汤击败郅支，罗马将兵自然又和陈汤发生了关系。这个说法虽是推测，但对以前的解释不清的鱼鳞阵却说明白了。从郅支单于使用鱼鳞阵，考虑它的来源，看来也是有些道理的。《汉书》记载了这个阵法，当然，也可以表明这个新的西方罗马（大秦）的作战方式，已为西汉人所了解。西汉接触罗马人，这件事大约是最早的。

西方通道开通了，从考古发现看，有两种器物似乎可以反映出这暂时的频繁往还：一是和田所出软玉大量东来，汉武以后墓葬中出土了大量优质玉器；汉代的高级葬服玉衣也是汉武以后发展起来的。有人统计玉衣出了34件，其中西汉18件，18件中只有4件是汉武以前的。看来，和田玉大量东来是自汉武以后的事。二是洛阳和呼和浩特发现的汉武以来的铁甲中出现了比铁札甲更为适用的鱼鳞甲。这种甲，现知也以伊朗出现为最早，希腊历史学家希罗多德《历史》记古波斯帝国的战士有的上衣有像鱼鳞那样的铁鳞，即是鱼鳞甲。到帕提亚时期，从存世的线雕上看，不仅战士服甲，马铠也使用了鱼鳞形式。由此可知，我国战国到西汉铁札甲、鱼鳞甲，都是出于西亚的影响，其实还不仅如此，随后的时期出现的锁子甲也是渊源于西方——中亚。

B．匈奴北部的遗迹、遗物

从本世纪30年代起，一直到50年代，苏联考古工作者从蒙古包楞格河，经贝加尔湖、叶尼塞河上游一线，发现了不少处匈奴遗迹，其中较重要的有诺颜山下和恰克图一带的墓群、贝加尔湖南岸的城址和叶尼塞河上游的居住遗址。

诺颜山下和恰克图一带的墓群，大体可以肯定是匈奴的墓地，其中大型墓都在冢下掘6—7米深的土圹，有的还在土圹里围砌一匝石椁，石椁内置木椁和木棺。以诺颜山下墓群为例，墓群分布在苏珠克图地方，M6木椁顶满铺毛毡，棺室和棺中出了不少毛丝织品、铜容器、马具、木车、漆器等。漆器中有针刻铭文的耳杯，铭文中有"建平五年（公元前2年）九月"字样。M5也出土了有铭的漆耳杯，铭文是"建平五年蜀郡西工造乘舆髹洰画木黄耳棓……"，蜀郡郡治在今成都，西工是当时设在成都的工官，乘舆指代皇帝，髹即漆，洰大约是

图15 诺颜山下匈奴墓所出毛毡上的纹饰

雕的意思，画是绘画，木指木胎，黄耳指鎏金铜耳，桮即杯。这段铭文即是说："建平五年，成都的工官为皇帝造的木胎饰以雕绘并装有鎏金铜耳的漆杯。"从此铭文可知：1. 诺颜山下墓群的年代约在公元后不久；2. 墓中所出的中原器物有的是皇帝作坊的产品，因此可以推测这批墓中的大型墓应是匈奴上层贵族的墓葬。这批墓还值得注意的是出了不少丝毛织品和毛毡，其中应该提出予以说明的有以下五项：

a. M6一件毛毡上绣出有翼兽、植物纹（图15）。毛毡是压擀羊、驼毛制成的，它是游牧民族的特产，现知最早的考古发现是出在北欧日德兰半岛初期青铜时代（3500年前）墓中的毡帽。公元前500年，里海北边的塞人墓葬中毡制品发现很多，制造水平较高，一般认为当时塞人是长于制毡的，这里匈奴墓中出了大批毡制品而且上面绣出的有翼兽、植物纹也都是西亚、中亚流行的纹饰，因此这类东西大约是西方的输入品，或是在西方影响下的匈奴地区生产的。

b. M6一件毛织物上绣出禽兽争斗纹，缘边却镶着菱纹、云纹锦。毛织品，我国在东汉初才有对应名词记录它叫"氍毹"（这个问题，我们后面还要讲）。禽兽争斗纹，是从西亚经中亚一直到河套地区游牧民族流行的纹饰，可以推测这类东西起码也是在西方工艺影响之下出现的。但是缘边却镶有从中原输入的织锦，菱纹、云纹是中原的纹饰，织锦这种高级丝织品也是中原的特产。可见这是把东西风格的织品缝缀在一起了。

图16 诺颜山下匈奴墓所出毛锦上的纹饰

c. M23出土一件在纬线上起花的毛织锦,花纹中是生动的缠枝植物纹(图16),这是高级的毛织物,中原出现这种高级毛织物的名称"氍毹"也是在东汉初(关于氍毹,以后我们再讲),这些毛织物墓中出土很少,可知当时在匈奴也是很稀罕珍贵的。还值得注意的是花纹,这种生动的缠枝花纹是西亚一带的纹饰,因此这类毛织锦大约也是西方输入的。

d. 织出汉文字的锦,在这批墓出了不少,如M6出有"群鹄颂昌万岁宜子孙"的云山禽兽纹锦,又如M11出有"新神灵广成寿万年"的云山羽人锦,这些都是中原的输入品。

e. M6一件素绢上绣出云纹,另一件M11所出素绢绣出龙纹、菱纹、云纹。素绢是中原输入的,龙纹、菱纹、云纹也是中原流行的纹样,此外还杂有西方的植物纹。看来,这类东西,有的是中原输入品,但也有可能是当时在匈奴的汉族绣工所绣出的。由于这类绣品的启示,我们还可怀疑上述a、b两项所述的毛毡上、毛织品上绣出的西方纹饰,如果是在匈奴地区绣出的恐怕也是出自汉族绣工之手,因为当时"绣"这种加工的工艺,是汉族最擅长的。

以上匈奴遗迹反映:1. 匈奴是善于摄取东西文化的民族;2. 匈奴北部也是一个很重要的中西文化汇合点,这个汇合点不仅是器物的汇合,中西在装饰纹样、加工工艺方面也进行了初期的合作。由于上面分析的情况,我们可以看到,公元1世纪时,在中西文化交流的通道上,匈奴北部地区也存在着一条重要的渠道。

贝加尔湖南岸的城址和阿巴根南的居住址 贝加尔湖南岸的城址苏联名之曰"伊沃勒加城",在乌兰乌德西南,夯土建,方形,边长约350米,城内的大型建筑遗址建在土丘上,其房基挖在地平面下,大小房间都有火炕设备。城内发现了铜渣、铁渣和锻铸的锅炉,还出有不少骨料,表明城内分布有铜铁作坊和骨器作坊。还出土了犁铧和储藏器物的窖穴、大型陶器和石磨,还有家畜骨骼,说明当时这里有农耕。以上情况,都可以表明这座位在匈奴北部地区的城址里的居民主要是定居的务农者和手工业者,因此,有人认为是被匈奴俘来的汉人的遗址。这个推测如果不误,那么在公元之初已有汉人集居在南西伯利亚了。更值得注意的是,1940—1946年,苏联科学家在叶尼塞河上

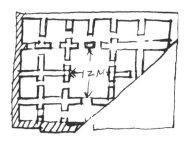 

图17　阿巴根大型遗址平面和复原简图

游米努辛斯克对岸阿巴根南所发现的大型、内部分割成多房间的建筑遗址（图17）。这个建筑遗址东西45米，南北35米，约为1575平方米，共二十多个单室，中间一间最大，约12平方米，有两个门址，出了4件铜铺首。中间这间的四周出了不少筒瓦、瓪瓦，还有"天子千火（秋）万岁常乐未央"铭的瓦当（图18）。"常乐未央"的"常"不写作"长"是王莽时期的规定，因此可以推测这处建筑物的时间大约距公元1世纪初期不久。苏联学者根据残存的遗迹，做了立面复原。建筑内也有火地炕，还出有环首刀和玉器片等。建筑式样、构件、瓦当以及出土遗物等都表明这处建筑和中原关系密切，苏联有人曾推测是汉武帝时投降匈奴的李陵的居室，这当然是错误的，起码时间不对，但它无疑是在中原工匠指导下修建的一座建筑物。从建筑物四周封闭的情况看，是为了适用于寒冷多风的南西伯利亚的；铺首是中原的建筑构件，但从做出的相貌高鼻多髯这一点（图19），可知是根据当地人的形象的。关于这座建筑物的问题，我们不想多牵扯，从中西文化

图18　阿巴根大型遗址所出瓦当　　图19　阿巴根大型遗址所出铺首

交流这一点看，在公元之初，汉文化影响到这里的深度，是出人意料的。这和上述伊沃勒加城的情况共同说明，在匈奴第一次西迁之后，汉文明从北方已直接传播到了南西伯利亚的西部，也是靠近了中亚的北部。苏联南西伯利亚的发现，一再提醒了我们，中西文化交流的路线，除了经由今新疆地区之外，通过蒙古地区向北再向西这条路，由于和匈奴关系的发展，在公元前后也曾盛行一时。

四　东汉魏晋（3世纪中期—4世纪初，252—316年）

（1985年稿）

这个阶段预备讲四个子目：一是匈奴第二次分裂和西迁，二是班超事迹，三是大月氏在中亚建立了较为强大的贵霜王朝，四是安息、大秦和东方的交往。

1．匈奴第二次分裂与西迁

公元1世纪中、后期，匈奴统治集团又发生了一次大分裂，是发生在以前留在东方的南匈奴呼韩邪单于的后裔这一支内。分裂时间是公元48年。当时南匈奴南部接近东汉，北部在1世纪后来就侵扰东汉的北方和西北方，新疆地区从北到南一再受他们侵扰。89年、91年窦宪的两次北伐，迫使他们向西北迁移。西迁路线从考古发现看有两条：一条是最初止于今哈密西北的巴里坤湖（蒲类海）附近，然后从天山以北向西，不久即在中亚打开了局面之后，游牧于这个区域。《后汉书·西域传》记，123年此部分匈奴"展转蒲类、秦海之间"（李贤注："大秦在西海西，故曰秦海。"可知秦海即黑海），即指此而言；另一条大约走的是第一次西迁的旧路，从米努辛斯克，向西直到伏尔加河下游的这个草原地带的许多地点，都经常发现有两汉之际至东汉初的小日光镜、规矩镜、菱纹丝织品（图20：a）和玉具剑鞘上的玉璲（图20：b），这些，大约都是匈奴第二次西迁的遗物。从伏尔加河下游为中心，东到阿尔泰山，北到伏尔加河支流卡马河畔的彼尔姆，甚至到了西乌尔，西边到克里米半岛的刻赤，南边到北高加索，这片广大地区，从发现的东方系统的遗物的埋藏时间看，向西迁的匈奴，在这个区域停留的时间，可以延

四 东汉魏晋（3世纪中期—4世纪初，252—316年） 153

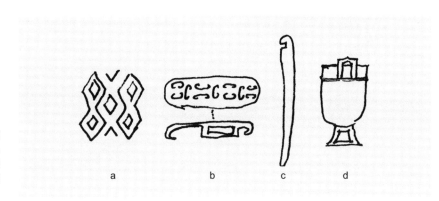

20 匈奴第二次西迁遗物：丝织品的菱纹（a）、玉璏（b）、弓弭（c）和铜鍑（d）

续到4世纪以后。这也正和《北史·西域传》所记匈奴杀了奄蔡王，夺据其国的时间相符（4世纪中叶）。奄蔡王，居于黑海以北以东。在上述这片广大地区的主要发现列如下表（表二）：

铜镜和玉璏在一些地点出现了仿制品，反映了匈奴人在这个地区停留的时间长。在这个地区发现的东方器物中，有几种需要细分析一下：第一，玉璏—铁剑的问题。玉璏是汉代玉具剑鞘上的附件，玉具剑主要是铁剑，铁质易锈朽，剑鞘也朽掉了，这样就剩下了玉制的璏，因此发现玉璏，就意味着这里原来是一把铁剑。玉璏和它的仿制品在伏尔加河下游和克里米半岛上发现的数量不少，说明汉代的铁剑曾是匈奴重视的武器。玉璏还不仅在这个区域发现，也发现在以后我们要

表二　匈奴第二次西迁遗物与分布地区

	内蒙古	蒙古	米努辛斯克	伏尔加河下游	刻赤	北高加索	卡马河流域	匈牙利	奥地利	西德
铜镜	√	√	√	√		√				
仿镜				√		√	√	√		
丝织品		√	√		√					
玉璏				√	√					
仿玉璏				√	√					
骨弓弭	√	√					√	√	√	√
铜鍑		√	√					√		
	←——1～2C——→									
				←3、4C→						
							←——4～7——→			

讲的中亚南部的贵霜王朝的领域内。由此可知汉代铁剑受到西方广大地区民族的重视。春秋后期至战国以来，我国锻铁工艺发展很快，最初的铁剑出现在湖南楚墓中，不久中原北方也都出现了，它比铜剑要长得多，西汉时这种剑即普及到各地，刘胜墓所出的长达1米有余，长剑既可刺又可砍，罗马人曾记载中国的铁比西亚伊朗的铁好，看来，渊源于游牧民族的利器——剑，在黄河和长江流域有了新的发展。这种在黄河流域发展出来的新形制的铁剑，到公元2世纪左右为北方游牧民族和西方民族所称赞并成为爱用的利器。第二，骨制弓弭（图20：c）和铜鍑（图20：d）。弓弭是加强弓的弦力的，印欧语系游牧民族的弓短，不用这种附件（图21）。鍑是游牧民族煮食的炊器，印欧语系游牧民族的鍑，体作半圆形，环形耳（图22），与表上所列体深方耳的鍑不同。这两种器物从它自东到西发现的地点，可以估计后者应是游牧民族的器物，是随匈奴的第二次西迁从河套地区向北再向西带过去的。

匈奴民族两次西迁，特别是后一次，是世界史上的大事，它不仅把一些东方器物带到了西方，更重要的是，在欧洲历史上引起一场民族大迁徙。匈奴西来，把原住在黑海、莱茵河间的凯尔特—高卢人驱向西方，一部分迁到今天法国北部，后来渡海到了英伦三岛，一部分迁向西南，进入罗马领域。进入罗马领域的高卢—日耳曼人不久击溃了罗马军队，395年使罗马帝国分裂，之后又在475年灭亡了西罗马。而匈奴人本身在5世纪中到达了欧洲中部，在今天匈牙利、奥地利、西德发现的7世纪前后的东方遗物，就是当时匈奴到达这里的物证。东方器物，现知发现的最西地点是西德莱茵河西岸美因茨，那里出土

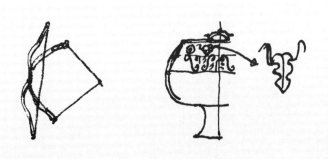

图21 弓弭所在位置（左）

图22 印欧语系游牧民族使用的钹鍑（右）

了匈奴民族的骨制弓弭。此地点，比上面所讲莱茵河东斯图加特发现的春秋战国之际的绢还要远些。考古资料证实了匈奴西迁，同时也显示了匈奴西迁在东西文化交流史上是一件应予重视的大事。

2．班超事迹

公元48年匈奴第二次分裂后，匈奴仍不断骚扰汉代领域的北边和西北边，73年班超随窦宪讨伐，到蒲类海，后出使西域，目的是为了截断阻挠匈奴与新疆各小国的联系。超驻新疆三十年（73—102年），先驻塔里木盆地西端的疏勒（今巴楚附近）十八年。这阶段超联系葱岭东西的力量，包括月氏、乌孙、康居，主要在对付匈奴和匈奴的与国龟兹。89—91年匈奴西迁、龟兹平定之后，任超为西域都护，移驻龟兹又近十年，这时期大约主要为了防御葱岭西新兴起的贵霜。总之，班超在新疆三十年，先是平定了新疆内部的分裂势力，打通了塔里木盆地的南路，然后又打通北路；后来又结好贵霜，发展贸易。文献记载他曾代表东汉王朝西运大量的丝织品去贵霜，也从贵霜换回马匹和毛织品——毾㲪（地毯）（有人认为此二字是波斯语 Taftan〔纺捻〕的音译，纺捻是制造织物的特殊工序，这种解释可能接近事实，由此可知，这种织品应是西亚的特产）。出名马的大宛，当时正在贵霜控制之下。大宛名马的东来，西汉时数量还不多。东汉，可能由于班超的努力大批东运。东汉考古资料出现了大批腿长、喙瘦的中亚马的形象，墓中所出陶马、铜马和画像石、砖以及壁画上的马，都是这种形象。而它们的时代，又大都在班超及其以后的年代，这显然不是偶然的。3世纪中期鱼豢撰《魏略》记世界三多：中国人多，大秦宝多，月氏马多。月氏多马，就是长期由月氏大批运马东来的反映。102年班超东返后，后继的都护得不到诸国的拥护，游牧于北部的匈奴又进行扰乱，107年，东汉又罢西域都护府。后来超子班勇于123—127年间虽又在新疆经营了四五年，但他安定的范围也仅限于葱岭以东，此后永寿四年（158年）刘平国于拜城黑英山乡北部博孜克日克沟口西摩岩上刻石记有负责边境安全、兴建关亭事，可以证明东汉实力日益下降，大约从桓帝后期到桓灵之际东汉逐渐放弃了敦煌以西的地盘。

3. 贵霜王朝的兴起

东汉逐渐放弃新疆以后，西部贵霜的影响日益加强。1世纪前半葱岭西建立了五个小国，其中贵霜最强。1世纪中期（45年），贵霜王丘就却完成统一事业，《后汉书·西域传》说他"自立为王，国号贵霜"，他西击帕提亚（安息），夺取高附地（今阿富汗）、罽宾（今克什米尔）等地。其子阎膏珍1世纪末又南击天竺。他的后继者迦腻色迦王时，贵霜达到极盛期，当时贵霜的领域，西邻安息，东抵葱岭，北及锡尔河畔，南括印度河流域直达阿剌伯海，并向东南扩展到恒河中游，所以印度史把贵霜也包括了进去。迦腻色迦王的绝对年代，现在还不能具体，大体在2世纪中期。这个时期正是东汉从新疆逐渐向东撤退的时期。贵霜影响向东发展的考古资料有货币、文字语言、商人遗迹和宗教遗迹。

自19世纪末，新疆西南部即不断发现贵霜铜钱。和田、巴楚一带出有1世纪丘就却时代的和1世纪末阎膏珍时代的，2世纪中期迦腻色迦时代的最多，如果都是在铸造后不久传到新疆的话，那么前两种即在班超驻西域时期（72—102年）就出现了。和田、库车还发现一种圆形的汉、佉卢文合璧铜钱，特别是和田发现得最多，这种铜钱一面铸出汉文，中间铸个贝（◇）字，外绕"重廿四铢"4字，另一面中间铸出一马形，外绕一匝用佉卢字母写出的是印欧语系的一种方言健驮逻语（过去称印度俗语，但印度俗语种类甚多，此种方言主要流行于北印度健驮逻区，所以1950年代以来一般改称健驮逻语），内容是"大王王中之王伟大的□□□□"，后面的□□□□是王的名字，这种对王的赞语，是贵霜的习惯用语。这种铜钱在和田大批发现，应是本地所铸，其时间约在2—3世纪中，大概是班勇驻西域（123—127年）之后，这种合璧文字铜钱的出现，至少可以反映和田地区（新疆西南部）当时中原影响在这里还保有一定的声势。

佉卢文字是贵霜通行的一种字母，是前4世纪由波斯传来的，大约也在班勇东返之后，随着较多的贵霜人东来，传入新疆，内地最早提到这种文字的是6世纪初梁僧祐《出三藏记集》著录的"佉楼"，7世纪唐初人叫"佉卢"。这种文字大约在6世纪后成为死文字，18世纪末才重新在中亚和印度河流域的石刻铭上发现。这种文字经过一个世纪左右的译读，英人拉普逊确定了元音、辅音、复合辅音和数目字，共266个字母和符号，参见下表（表三）。这个表上每个字母的下方是拟出的音值，最下行为数目字。从上世纪末起，这种文字在塔里木盆地南缘从和田向东到民丰，再东传到楼兰地区都发现了使用这种字母书写健驮逻语的公私文书，看来这种文字与语言不仅为东来的贵霜人所使用，而且也成为当地人公用的文字语言。塔里木盆地北缘也出现了一些使用这种字母的龟兹变体的文书和铭刻。在2世纪的新疆几种印欧语系的民族都没有文字，所以都使用从贵霜传来的字母，甚至有的地区也通行了贵霜的语言。东来的贵霜人使用佉卢字母不仅在新疆，再向东去，他们也同样使用这种文字，所以新疆以东的敦煌、洛阳都有发现。以上是就发现佉卢文字的地方而言。从文献记载上看，3世纪初，确实有为数不少的贵霜人进入长城之内定居在河西走廊东部当时羌人聚居的凉州地区，227年诸葛亮替后主写的诏书中说："凉州诸国王各遣月氏、康居胡侯支富、康植等二十余人诣受节度，大军北去，便欲率将兵马，奋戈先驱。"（《三国志·蜀书·后主传注》引《诸葛亮集》）康居是索格底人集居地点，其中心即在今撒马尔干，其地东来的人都冠姓康。上引文献说明诸葛亮所联合的羌人军队中有月氏和索格底人的武装。此处记载反映了东汉自新疆东退之后，月氏—贵霜和他属下的索格底人向东发展，3世纪初，居然能有代表人物二十余人参加羌人援蜀军队，看来在甘肃中部他们有了数目较多的居民，不然不会出现可以称为他们代表人物"胡侯"的。

　　贵霜人东来主要有两种情况，一是经商，一是宣扬佛教。

　　中亚人直接到东方经商，东汉之初就已不是罕见事了。《后汉书·马援传》记马援晚年（48年）他的部下耿舒评论他说"伏波类西域贾胡，到一处辄止"，可知西域贾胡习惯于坐商。《后汉书·西域传》记班超时"商胡贩客时见于塞下"。塞下指敦煌西边的玉门、阳关，即

表三　佉卢文字表

A.M.Boyer，E.J.Rapson and E.Senart, *Kharoṣṭhī Inscriptions Discovered by Sir Aurel Stein in Chinese Turkestan*, Vol.III (Oxford：Clarendon，1920-1929), plate.XIV

是说1、2世纪之际有很多商胡进入敦煌以东的内地。可能由于前面所讲蜀曾联合羌人的缘故，魏注意了西部地区，3世纪20年代末30年代初，仓兹任敦煌太守，胡商称其德惠。3世纪40年代末50年代初，皇甫隆任敦煌太守，改进农具兴修水利。敦煌经济繁荣，加强了魏对新疆的影响。所以，楼兰发现了从嘉平四年（252年）到建兴十八年（330年）的汉文纪年、有关屯戍内容的木简和楼兰西南的尼雅发现晋泰始五年（269年）木简内容有从敦煌太守发下的公文。这两处在出汉文文书的同时，也发现了大批用佉卢字母书写的健驮逻语的木牍公私文书。尼雅汉文木简中有一根书："月氏国的支柱，年卅九，中人，黑色。"这应是一个过境登记的文件；佉卢文木牍中有不少提及丝绸、以丝计价和丝债的内容。看来，这批文书有些可能是向贵霜运输丝织品的记录。楼兰附近发现3世纪的汉文木简中记有"……今为佳人买綵四千三百廿六匹"，有这样大数量丝织品做交易，可见当时包括贵霜商人还有粟特人在内的丝绸贸易规模之庞大了。这件木简中说："今为佳国人买綵……"似乎尚可说明向西输出丝织品，已不完全靠中间其他民族的转贩，至少由内地到新疆这一段已有汉人直接参与了。

贵霜人相信佛教开始的时间还不甚清楚，但他们逾过阿姆河到蓝氏城逐渐定居后，大约即接触到佛教了。丘就却时期的铸币上出现释迦形象，应该说佛教在贵霜人中间已开始流行了，这个时期大约是在1世纪中期。传说汉明帝遣使者去大月氏写佛经四十二章即是接近这个时期。127年班勇由新疆东返，《后汉书·西域传》记："班勇列其（身毒）奉浮图，不杀伐，而精文善法导达之功，靡所传述。"班勇母是胡人（超在疏勒时有人攻击他说"拥爱妻，抱爱子，安乐外国，无内顾心"），他生长在新疆，他只说身毒佛教，未提大月氏。勇大约与阎膏珍同时，阎膏珍货币不铸佛像，而铸婆罗门教的湿婆像，说明他不信佛教，可见班勇这个时期的大月氏佛教并无显著发展。

班勇东返之后，2世纪中期的贵霜王迦腻色迦在位（迦是一个大事弘法佛教、佛教第四次结集的召集者，佛教史把他和阿育王相比），而这个时期也是贵霜极盛时期，贵霜影响向东方，也以这个时期为最盛，新疆发现最早的佉卢文遗迹，即是在和田发现的一部佉卢文的佛

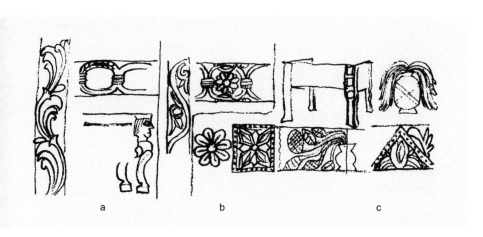

图23 民丰、楼兰发现的有希腊、罗马雕饰风格家具上的各种纹饰

经——《法句经》，它的年代应在2世纪中期。最早到洛阳译经的月氏人支谶、安息人安志高也在2世纪中期的"桓灵之世"（146—189年）。前面提到在洛阳曾发现的佉卢文字的时代属于这个时期的晚期（洛阳的发现是19世纪20年代的事）。北大派马衡去洛阳购置古物时收集到的是一件石井圈的残块，其上刻有佉卢字母写的健驮逻语，据破译其内容是说此井是在洛阳的一个寺院的僧团所建。这个寺院僧团用健驮逻语说明他们应是贵霜人所建的寺院与僧团。结合上述大月氏人来洛阳译经，可知贵霜向东影响，传播佛教也是一个很重要的内容。贵霜东播佛教是与贵霜人的东来联系在一起的。内地变动多，人口密度大，所以和他们联系的遗迹保存较少，新疆则保存较多。特别是从和田到楼兰这一路线，保存了不少和他们有关的各种遗址，有居住址，有寺院址，这类遗址中出土了不少贵霜风格的器物和图像。地图上的楼兰之南，一个叫米兰的地点保存不少土坯建筑的寺院遗址，其中有一座方座圆身的佛塔，塔内礼拜道壁画绘出的人物和连接的波状带都是一派贵霜风格，一幅画中有佉卢文的榜题，另一幅画中有用佉卢字母书写的画家的题记，遗址中还出有佉卢文题记的彩幡，这些佉卢文的字体不晚于3世纪前期。这应是一处贵霜人或是接受贵霜影响较深的寺院。民丰和楼兰南若羌的居住址中出土了不少雕木家具的残件（图23：a、b、c）。a是若羌的一所居住址发现的，b是若羌佛寺出土的，c是民丰的，与3世纪佉卢文书同出。a的时代较早些，具有浓厚的希腊罗马作风；b、 c两处时代较晚，其中的瓶花仍渊源于希腊、罗马，但果实的形式却是西亚所常见的果实。总之，它们都是直接、间接来自贵霜。贵霜艺术即是世界艺术史上有名的健驮逻艺术。过去因为它的主要艺术是佛教雕刻，表现技法是希腊的，而内容是印度的，所以又叫希腊印度艺术。

贵霜在东西文化交流中的一个重要事项，应是健驮逻艺术问题。健驮逻这个写法是《大唐西域记》的译法，《北史》写作"乾陁"，《洛阳迦蓝记》写作"乾陀罗"。《北史》根据魏收《魏书》。后两写法都出自北朝晚期（6世纪中叶），因为玄奘著作影响大，所以一般用《大唐西域记》的译法。盛唐和尚慧苑《新译华严经音义》卷三："乾陁是香；罗谓陀罗，此云遍也。言遍此国内多生香气之花，故名香积国。"慧苑是华严藏（名法藏，字贤首，因是华严的祖师之一，故曰华严藏）的弟子，法藏是康居人即撒马尔干一带的人（712年卒，年七十一）。慧苑的说法，大约是他老师故乡中亚一带的解释。健驮逻地区位于印度河中游，北抵阿姆河上游，中间东西横亘兴都库什山脉，即今巴基斯坦北部和阿富汗中部以东。贞元六年（790年）东归的悟空的《行记》中还提到这里叫健驮罗，可知这个地区叫健驮逻，至少到8世纪末还如此。从19世纪前期起，在这个地区的南部白沙瓦和拉瓦尔品第一带发现了不少有希腊特征的石雕。这个发现，使人们特别是研究美术史的人，都很关心这个特定的地区，当他们从《大唐西域记》中查到这个古地名后，就根据《大唐西域记》的记载，叫起了它的古代的名称了。这个地区，前3世纪时，是古波斯帝国的一个省，经亚历山大东征之后，归塞琉古王朝（条支）统治，前2世纪在巴克特利亚（大夏）范围内，贵霜盛时（公元1世纪中期—2世纪中期）是贵霜的中心地带，布路沙布逻和拉瓦尔品第是贵霜的两个政治中心，前者在今白沙瓦，后者在今拉瓦尔品第新城西北的塔克西拉。

佛教于前6—前5世纪在北印度兴起时，一直到公元1世纪，都严格遵照佛教的规定不能刻绘释迦本人的形象。前3世纪中期印度孔雀王朝阿育王时代，佛教传到印度河中游即健驮逻地区的南部时，也不制作佛像，但这个地区由于有悠久的希腊雕塑人像的传统，前面讲过亚历山大东征后，从西方带来了不少希腊人，近年在阿富汗埃伊哈努姆发现的那个希腊式的城址，就在健驮逻地区的北部。那座希腊式的城市大约延续到前2世纪以后，从城址发掘出不少希腊文铭刻和石雕，知道希腊艺术确实在这里流行起来，所以，最迟到1世纪中期，这里就违背了教规，制造出最早的一批释迦的形象（前面讲过的丘就却钱币上的释迦像也是在这时期发现的）。从白沙瓦和拉瓦尔品第的发现看，这里在2世纪初，即发展了佛传和佛本生的石雕，到2世纪中期迦腻色迦王大兴佛教时，这里又进一步创造出专门为礼拜、供奉的单独的释迦石像。二次世界大战前在白沙瓦东南郊发掘一座大塔址，经考证此址即迦王所建历史上有名的"百丈浮图"，《洛阳迦蓝记》《北史》叫雀离浮图的遗址（这个塔影响很大，许多地点修塔都起名叫雀离）。该塔基方形，每面长87米（图24），每面正中凸出"抱厦"状的建筑。在塔基中心部位发现了铜舍利盒（图25），这个盒因为有迦王铭刻，所以它的时间可以肯定在2世纪中期，盒上的纹饰很值得注意：盒身外壁一匝锤鍱出的人们捧抬着宽厚的花绳作供养的形象。这种形象也见于白沙瓦所出的石雕，看来这个题材是健驮逻艺术所常见，有些健驮逻艺术的研究者认为健驮逻艺术不仅沿袭以前的希腊的技艺，甚至还有罗马因素，即举此为例。同样的花绳供养还见于上一次我们所讲的建于3世纪的新疆米兰佛塔壁画中。壁画画在佛塔内围绕中心柱的

图24　白沙瓦大塔（雀离浮图）平面
图25　白沙瓦大塔址发现的铜舍利盒

圆形礼拜道外壁面上，它的位置和舍利盒外壁一匝上花绳的位置很接近，塔也是藏舍利的，内容和位置的相同和接近，显然不是偶然的巧合，米兰的壁画，应该是贵霜—健驮逻艺术影响所及的结果。还值得注意的是，盒身花绳上面作禅定相的坐佛形象和盒顶上的作说法相的坐佛形象。佛像位置、跌坐姿态、通肩服饰和简单的头光都和内地3、4世纪附着在器物上的佛像极为相似，特别和发现在南方的接近。长江下游南京、绍兴一带，吴、西晋墓（3—4世纪初）中常出有一种特殊的陶罐，这种陶罐有的是上塑楼阁的"魂瓶"，有的是盘口宽肩扁体的罐，里面都装有粮食，所以又叫它作"谷仓罐"，这种罐的外壁贴塑出与上述舍利盒外壁那种禅定坐佛很相似的佛像，四川彭山所出3世纪的"摇钱树座"上所塑说法坐佛与盒顶的佛像很相似。"魂瓶""谷仓罐""摇钱树"这类器物，都与当时的神仙信仰分不开，在那类器物上出现的佛像，显然也是把佛作为神仙的一种来看待的。对佛像的看法是东方的，但其形象是从西方新输入的。输入的路线应该是经由新疆、中原而到南方的。因为当时从贵霜来洛阳的僧人，在汉末战乱时就有移居江南的，所以它的渊源应该是贵霜—健驮逻。

3世纪贵霜开始衰落，30年代萨珊波斯沙布尔一世侵入贵霜，贵霜分裂成一些小国。这时中印度笈多王朝兴起，也向原来贵霜范围发展。4世纪末后贵霜在健驮逻地区复兴，又名寄多罗贵霜（即《洛阳迦蓝记》所记的乾陀罗国）。大约即在后贵霜复兴前后，健驮逻艺术在较长时期受到笈多的影响，而发展了轻纱透体式的雕塑，特别是泥塑的发展对东方有很大影响。关于后贵霜和后期的健驮逻艺术已属下阶段的内容了。

4．安息、大秦和东方交往的遗迹

班超在新疆的时期，对中西文化交流的贡献，还有一件值得注意的事是97年派甘英使大秦（罗马）。甘英穿过贵霜领域到了帕提亚（安息），再穿过安息领域到达安息西部。《后汉书·西域传》记："和帝永元九年（97年），都护班超遣甘英使大秦，抵条支，临大海。欲渡，而安息西界船人谓英曰：海水广大，往来者逢善风三月乃得渡，若遇迟风亦有二岁者，故入海人皆赍三岁粮；海中善使人思土恋慕，数有死亡者。英闻之，乃止。"条支即塞琉古王朝，王朝最后的领土只剩下地中海东岸的叙利亚省，前64年为罗马所并。甘英所到的条支，是该地的旧地名，其位置应是地中海东岸，安息船人所说渡海需要的时间，应是指从地中海东岸到达罗马帝国首都罗马的路程所需要的时间。由于甘英的行程，东汉人对安息和罗马的了解比西汉时期深入多了。

过去相传在甘肃临夏（古河州，兰州西南）、河南洛阳、安徽寿县、湖南长沙都曾发现铜或铅质、径约6.5厘米的一面凸起的饼状物，上面好像是龙纹的浮雕，下面周匝一圈希腊字母的铭记。近年，在西安汉长安城和扶风、甘泉灵台都发现了这种遗物。长安城发现的是铜质的，扶风发现的是铅质的，这两次是出在汉文化层中，扶风发现的还和汉瓦片、五铢钱同出，这样，它们的时代，可以据此确定在汉代。有人推测这种饼状物是安息的遗物（安息当时多游牧民族，不居城市），安息的城市仍然是塞琉古王朝留下的希腊系统的人聚居的地方，商业也都操纵在这批人手中，所以遗物上著有希腊字母的铭记。这个考证如果不误，它不仅证明当时已有安息器物传入我国，而且分布的地点还相当广泛。这一点也许和东汉魏晋人非常欣赏安息的杂伎有关联。

四川成都东汉墓所出画像砖、沂南画像石墓和内蒙古和林格尔东汉墓壁画中都有一种叠案倒立的游戏，这种游戏，十六国南北朝的文献中把它叫作"安息五案"（见4世纪陆翙《邺中记》和6世纪梁元帝的《纂要》），可知是由安息传来的。沂南画像石墓中刻画的游戏种类很多，还有一种东汉人叫作"都卢寻橦"的游戏。橦是长竿，寻橦就是一个人举竿，几个童子在竿子上做动作。都卢两字有人认为是安息西界一个商业城市（特拉，Doura-Europos）的译音，但也可理解作动作迅速的意思。沂南画像石上的都卢寻橦，掌握竿子的人多髯长毛。这种多髯长毛之人，在沂南画像石的游戏部分出现很多，他显然不是东方的民族，而是雅利安系统的人民，很有可能就是安息地区的人民的形象。

1936—1945年，法国人在阿富汗喀布尔东北的伯格拉姆（Begram）发掘了一处1—3世纪的城址，城址位于帕尔万盆地，北依兴都库什山脉南麓，东北行即抵我国新疆塔什库尔干塔吉克县境。据考证伯格拉姆应是《大唐西域记》所记的贵霜都城之一的迦毕试遗址，城址出土了许多外地的器物，其中最重要的是大量罗马的大小各种玻璃容器，也发现了中国的漆盘、耳杯，这就和文献记录如潘尼《琉璃碗赋》"览方贡之彼珍，玮兹碗之独奇，济流沙之绝险，越葱岭之峻危，其由来也阻远"等记录3世纪迄4世纪初西晋上层人物珍喜的玻璃器并成为他们斗富器物的记载联系起来。前几年辽宁北票发现十六国北燕（409—436年）贵族冯素弗墓出土了5件质薄透明闪耀着绿色的玻璃器，其中就有和伯格拉姆发现的海豚形水注极为相似的一件长21厘米、腹径5.2厘米的玻璃"鸭形容器"（图26），冯墓的时间虽然较晚了一点（冯卒于415年），但这件很薄的鸭形容器，应是典型的罗马吹制的玻璃器无疑。辽宁北票的位置远在东北，罗马玻璃器的传来，可能是从中亚经中原转手过来的，也有可能是从当时与北燕有亲戚关系的北方游牧民族柔然运入，总之两地路途遥远，可能是罗马的玻璃器在东北发现较晚的原因。

西与大秦（罗马）交往，海路开通较早，前面讲的前2世纪汉武帝时已西通黄支，1世纪中期希腊人写的《厄立特利亚海周航记》又

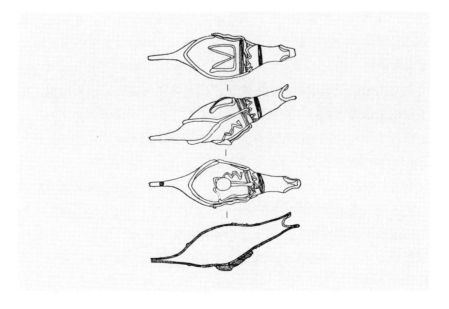

图26　冯素弗墓发现玻璃鸭型容器

记录了从西到印度支那半岛的航线，这东西两条航线合起来，实际就东西通航了。不过正式通航的明确记录，却出现在1世纪中期。《后汉书·西域传》："桓帝延熹九年（166年）大秦王安敦遣使自日南徼外献象牙、犀角、瑇瑁，始乃一通焉。"日南即越南顺化附近。这个大秦王安敦即是罗马史上的安敦尼皇帝（138—161年），或是马可·奥里略·安敦尼皇帝（161—180年），后者就是曾想继续亚历山大事业并在165年派遣军队东抵波斯湾的那个罗马皇帝。所以来汉的使节，有可能出自马可·奥里略·安敦尼本人，也有可能出自这个安敦尼派出东征的将领。另外从这条海路沿线的考古发现看，也可以证实当时东西通航的这个事实。

印度半岛南部沿岸和斯里兰卡许多地点，都发现了1—2世纪的罗马货币和同时期的罗马釉陶器。泰国湄南河口吞武里发现了罗马货币、罗马青铜灯，同出的还有印度的佛像。罗马青铜灯当时很有名，流布很广。吞武里还发现了我国的玉带钩和一件玻璃带钩。更值得注意的是，在越南南部金瓯角北迪石湾中部岸上的奥高（Oc-eo）地方（参看图14），19世纪40年代，法国人曾发掘了一处3—6世纪扶南时期的海港遗址，遗址所在现已离海岸25公里，发现有砖石建筑和木构的两层的干栏式建筑遗迹。遗址中出土了不少金制和锡制的装饰品，有指环、臂钏、耳环和多种佩饰，还有多种矿物质和玻璃的珠饰。还有金和锡的小型雕像，像的容貌，有印度人和西亚人。锡制品数量很多，除上述各种装饰品外，还有男女铸像，同出有锡铸的耳环所使用的砂岩模。这说明锡制品是当地铸造的。这里距盛产锡的缅甸、云南都很近，当地发现了铸锡工艺并不奇怪。锡制品中有不少印章和带有文字的长方形带耳的小札片，小札片记有文字，文字使用的是印度流行的婆罗迷字母，字母所记录的语言也是印度的一种方言。经过译读，札片上的文字有"珍贵品""注意"之类的词句，看来，有些类似今天系在货物包裹上的"飞子"性质的标记牌。这些文字资料，说明这处遗址可能与印度商人关系密切。还出了一些铜佛像，南印度式的较多，也有中亚健驮逻式的，还有类似我国南北朝的鎏金佛、菩萨铜像。其中，南印度式立佛像与我国武昌一座262年吴墓中发现的一件带饰，其上镂空雕出一个袒上身的立佛像很相似。还出了三件我国铜镜的残片：一是东汉流行的规矩四神镜，一是东汉三国流行的八凤镜，另一件花纹已不清晰。也出了不少罗马器物，有玻璃器、青铜油灯和罗马货币。货币有安敦尼十五年即152年铸造的金币和马可·奥里略·安敦尼时（161—180年）铸的金币。奥高的出土物，说明了这个地点它在当时东西航线上具有重要的地位，也很清楚这里是一处中国、罗马间的中继站。安敦尼金币的发现，恰好可和上引《后汉书》的记载联系起来。两个安敦尼的时期正是罗马帝国的盛世，当时出现了中国大秦间的直接交往，从这个遗址的发现可以得到有力的旁证。

大约由于海道交通的发展，我国丝和丝织品运到大秦的数量更多了。近年在靠近地中海东岸巴尔米拉和它东北幼发拉底河上游一带，公元1—3世纪的古墓中，都曾发现丝织品。巴尔米拉和它东北幼发拉底河上游一带，原都位于当时罗马和安息交界地区，2—3世纪并入了罗马帝国版图。巴尔米拉当时是丝绸之路西端的商业城市，所以那里发现的丝织品数量多、质量高，据发表的资料，有菱纹对兽绮、织出汉文字的锦，还有绣品，可以代表当时中原丝织高水平的三类品种，都在这里出现了。这，确实可以证明这个时期丝绸之路的繁荣。三国魏鱼豢在3世纪中期所撰的《魏略》中记："大秦……常利得中国丝，释以为胡绫。"这是说，罗马这时已经用中国运去的丝，自己织造丝织品了。所以4世纪罗马人记载，丝织品在以前贵族才能制衣，现在一般人也可以穿了。这话可能确实夸大，但说明了大秦输入中国丝和丝织品的数量，必然比以前大大增多了。

海路贸易的繁荣，还可从西方和印度洋一带运来的琥珀、玳瑁、玻璃得到说明。琥珀制的饰品和玳瑁制的用具，在东汉墓中发现得很多。南方的东汉墓发现得更多。

这时我们南方的铅玻璃工艺发展得也很快，不仅发现的数量多了，品种也大大增加，新的品种有耳珰和作为葬具用的蝉和豚等。这种铅玻璃工艺的来源已作过推测，但这时烧制技术上如透明度的加强、颜色复杂化等，这些大约还是不断受到西方——主要是大秦的影响的结果。我们的烧制铅玻璃的技艺，有迹象表明这时已东传到朝鲜和日本，日本弥生中期墓中出现了玻璃勾玉（图27），勾玉是朝鲜南部和日本特有的一种装饰品。北九州福冈须玖遗址还发现了勾玉铸型。福冈八幡市的古坟中还发现一件厚12厘米绿色半透明的小片玻璃，有人主张它不是器物，是从我国运去的铅玻璃原料。

和以前一样，我国已经制作出铅玻璃，并不等于不进口更高级的玻璃器。南京石门坎一座砖室墓曾出有残碗片，从它的形制上看有可能是从海道传入的西方制品。更清楚的是南京象山东晋大族王氏墓群中的M7发现的玻璃器。两件圜底直筒形玻璃杯，高10.4厘米，黄白色，下部外壁磨出一圈长圆形的装饰（图28）。从阿富汗伯格拉姆和二次世界大战以后在伊朗吉兰地区的发现，可以推测这两件玻璃杯不是罗马的产品，就是伊朗的仿制品。另外，这个墓还同出有金刚指环（图29）。金刚石是斯里兰卡、印度、伊朗的特产。M7虽然没有绝对年代，但这个墓群发现的墓志的时间在341—348年之间，这座墓的发现，不仅表明了东晋上层士族的奢侈，也说明了4世纪中西海路的发展。

1962年，日本奈良新泽千塚的M126出土了一批玻璃器。1977年出版了报告。从报告中知道，这批玻璃器和过去日本出土的玻璃器不同。一件淡绿色的外壁磨出圆形装饰的圜底玻璃碗、一件深蓝色饰以金彩的小盘，还出了嵌金箔的玻璃珠和黄黑两色的玻璃珠。这批玻璃器经过化验也证明了是西方的钠玻璃。当时，日本王室和我国的南朝联系很多，这批罗马系统的玻璃器应是从我们南方转运过去的。最后一例的时间已到了东晋南朝，为了上下联系方便，就在这里提前介绍了。

图27　日本玻璃勾玉

图28　南京象山王氏墓发现的玻璃杯

图29　南京象山王氏墓发现的金刚指环

东汉时期由于中亚地区贵霜的兴起，东方和西方安息、罗马在陆路上的往来，较多地通过在贵霜控制下的月氏人和索格底人（粟特人）的东西活动。东汉和地贵霜的关系，长期驻节在新疆的班超起了重要作用。佛教、佛教艺术开始向东传，安息人、月氏人都做出了贡献。这个时期东西通过海路的交往增多了，所以再迟一点，罗马的物品才能通过我国南方，传到更遥远的日本。在工艺技术交流问题上，也有了进一步的发展，东方玻璃制品的进步和西方对丝织技术的初步掌握，是比较显著的两个事例。

五　东晋南北朝时期（4世纪初—6世纪）
　　（1980年稿）

　　从公元前2世纪中期起，即从汉武帝时张骞凿空以后，中西文化交流进入了一个新的时代。东西的直接接触和中亚出现的康居—粟特（索格底）商人的作用日益加强；此外，海运业逐渐繁荣起来。以上情况逐步发展了约500年，一个更新的隋唐时代出现了，这个更新的时代在东方比汉还盛。东晋南北朝这一段也可以说是从汉魏向隋唐过渡的时期。

　　东晋偏处南方，北方和中原是十六国的领域。东晋十六国之后是南北朝。南北朝一段从东晋亡、南朝刘宋建国的420年算起，这时北朝的北魏已灭了南燕，又灭了夏，统一了黄河流域。北魏主要统治集团是北方少数民族拓跋鲜卑，当时（5世纪中期）黄河流域及其以北的广大地区，已被北方、西方的少数民族入驻了一百多年，在这一百年间，有三种情况值得注意：第一，北方的鲜卑，西方的羯、氐、羌和分散在西北的匈奴、小月氏诸民族，大都和中亚一带雅利安系统的民族有往还。第二，在这一百年里，许多在今甘肃、宁夏一带建立的地方政权，由于政治、经济等原因，更有意识地保持着向西方的通道，文献记载凉州（武威）敦煌一带在4—5世纪时，都集居了不少中亚的商人。第三，佛教趁内地混乱大肆传播，佛教主要是从西方输入的宗教。宗教也是文化的一个重要项目。另外，任何宗教都不是简单地凭借口头宣传，都要有一套表现宣传的形式，并且还要力图具有较高的艺术性，因此随佛教的东传，一些西方艺术，也愈来愈给东方以更大的影响。

　　北魏在5世纪中期承继了上述三种情况，而他的统治集团中的主要

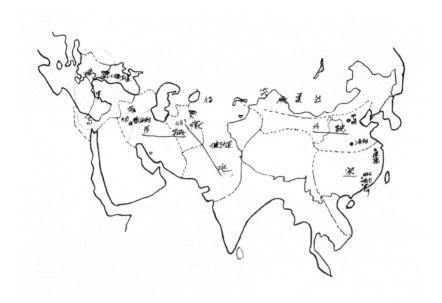

图30 东晋南北[朝]
时期亚洲政治形势

部分——拓跋鲜卑,既没有汉族那样的"汉魏传统",又因为和中亚游牧民族同属游牧经济,生活习俗有着较多的接近之处,所以他们在中西文化交流上,不仅没有阻力,而且还起了促进推动的作用。这种情况不仅贯穿在整个北魏,并且贯穿整个北朝。以后隋唐时期,在中西文化交流方面之所以又出现了新的高潮,就是在这样的历史条件下产生的。

这时,中亚、西亚的政治形势是:从东到西纵列着嚈哒、萨珊波斯和东罗马(图30)。

公元300年左右,在中亚曾煊赫一时的贵霜开始衰弱了,贵霜西北新兴的嚈哒人四五世纪向南发展,5世纪初灭了贵霜,在贵霜王朝的范围内建立了嚈哒国,并把势力伸向葱岭以东,到达今天的新疆中部。嚈哒是北朝的叫法,南朝叫它作滑国。滑应是嚈哒的合读。西方史料叫它白匈奴。大约是匈奴和雅利安系统的混种。嚈哒的出现我们可以联系到以前讲的匈奴的西迁,他应和匈奴西迁过程中留居在中亚北部的后裔有关。嚈哒人以游牧为生,但他统治了广大的中亚和新疆中部的各个农耕和畜牧的国家和民族,其中包括了以前所说的阿姆河流域的索格底人即康居—粟特(东伊兰语支),这时我国史书多用粟特这个名词。嚈哒盛时向南一直到印度河口。567年嚈哒为萨珊波斯和突厥的联军所灭。

嚈哒以西是萨珊波斯。萨珊是226年灭了安息而建立的。它的范围西边包括了两河流域今伊拉克地区,北边在西部超过了高加索,东边到达了阿姆河,东边包括今阿富汗的大半部,是西亚的大国。萨珊波斯立国时间很长,从226年一直到642年,为阿剌伯(大食)所灭。

萨珊西邻罗马。395年罗马分裂为东西以后,地中海东岸和巴尔干半岛是东罗马的领域,首都在君士坦丁堡,即今土耳其首都伊斯坦布尔。这个地方是古希腊移民都市拜占庭的旧址,所以西方历史又把东罗马叫作拜占庭帝国,我国历史还沿用旧名,叫它作大秦。东罗马延续的时间更长,一直苟延残喘到15世纪中期,1453年为土耳其人所灭。

东晋、南北朝时期东西文化交流,具体的对象就是上述这三大政治区域。

1. 粟特人东来和中原发现的西方文物

从汉通西域以来,粟特人在中西文化交流中所起的作用愈来愈大。上面讲过,公元初长安、洛阳一带的汉族上层人物,对被称为贾胡者就已经很熟悉了。三国时期月氏康居人已有的杂居于凉州地区。本世纪初,斯坦因在敦煌西边的一处遗址中曾盗掘去8件在淡黄色薄麻纸上书写的粟特文文书,这8件文书,过去一直估计它的时间是1世纪的,经过近年研究知道它的时间要晚一些,有人认为是西晋末永嘉之乱后不久所书写,也有人认为北魏末年河阴之变(528年)后,分裂为东西魏时的遗物。看来前一说法可能更正确些。前一说法的时间应是311—312年。这8件文书是居住在敦煌的一位粟特妇女写给她撒马尔干(康国)娘家的一封信,这封信中记载着,在大的战乱中,京城洛阳宫殿被焚毁,从长安到洛阳以东都遭到匈奴的掠夺,在长安及其周围的人都被赶走了,在洛阳的印度人、粟特人都饿死了。在敦煌居住的一百名上层撒马尔干人都还平安。这封信,看来是这个妇女托西归的同乡带回家乡的。遗憾的是,未离敦煌多远,就发生了意外,把她这封万金家信遗留下来了。也正因为当时出了意外,才能有近代的发现。这封信是现知粟特文资料中最早的一件。撒马尔干(康)是粟特人的中心,从信中可知,4世纪初东来的粟特人更多了,他们从河西一带一直分布到洛阳甚至洛阳以东,居住在敦煌的上层粟特人居然有一百名之多,上层粟特人当然都还带来一些奴婢和佣人,有人估计敦煌当时可能集居了好几百粟特人。信中还记姑臧(凉州)的粟特人也不少。

凉州是河西政治、经济、文化的中心,永嘉之乱大批中原人士跑到了这里,西方商人集居到这里,是毫不足怪的。十六国初期(4世纪初)割据凉州的张轨的孙子张骏(史称前凉)346年死在凉州,文献记载他的墓中就曾发现"琉璃榼",这应该是西方运来的器物。《北史·西域传》记粟特国商人"多诣凉土贩货,及魏克姑臧(凉州)悉见虏。文成初(452年),粟特王遣使请赎人。诏听焉"。魏克姑臧在439年,当时有较多的粟特商人被北魏俘虏,掳到北魏的都城平城(今大同)。

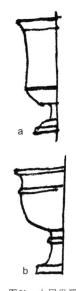

图31 大同发现高足鎏金铜杯(a、

平城在5世纪时多中亚商人,所以1970年在大同南部发现了具有浓厚西亚甚至东罗马风格的以葡萄纹为主的高足鎏金铜杯(图31:a、b)。当时平城一带的中亚人中,据文献记载有来自撒马尔干的富商,也有能制玻璃的传为大月氏的商人,《北史》记:"太武时(424—452年)其国(大月氏)人商贩京师,自云铸石为五色玻璃,于是采矿山中,于京师铸之,既成,光泽乃美于西方来者……自此国中琉璃遂贱,人不复珍之。"这段记录很重要,是西方玻璃技术传入我国的最早的明确记录。《北史》记的大月氏商人,应是指大月氏地区的商人,大约也是粟特人。粟特人的玻璃技术是从萨珊学来的。4世纪中叶,萨珊战胜东罗马时,曾从东罗马俘虏不少工匠,其中应包括玻璃匠师,近年,在伊朗吉兰一带的4世纪以后的遗迹中发现不少萨珊烧制的玻璃器。北魏烧制的玻璃器什么样?河北定县发现481年埋葬在舍利石函中的大小玻璃器和521年景县封魔奴墓,还有6世纪中期景县祖氏墓所出的玻璃碗(图32:a),制作比较粗糙、原始,大约即是当时北魏的制品。另外,南朝鲜庆州5—6世纪的新罗王族墓(瑞凤冢)所出的玻璃碗和景县所出极为相似,看来,应是通过高句丽由北魏传

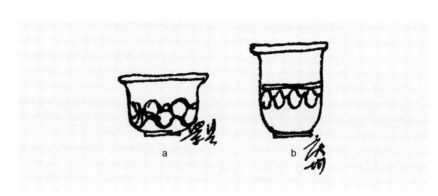

32 景县(a)和国庆州发现的玻璃碗(b)

去的（图32：b）。

3—4世纪之际，中亚贵霜王朝瓦解了，位处它西北的嚈哒兴起。嚈哒人游牧为生，文化水平低，它占据中亚广大地区之后，重用粟特人，《梁书·诸夷·西北诸戎传》记"(滑国)无文字……与旁国通，则使旁国胡为胡书，羊皮为纸"，《通典》也记了这段文字，但"旁国"两字作"国中"。此国中胡和胡书，即是粟特人和粟特文字。由此可知，粟特人在嚈哒统治时期，成了游牧的嚈哒人的知识分子，并且还参与了嚈哒的对外事务。粟特人在嚈哒东北的高车（丁零）地区（从阿尔泰山与伊犁河流域）也得到高车统治者的信任，《北史》记488年高车王向北魏平城派出的使者就是一个"商胡"，这个商胡从当时的情况推测，应当也是粟特人。6世纪突厥兴起在阿尔泰山地区，不久西并高车，东亡柔然。突厥强盛初期粟特又取得了突厥上层的信任，568年，西突厥就曾派粟特人作为使者和东罗马联系。545年，西魏宇文泰（北周文帝）遣酒泉胡安诺槃陀使突厥，这件事同时也反映了居住于酒泉的粟特人也得到了西魏北周统治者的信任。从中亚到东方，在4—6世纪这个阶段，粟特商人或者是所谓"商胡"，他们不论在政治上、经济上都具有了较特殊的地位，因此，他们的活动就更加频繁了。他们频繁活动在葱岭以东所存下来的遗迹，除了上面已经说过的内容以外，我们归纳出以下三项：西方货币和它在东方的流通、西方乐舞的流行、西方器物和新出现的纹饰。

西方货币和它在东方的流通 西方货币在东方发现主要是萨珊银

币和东罗马金币。萨珊银币出现较早，数量也多。1950、1955年新疆吐鲁番高昌城址发现两批银币，其时间都是309—388年所铸。看来在四五世纪之际萨珊银币就到了新疆地区。1964年定县481年所建塔基里出土了萨珊银币41枚，中有一枚438—457年所铸的边缘刻有嚈哒文字，说明这时萨珊银币有的是经由嚈哒地区传来的。459—484年所铸的萨珊银币在新疆以东发现最多，西宁城内窖藏所出76枚都是这个时期的，定县塔基41枚中有37枚是这个时期的。这应和北魏从435年起不断向西方遣使和455—522年间波斯遣使来北魏多达11次有关系。遣使的背后就是商业交换，商业交换甚至一部分使节在内都离不开东西往还的粟特商人。但也有晚一点如呼和浩特西北可能是白道城遗址发现了531—579年所铸的萨珊银币，白道城是六镇的后方基地，6世纪时，那里居住了不少较高级的拓跋军官，他们生活腐化，他们集居的地点可以作为五六世纪从河套地区西经居延北转通往中亚路线上的要邑这个事实的证据。

和萨珊银币相比，东罗马金币发现的数量就很少了，唯一可以推测是5世纪传来的是呼和浩特西郊发现的一座砖墓出土的457—474年所铸的金币，该墓随葬了一件银杯，与大同南郊出土的银杯（图31：b型）颇为相似。新疆的发现都是6—7世纪所铸的，501—540年河北赞皇李希宗夫妇墓虽然出了408—450年所铸的金币两枚，但也出了一枚527年所铸的，而墓的时代清楚地告诉了我们，它们是在6世纪中期遗迹中出土的。银币和金币在内地发现，最初并不是作流通的货币，而是作为贵金属来收藏的，定县舍利盒里的藏品是作为供养的，李希宗夫妇墓的金币还有的在上面上下对称地钻了一对小孔，更说明它是钉缀在衣物上的饰品。大约到了6世纪中期，西北地区敦煌所出的一卷531年写的经卷后记记："以银钱三千文为赎钱，一千文赎身及妻子，一千文赎奴婢，一千文赎六畜，入法之钱，即用写经。"可见敦煌流通银币最迟6世纪的30年代就开始了。《周书·高昌传》记"（高昌）赋税则计输银钱"，北周的年代是557—580年，可证6世纪中期新疆高昌地区银币已成了法币。《隋书·食货志》还说："北周之初……河西诸郡或用西域金银之钱，而官不禁。"这样，从6世纪中期今甘肃西部也流通了金银币。文献所记的银币即是萨珊银币，金币就是东罗马金币。

从当时这两种货币在国外的发现看，萨珊波斯以西、以北和海路沿线，东罗马金币发现数量多于萨珊银币，而从萨珊波斯以东，银币占绝对优势。我们可举一例：19世纪英国人在阿富汗贾拉勒阿巴德发掘了一座6世纪的塔址，出土的舍利盒中东罗马金币出了5枚（408—474年），而银币则出了202枚（488—531年）。东方和西方东罗马的往还必须通过萨珊的转手，从这两种当时流通在丝绸之路上的国际货币的情况就可以清楚了。而这两种货币在丝绸之路上主要却又不是他们两地（东罗马和萨珊的）人民直接使用，因为他们的经商本领都远远比不上中亚的粟特人，所以估计都是或者大部分是经粟特人转手的。

西方乐舞的流行　6世纪粟特人到黄河流域的不仅是经商的商人，还有许多擅长乐舞的艺术家。文献记载北齐（550—577年）末年有何、史等姓的粟特人能歌善舞，在北齐当了大官，甚至开府封王。胡人歌舞在当时上层极为流行。不仅北齐，北周也是如此。粟特人的歌舞中，以弹琵琶、吹横笛伴奏的胡腾舞最盛行，所以北齐墓葬中常发现印有这种歌舞图像的扁壶（如河南安阳武平六年〔575年〕范粹墓）（图33：a）。抗战前，北齐都城邺城附近（今河北临漳县）曾出土浮雕画像石椁一具，其主要内容是一个出行行列和一个宴舞的场面。出行和宴舞的人物都是高鼻深目的中亚人，乐舞的内容正和上述扁壶图像相同，是琵琶、横笛伴奏的胡腾舞。这具石椁的主人，应当即是在北齐显赫一时的粟特人大官，不过因为是盗掘出来的，已无法考查他的姓名了。

西方器物和新出现的纹饰　大批以粟特人为主的中亚、西亚人长期居住在黄河流域，他们有钱有势，因此他们从中亚带来的和黄河流域迥然不同的生活习俗，就不能不在黄河流域留下踪迹。上述歌舞是一例。他们喜爱的联珠纹、植物纹图案装饰也在中原地区出现，特别是植物纹从5世纪末几乎代替了汉魏以来的云纹，这反映在北魏和北齐、北周的石窟艺术上最为清楚。中亚西亚上层流行使用的金银器皿和装饰品，也在黄河流域有所发现，540—576年赞皇李希宗夫妇墓出土了锤鍱出水波莲花纹样的银碗和镶嵌青金石的金戒指都是西方的输入品。戒指上镶嵌的青金石上雕刻出驯鹿的纹样，驯鹿是中亚中部以北游牧民族惯用的装饰题材。青金石是青蓝色石头上带有金点，是少见的一种宝石，这时的金银铜器中多嵌有青金石。青金石使用量急剧增多，反映了葱岭东西交换的频繁。西亚、中亚金银器的纹饰喜欢用锤鍱的技法，使纹饰凸凹清晰，有立体感。这种新技法当时给中原很大影响，当时不少烧制瓷器的工匠，把它移植到瓷器上去，前面说过的胡腾扁壶上的图像就是仿造金属器上的锤鍱技法制作出来的（图33：a）。景县封氏、祖氏墓出土的青瓷莲花大尊纹饰繁缛（图33：b）更是仿金属器上的锤鍱效果的巨制。540年景县高雅墓出土的螭把瓷壶（图34：a）和过去伊朗北部出土的螭把银壶极为相似（图34：b），这更给中原瓷器上这种新型装饰的来源提供了直接证物。山西祁县北齐天统二年（566年）韩裔墓所出青绿釉螭柄鸡首壶（图34：c），更是把上述的螭把壶和我国自西晋以来的天鸡壶结合起来了。由上我们可以得出，我国陶瓷工艺在6世纪发展的源于金属器的锤鍱技法与造型，是这时期中西文化交流的成果之一，它将在以后的隋唐有更进一步的发展。

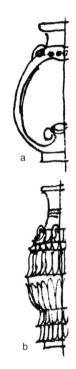

图33 安阳范粹墓发现锤鍱胡腾舞纹饰的扁壶（a）和景县封氏、祖氏墓发现的大尊（b）

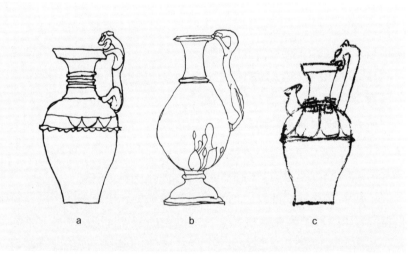

图34 景县高雅墓发现的瓷壶（a）、伊朗出土的银壶（b）和祁县韩裔墓发现的青绿釉鸡首壶（c）

2．我国石窟艺术中的西方因素

这个题可能专门一点，我尽量多作些解释。

前面讲过和石窟艺术关系密切的健驮逻艺术，我国前期石窟遗迹大都是属于这一时期的，所以我们在这里简单概述一下石窟艺术的西方因素问题。

健驮逻艺术主要是石雕，塑像是4世纪中叶以后才发展起来的。如果以这个作为分期界线也是可以的。前期希腊因素重，晚期已受到中印度笈多（笈多王朝320—540年）艺术和萨珊艺术（226—642年）的影响。

新疆和甘肃一带没有适合于雕刻的岩石，所以那里的石窟都是塑像、壁画。从塑像为主这一点看来，它的开始不会早至4世纪中叶以前。还值得注意的是这个地区石窟塑像的发展，从单身到成组合到连背景形象都使用堆塑（影塑）的做法，可见塑像技术发展很快。而这种塑出复杂的组合和背景形象，更是健驮逻地区已经到了5世纪中期左右的情况了。也就在这个时期，中印度的笈多王朝（395—490年盛世，前秦—迁洛前）兴盛起来，笈多艺术的影响更深入到葱岭东西，新疆石窟出现的附着在肉体上的弧形平行线的衣纹，所谓薄纱透体的衣纹，那正是笈多艺术的特征。甘肃石窟可以敦煌为例。在敦煌早期石窟中，除了上述新疆的西方因素之外，那里看到模仿健驮逻石雕的凸起衣纹和阶梯式衣纹。较早地出现了流行抹角叠砌的套斗式的萨珊藻井。还出现了印度多头多臂的护法神像。敦煌多方面吸收西方因素，看来不一定都从新疆转手而来，从3世纪以来凉州（敦煌属凉州）一带和西方关系密切这点来考虑，很有可能有相当一部分是逐渐直接从葱岭以西传来的。凉州附近石窟残存太少了，但山西云冈石窟和凉州关系密切，云冈石窟混合西方因素的情况，不仅可说明云冈情况，大约也可以作为凉州石窟情况的补充。

云冈石窟一般分三期，一期大约是在460—465年之间，第二期是465—494年，三期是493—524年。第一期的绝对年代虽然可考虑开始于460年，但它代表的时代，起码应包括十六国后期即5世纪初期。

这一期云冈的代表作，大型佛像窟渊源于巴米扬大佛窟，巴米扬大佛窟是晚期健驮逻艺术的作品，所以既有凸起衣纹、阶梯衣纹，还有贴体密密的平行线衣纹。第二期是云冈西方因素最复杂的时期，有各种柱头，希腊、波斯、印度的柱头（图35），有罗马流行的三叉矛，罗马、萨珊流行的双翼冠饰（出现在银币上以俾路支〔459—484年〕为最早，图36），还有印度的护法神像（多头臂，骑牛、雀）。更值得注意的是图案纹饰。云冈第一期的图案纹饰不多，只是在佛的上衣的上沿出现了联珠和侧视的葡萄叶所组成的花纹带。这种侧视的葡萄叶日本人叫它忍冬，我们接受过来了，一直这么叫，其实它的正视是葡萄的叶子。葡萄，中原地区不生产，新疆地区也是从葱岭以西移植过来的。地中海沿岸和西亚是它的原产地，所以地中海东部沿岸使用忍冬最早，希腊公元前就使用了。忍冬作为纹样，云冈第一期曾有出现，但作为建筑物上的装饰花边出现在第二期。第二期纹样的题材有两种：一种是莲瓣（图37），另一种即是上述的忍冬；后一种发展很快，从第一期衣饰上的排比式到连续式的忍冬，又发展到缠枝式的忍冬，更进而发展到杂有人物禽兽的缠枝忍冬（图38）。此后，整个北朝一直到隋和唐初，忍冬亦即侧视的葡萄叶，始终都是最流行的边饰花纹。

3. 蚕丝技术的西传和外销丝织品的发现

养蚕缫丝技术比较复杂，要包括养育蚕、植桑和缫治，因此，尽管西方羡慕东方的丝织品，但蚕丝技术却不易传播。不易传播是因为工艺复杂，并不是有些西方人所夸大的中国人保守秘密禁止外传。工艺尽管复杂，大约很早就传到了新疆，斯坦因在民丰盗掘的3世纪遗址中就出现了大批枯死的桑树，看来3世纪蚕桑技术已传到和田是可靠的。蚕桑技术西传，和田是一个中继站。四五世纪时新疆已有好多地点生产织锦了。吐鲁番出土的十六国和稍后的文书中有"丘慈锦""高昌所作丘慈锦""疏勒锦"的记录。520年前后，从西亚回到洛阳的慧生说，康国出锦，520年滑国遣使南朝的梁，贡献波斯锦，可见6世纪初期粟特人和波斯人都能织锦。织锦不一定会养蚕植桑，

图35　大同云冈第二期石窟雕刻有西方因素的各种柱头

图36　大同云冈第10窟门神所著冠饰　　　　图37　大同云冈第二期石窟中的莲瓣装饰带

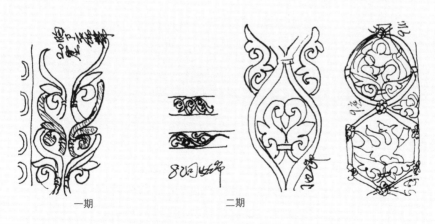

一期　　　　　　　　　二期

图38　大同云冈石窟忍冬纹由简单向繁缛发展

也可以用东方运来的原料（丝）。但6世纪东罗马人记查士丁在任时（527—565年），有波斯人把蚕桑技术传到君士坦丁堡。这个记录，至少可以证实，当时波斯人是掌握了东方的蚕丝技术的。看来，最迟6世纪以前东方的蚕丝技术已越过了葱岭，应该是不会有什么问题的。中亚、西亚掌握了蚕丝技术之后，在他们传统的毛织技术的基础上，很快就发展了起来，一种使用织毛锦的技法——毛织技术的技法即在纬线上起花的丝织品——纬锦出现了。这种中亚或西亚织造的纬锦，虽然质量不高，但纹饰特殊，最初大约是随粟特人的东来传到新疆及其以东，不久也引起了葱岭以东各族人民的重视。吐鲁番6世纪中期的墓葬M303中出土的联珠对禽对兽锦，和陕西三原开皇二年（582年）李和墓石棺上线雕的联珠野猪纹和人面纹，即是西方的输入品或是摹自西方输入的织锦纹样（图39）。

图39 三原李和石棺上的联珠野猪纹（a）和人面纹（b）

　　和玻璃工艺传入我国后的情况相同，蚕桑技术西传后，并不等于排斥了东方丝织品的向西输出。波斯、罗马人虽然掌握了蚕丝技术，仍然喜欢中国的产品，因为和他们的产品比，中国丝织品精细，不仅可以织出复杂的花纹，而且有薄有厚，有斜纹、皱纹，品种繁多，所以中国的丝织品仍然是重要的输出品。考古发现还表明，6世纪输出的丝织品中，还出现了大批专门向西方销售的外销品。这种外销品，目前虽然还未在葱岭以西发现，但在新疆吐鲁番古墓中出土了不少。从6世纪中期的吐鲁番墓中，开始出现一种和魏晋时期花纹不同的织锦。魏晋还延续着汉锦二方连续的山云鸟兽的纹样，6世纪中期出现了没有山云背景也没有鸟兽等动物的树纹锦。大约在6世纪末之际又出现了四方连续的围绕一圈圆点、内置对禽对兽的新纹样。这种一圈圆点的纹样，《北齐书》中有记载叫"联珠"。用联珠圈作装饰，过去简单地认为是萨珊的特征，其实自6世纪起东自新疆的库车，向西到粟特人居住区阿姆、锡尔两河之间，阿富汗、伊朗迄北高加索一带都流行。近年苏联在撒马尔干的遗址中，发现一批7—8世纪的联珠圈纹的丝织品，上有用粟特文写的生产这种织品的地点是"旙达那西"（Zandana村）或译赞丹纳村生产的"赞丹尼奇"（Zandaniji）。这个地点在阿姆河中游的布哈拉（即安国）附近。布哈拉也是一个很大的仅次于撒马尔干的粟特人集中的地点，那里生产丝织品到现在还很盛。因此，有人推测这种联珠圈纹恐怕是粟特人的传统纹样，如果此说可靠，我们这时开始织造的联珠纹锦，就很可能出自在我国经商的粟特人的影响了。粟特人外运我国的丝织品，他们为了在中亚、西亚一带，特别是他们故乡一带畅销，要求织造他们喜欢的纹饰，是完全可以理解的。这种联珠圈纹锦，圈中还有织出"胡王"铭记的胡人牵驼纹样、胡人对饮纹样，很显然就是为了外销而生产的。值得注意的还有织出萨珊贵族服装的猎狮纹样。狮子是当时萨珊贵族非常喜欢的打猎对象，因此，萨珊时期波斯贵族也非常喜欢这样的纹样，看来，这种纹样主要是为萨珊贵族们织造的。总之，6世纪内地生产了多种多样的外销丝织品，它形象地表明了丝绸之路上我国这种传统商品的外运，并未因为蚕丝技术的外传而有所减弱，反而由于织出了西方喜欢的纹饰而扩大了外销。这种联珠圈纹样的织锦在敦煌莫高窟壁画中出现是7世纪初，大约是大业年间的420窟中绘出的花样最为复杂，武则天晚期的洞窟就成了尾声（—702年），8世纪初以后就只是偶然出现的题材了。

4．纸开始西传的问题

纸的发明是东方对世界文化做出的另一重大贡献。考古发现证明西安灞桥出土麻纸的时间是公元前2世纪的西汉初期。东汉时造纸术已有很大提高，前面讲过斯坦因在敦煌西边盗掘去的用粟特文书写寄往撒马尔干的信，可能是在311—312年间用八张淡黄色的薄纸书写的。这八纸信件，当时虽然没有捎到撒马尔干，但可以估计这类事不可能是仅有一次，因为前面讲到3世纪粟特人东西往来已很频繁，居住在自敦煌以东的粟特人也有一定的数量，起码他们和中亚老家的书信往来不可能太少，而这时东方纸的使用已是比较平常的事了。这些，我们还只是推测。现在我们进一步统计一下敦煌以西新疆地区使用纸的时间和使用情况：

a．若羌东北罗布泊（罗布卓尔）西楼兰遗址，这里在三四世纪时是西域长史治所所在地，曾出土了好几批古纸，都是作为书写公私文书用的，其中有纪年的是从曹魏嘉平四年（252年）到西晋永嘉六年（312年）。另有一批古纸，其中至少有三份是在346年左右西域长史写给焉耆王的信稿。若羌楼兰遗址的发现，清楚地告诉我们3世纪中期到4世纪中期，这里的公私文书已使用了纸。这里也出了不少木简和木牍，可知这里当时纸和木简是并用的。

b. 吐鲁番高昌及其附近遗址，是汉以来戊己校尉的驻地。有人在这里找到有东晋隆安三年（399年）纪年的纸，附近石窟和佛塔中出了不少3—6世纪书写的纸卷佛经，其中最早的纪年是西晋元康六年（296年），也出了不少这个时期的非佛经的纸卷书籍。大约从3世纪以来，吐鲁番地带就集居了不少汉族人，因此这里4世纪以来的墓葬中出了不少用纸写的汉文文书和它的残件，所以可以据此推测最晚4世纪吐鲁番地区已应用了纸。

c. 库车曾发现西凉建初七年（411年）纸卷写经。这卷经尽管还证明不了是否是在库车书写的，但也没有证据可以否定。如果可以推测是书写在库车，那么最迟5世纪初，纸已出现在库车了。库车已经到了新疆中部偏西。

d. 从库车往西，在今喀什西南的莎车，过去有人在这里购得一些用婆罗迷直体字母书写的纸本残卷，据字体估计时间约在公元500年以后，大约是6世纪的遗物。这样6世纪纸已经传到葱岭的东麓了。

上面我们列举的一系列发现，它的时间顺序，大体符合自东向西逐渐传播的路线。三四世纪在若羌，4世纪在吐鲁番，5世纪到库车，6世纪到莎车。这就是说，到南北朝晚期，新疆地区使用纸至少已有三百年的历史了。这三百年也是东西往还发展的三百年，至少从东向西托人带书信，用纸是要比木牍、羊皮都方便得多，所以我们认为，4—6世纪东方发明的纸已传过了葱岭，应该是没有什么问题的。

5. 南方发现的有关遗物

东晋南朝和西方的交通，陆路上由于北朝的中阻，是通过吐谷浑今青海地区进入四川，然后顺江东下，山川阻隔很不方便。所以在文化交流方面主要是通过海路。当时有不少佛教徒和商人泛海来到广州、建康（今南京），有的还溯江而上到达长江中游。南方发现的有关遗物，大约和这些佛教徒和商人都有关系，后者的关系可能更大些。

和商人有关的器物，货币是重要的一项。广东的英德、曲江的南朝墓中都发现了萨珊银币。这两个地点，都是在广州北上的大道上，那里发现的波斯银币，显然是从广州传来的。《隋书·食货志》："梁初……交广之域，全以金银为货。"波斯银币在这里，应是作为金银使用的，所以曲江墓发现的9枚银币，都被剪成了残片，说明当时使用时不是以枚为单位而是以重量计算的。这一点和西北地区使用的方式不同。

卫护佛法的狮子，捧持供养物品的飞天，还有化生、宝珠等与佛教有联系的图像，莲花、忍冬等西方的纹饰，在南方的考古发现里都是从南朝砖墓中开始流行的，这可能是由于南方佛教石窟很少，当时修建的佛教寺院都已不存在了的缘故。莲花、狮子的图像在南朝墓葬中出现，大约从刘宋时期的5世纪20年代就开始了，南京油坊村墓可作代表。上述的其他内容出现较迟，大约到了齐梁时期，即五六世纪之间。河南邓县画像砖墓和江苏丹阳、常州发现的南朝墓可作为晚期的代表。常州南朝墓可能更晚到梁后期，画像砖中出现了一种新的装饰组合，即忍冬、莲花插到较低矮的盘口瓶、罐里，这种"瓶花"（图40）在北朝，也是北朝晚期石窟中才开始出现的。东方因为室内席地而坐，无桌椅之设，所以没有瓶花摆设这种传统。但这种瓶花，公元前后就在地中海东岸和西亚流行了，在我国出现最早的是以前讲过在新疆民丰发现的大约是3世纪的木雕中。它向东发展，看来是作为供奉佛像而伴随佛教艺术传来的。南朝墓葬往往把供奉佛的题材和装饰，借用到供奉墓主人，所以这种"瓶花"也在墓砖中出现了。当然出现在墓砖中的时间，比它的开始使用要晚一段时间。

南朝都城今南京附近的梁朝陵墓前都布置一对或两对高大的神道石柱，这种神道石柱，是在我们华表的基础上发展出来的，东汉时期中原的墓葬前面就出现了，但柱上饰以覆莲石盖，盖上蹲踞石狮的做法，则不是我们的传统。这种做法源于西方，它首先见于古波斯帝国，

40　常州南朝墓像砖上的瓶花

后来在印度的建筑群中很流行，印度孔雀王朝阿育王于前250年左右在各地建立的纪念石柱和梁神道石柱极为类似。阿育王纪念石柱很多是为提倡佛教而建立的，南朝出现这种石柱装饰又正是提倡佛教的梁朝，这不能是偶合，估计也是和佛教艺术的东传有联系的。前面说了，佛教徒认为狮子是护卫佛法的，神道石柱顶饰以狮子应是和把护卫佛的东西借用到护卫墓主人方面这一情况是相同的。

南朝和朝鲜南部、日本的关系密切，许多西方的因素随中朝、中日文化交流传播到朝鲜和日本。

1971年韩国锦江口的公州，5世纪时是百济的都城所在，发现了百济国王武宁王夫妇墓，1974年出版了发掘报告。墓内出土的墓志上记："宁东大将军百济斯麻王……乙巳年（525年）……安厝。"武宁王的官职是梁封赠的，这件事见于《梁书》。该墓墓室是长方形的砖室，砖上印有莲花忍冬纹，这些源于西方的纹饰当然是从梁学去的。值得注意的是王妃金冠饰以镂雕出的"瓶花"，它的形象和上述常州墓砖上的大体相似。

1962年，日本奈良新泽千塚的M126出土了一批玻璃器。1977年出版了报告。从报告中知道这批玻璃器和过去日本出的玻璃器不同。一件淡绿色的外壁磨出小圆形的圜底玻璃碗（图41），一件深蓝色饰以金彩的小盘，还出了嵌金花的玻璃珠和黄黑两色的玻璃珠。这批玻璃器不仅器形、装饰与中国制品不同，经过化验证明了它是西方生产的属于罗马传统的钠玻璃。另外以前日本冲之岛、京都、大阪都发现了外壁磨出较大的圆形装饰的厚壁玻璃器（碗及其残片）。这种玻璃质量很好，与前面所讲封氏墓、瑞凤塚所出不同，但也和前面所讲千塚所出的罗马传统的玻璃器有别。过去不知道它是什么地方烧制的。二次世界大战后，伊朗考古发展了，在伊朗北部吉兰地方发现了大批这类玻璃器，因而知道日本发现的这种玻璃器是萨珊的产品。日本这些玻璃器，罗马传统也好，萨珊制品也好，它们传到日本，当然是要经过我国，从当时日本和南朝关系密切的情况估计，很有可能是从南朝东去的。这一阶段的玻璃器，特别是典型的萨珊玻璃器，目前我国国内发现得很少（鄂城吴晋墓、新疆喀什都未发现）。日本的发现也可以

图41 日本奈良新发现的玻璃碗

补足这一方面的缺乏。同时西方的玻璃器这时期较多地出现在日本，如大阪传安闲天皇陵出土的玻璃盘、京都市北区上贺茂神社境内发现的玻璃盘片、福冈县宗像郡大岛村冲之岛祭祀遗址出土的玻璃盘等，也反映了这时东西文化交流不仅频繁了，而且领域也扩大了。

东晋南北朝时期中西文化交流又比东汉魏晋有了进一步的发展。陆海两方面，中西直接接触更频繁了。在中亚，文化发展较高的粟特人大批东来，不仅把中亚、西亚的文明带到了东方，而且还传播了罗马和印度的文化。烧制玻璃的工艺和高度发展的佛教艺术，是东传来的两项重要的技艺。蚕丝技术的西传，这时也逐渐明确了。大约从4世纪起，内地的纸张，已在新疆地区较广泛地使用，新疆使用了纸，大约也意味着，这种既方便又经济的新的书写用具，有可能已成为一种新的输出品，出现在丝绸之路上了。海路和陆路同样也在迅速发展，西亚、印度许多装饰纹样，在南朝墓葬中较普遍地被使用。文献记载在这个时期，印度商船有的竟驶入长江，远抵江陵港口，这件事也可以作为一项中西海路交通的重要参考资料。正是由于陆海两路东西往还的日益频繁，因而才能出现下一时期隋唐中西文化交流的大发展。

六　隋唐五代时期（7—10世纪）
（1980年稿）

隋唐时期葱岭以西的历史背景，我们从中亚、西亚部分叙述。这里先讲中亚，后面在第3和第8两个子目再讲西亚。

6世纪中叶分布在我国西北阿尔泰山一带的游牧民族突厥兴盛起来，先向东于552年颠覆了柔然，拓地到河套以东与东西魏暨后来的北周、北齐为邻，567年又在西边联合了萨珊波斯灭掉了嚈哒。接着突厥人向南侵占到阿姆河以南，囊括了全部中亚。这时，突厥的势力比过去的匈奴、嚈哒都要强大。583年（隋开皇三年），主要由于突厥统治阶级的内讧分裂为东西。以阿尔泰山为界，以东为东突厥，以西为西突厥。从6世纪中期到7世纪中期有一个世纪之久，中亚为突厥统治。善于经商的粟特人，又被突厥所重视。粟特人在突厥做大官，作为突厥的使臣往来于突厥和波斯、东罗马、隋唐之间。他们的文字被突厥所借用，西突厥货币中就使用了粟特文。粟特人在突厥的地位，甚至比在北齐还要高。657年唐灭西突厥，西突厥的领地全部进入了唐的疆域，到了661年，唐在于阗以西迄原萨珊波斯东北界，设置了二十多个都督府，先都属于安西大都护府管辖，后来又设北庭，分别进行管理。一直到751年（唐天宝十载）怛逻斯之役，安西四镇节度使高仙芝为大食击败之后，唐势力逐渐退缩到葱岭以东。从7世纪中叶到8世纪中叶，有一个世纪的时间，中亚直接划归中原的唐政权统治之下。这时粟特地区，唐人多叫它作昭武九姓。"昭武"，粟特语是"王"的意思，昭武九姓就是九个王国。九个王也就是说粟特地区主要有九个政权。这九个政权分布在锡尔、阿姆两河的中下游。有七个地址大体明确，即康、安、曹、石、米、何、史，另两个穆、火寻，今地不详。昭武九姓的人到中原,一般都以政权的名称为姓,这个做法由上一阶段五六世纪就如此了,甚至有的可以早到二三世纪,不过到了隋唐就更加明确了。由于包括粟特地区在内属于突厥的领地,唐代盛时,都在唐的疆域内,所以和中原的关系非常密切,现在把这个地区(主要是中亚)属于这个时期的考古发现,简括为两个子目:第一是粟特以东的突厥地区的发现和碎叶城遗址;第二个是粟特地区即昭武九姓的遗迹。

1. 粟特以东的突厥地区的发现和碎叶城遗址

突厥人大约也和以前的匈奴人一样,对内地的铜镜非常感兴趣。从叶尼塞河上游米努辛斯克一带开始,经鄂毕河上游到额尔齐斯河的突厥遗址和墓葬中,多有出土。从早期的秦王镜(图42)、大约武则天晚期流行的海兽葡萄镜到开元年间出现的八菱花鸟镜,都有发现。其中海兽葡萄镜的数量最多。突厥墓葬的情况,可以突厥中部鄂毕河上游库迪尔格的积石墓葬为例,这是一批6—7世纪的小型石墓群,每座墓尸体近旁大多有一匹马具齐全的马匹随葬,随葬品还有铁箭头、箭筒、匕首和剑,有货币、铜镜和多种丝织品。货币有中原的货币,也有突厥人仿照中原方孔圆钱的样式铸造的货币,即所谓的突骑施钱。突骑施是西突厥东部的一个部落,唐灭西突厥后,归北庭都护府管辖,7世纪末该部落势力强大,虽受唐封号(唐封突骑施部长乌质勒为怀德郡王),但实际已恢复并继承了当年的西突厥的情况。突骑施钱即7世纪末以后这个地区自己所铸的货币——正面铸出"开元通宝"或粟特文,背面铸出一张弓。这群墓葬告诉我们这里的突厥人一方面一直保持着他们的游牧经济,同时也在发展着商业,贸易的对象从货币的情况可以估计重点是向中原的。游牧生活变化不大,那么发展交换就必然要依靠受他们所统治的粟特人了,所以它的货币上有的铸出粟特文。

西突厥—突骑施时代,以吹河和锡尔河之间为大牙(衙)地区,以伊犁河流域为小牙地区。大牙小牙是他们统治集团的两处重要的

42 西伯利亚突厥遗迹出土的秦王镜(附镜铭录文:"赏秦王镜,判不惜金,非关欲照胆,是自明心")

188 考古发现与中西文化交流

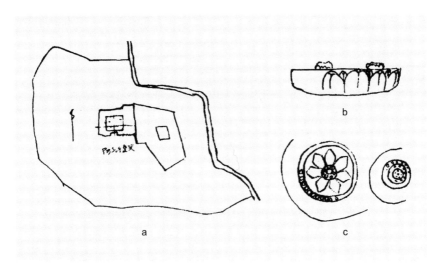

图43 吉尔吉斯坦阿克彼兴古城址（碎叶城址）平面（a）和所出残石像座（b）、瓦当（c）

活动区。前者以千泉（今苏联哈萨克共和国江布尔北）为中心，后者以弓月（今新疆伊宁附近）为中心。突厥相信粟特人，所以从伊犁河到吹河这片地区内，大约从6世纪起就建立起粟特人的居住点了。据1970年代初的统计，仅吹河流域就发现了6—10世纪粟特建立的城镇遗址18处。这18处遗址有很多都发现了中原的遗物。这里重点介绍的是阿克彼兴（AK-Beshim）古城址。

城址位于吉尔吉斯共和国首府伏龙芝与托克马克之间，在托克马克西南8公里，已大体确定它即是著名的碎叶城址。城系土坯垒砌，扁方形，东西约750米，南北约550米，城周约8～9公里。城内有十字街（图43）。在十字街北侧的发掘知道这里文化层大致可分四层。最下是5—6世纪遗迹。最上层是9—10世纪遗迹。中间两层包含物最丰富，可以考虑绝对年代的器物有7世纪开元通宝和东罗马于611—641年和641—668年铸造的货币，7—8世纪的突骑施钱和8世纪的乾元重宝、大历通宝。生产生活用具发现了铁犁和各种陶器，有壶，有盘，还有玻璃器的残片。此外，土坯墙中出有大麦秸，灰坑中出有小麦粒，还出了杏核和手磨。看来，此城在7—8世纪最为繁盛。碎叶这座城，最初是粟特人居住点，6世纪中叶起成了突厥统治下的粟特城镇，7世纪中唐灭西突厥，679年（唐高宗调露元年）安息都护王方翼重筑碎叶城,《新唐书·王方翼传》:"方翼筑碎叶城,面三门,迂回多趣(曲),以诡出入,五旬毕,西域胡纵观,莫测其方略,悉献珍货。"大约过了二十年,即699年左右为突骑施所占。739年(开元二十七年)北庭都护盖嘉运进驻碎叶,在城内建了一个大云寺。748年(天宝七载)北庭节度使王正见又进驻碎叶。751年(天宝十载)怛逻斯之役后,又为突骑施所据。碎叶的考古发掘证实了以上的文献记载。王方翼所建的城,即是在粟特人城镇的基础上修建的。城内设十字街,这是中亚以前所未见的,我们知道,隋唐中原州城的一般规划是这样。一面三门的情况不清楚。但这个新规划的城市在中亚出现,必然引起粟特人的注视,所以这个阶段在中亚修筑的城市中就流行了这样的布局,这大约是中原都市设计影响到了粟特人地区。城内发现的佛寺址二,其一应即是文献记载中的大云寺。大云寺在内地是武则天载初元年(690年)下令开始兴建的,它的特点是主要佛像中安排了弥勒。弥勒在这时的特点是倚坐,即垂双脚坐式(图44:b)。这座佛寺遗迹长约80米,宽约22米(图44:a),有前后殿,后殿中间左右各置一高4米的佛像,左侧出了一个垂足佛座知道是弥勒,右侧则当是释迦坐像。这样的布局和洛阳龙门石窟武则天时期开凿的双洞很接近(图44:c)。我国一垂足、

44 阿克彼兴古城址内佛寺(大云寺)平面(a)、唐代寺院中的弥勒佛倚坐像(b)和洛阳龙门石窟双窟平面(c)

一坐成组的佛像，只见于七八世纪的中原地区，其他地点和其他时期都没有这种布局。因此，我们认为碎叶这个佛寺遗址即是大云寺。遗址出土了不少莲花瓦当（参见图43：c）和七八世纪各地的货币，前者莲花瓦当说明内地的建筑用材和使用铺瓦顶的建筑形式在这里出现了；后者货币说明在七八世纪碎叶城不仅是中亚的政治中心，也是一个商业繁荣的城市。各种货币还告诉我们，碎叶正是和文献记载的情况相同，七八世纪和内地的关系非常密切。唐代共铸了五种铜钱（另外两种乾封、建中钱），这里出了三种。乾元、大历两种，更说明怛逻斯之役后，这里和内地还有较多的联系，起码是商业上的联系。货币中数量最多的是正面铸有粟特文、背面铸出一张弓的突骑施钱，另外，还有一种正面铸"开元通宝"，背面铸一张弓，这种钱，也是突骑施钱，其时间比上一种为早。唐的力量逐渐缩小，稍后突骑施铸钱就废了后一种货币。尽管如此，还是沿用了唐钱内方外圆的形式。7世纪末突骑施强盛之后，以碎叶为大牙所在地，8世纪中期，碎叶城内虽然又驻扎唐兵，但突骑施仍然游牧在碎叶川，所以碎叶城出土货币以突骑施钱为最多。七八世纪唐在碎叶的力量不是孤立的，碎叶西怛逻斯之役时高仙芝所驻的怛逻斯城7世纪时也是繁荣的城市。该城址略作方形，450×420米，十字街，北端有子城，这显然也是一座在隋唐州城布局影响之下兴建的。碎叶和怛逻斯两城之间还有一个小城，库兰，约200米见方，也是一个十字街布局，这个库兰城大概就是《新唐书·突厥传》所记的740年（开元二十八年）西突厥最后一个可汗阿史那昕被突骑施杀害于碎叶西的俱兰城。另外，碎叶城内还发现了12世纪的遗址，其中也有寺院废墟。12世纪辽灭亡时，辽皇室耶律大石带了一部分人马逃到中亚建西辽，它的都城也在这里，所以，这12世纪的遗迹应是西辽的遗迹。西辽建都这里时的名字叫八拉沙衮。

2．昭武九姓的遗迹

从怛逻斯以西锡尔河（药杀水）、阿姆河（乌浒水）两河流域是粟特人集住之地。这个地区古城址非常多，两水中下游之间有一条那密水

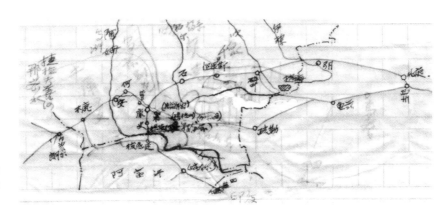

图45 昭武九姓的位置和东进中国的主要路线

即今捷拉夫善河，昭武九姓几个重要的都城都在这条河的两侧（图45）。

首先，我们介绍粟特最重要的地点——康国的都城，即上面屡次提到的撒马尔干的发现。古代的撒马尔干城址在今城的北郊，古城址现名阿弗拉西阿勃（Afrasiab）。遗址保存较好。这座城一直使用到13世纪初，1220年为成吉思汗军队所破坏。它开始的时间可能在前一千纪的中期，以后逐渐从北向南扩充，但在7世纪前期玄奘经过这里时，就是这个规模了。因为玄奘记载此城"周三十余里，极险固"，就和现存古城遗址的情况相符合。此城子城在北，共有三层外城。子城和三层外城都各有河流或城壕围绕。经过发掘知道，子城内布置了王宫和国家的行政机构，城东南有一块高地，这应是防御性的设施。第一层外城是贵族、上层人物的居住区和为他们服务的作坊。第二层外城是第一外城的扩大，大约在7世纪后期，这个区域可能因为位在城中便于防守，所以也在这里兴建了宫殿。第三层外城是手工业区和市场的所在。整个城内街道的布局，是中央大街为主干，左右设置放射式的斜街。中央大街的北端，古城的城门叫布哈拉门，是通向布哈拉即古代的安国的。东斜街通向的门叫中国门，康国和内地的往来，大约主要是走这个门（图46）。这个城中世纪文化层中出土了大量的器物，有8世纪的大型水磨，各种陶器和釉陶器。8—10世纪的遗址中较普遍的发现玻璃器，有高足杯、带耳的杯、长颈瓶和各种小瓶、各色玻璃珠饰等。还发现了一座制造玻璃的作坊，看来，当时这里使用玻璃器

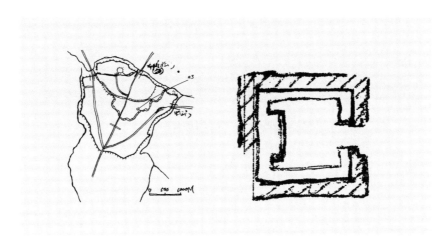

图46 乌兹别克斯坦撒马尔干阿弗拉西阿勃遗址（康国）平面

图47 阿弗拉西阿勃第二层外城内宫殿遗址北部方形殿址平面

已很普遍了。玄奘曾记此国"机巧之伎，特上诸国"，撒马尔干的手工艺至晚7世纪之前就具有较高的水平了。

1965—1967年，苏联乌兹别克斯坦共和国科学院考古队在上述的第二层外城内偏东处发掘了一处7世纪后半的宫殿遗址，发现了很重要的壁画，1975年，他们把壁画部分的报告发表了。从他们发表的情况看，此宫殿遗址的北部有一座向东开门、11米见方的方形殿堂（图47），殿堂上部已被8—12世纪的建筑物破坏了，残存高1.5—1.7米的四壁，四壁下部绕建低坛，西壁的低坛的正中部分向外凸出，这里大约是放置座位的所在。那里正对进口，因此我们知道迎门的西壁是此殿堂的主壁。主壁壁画内容是国王接见各国使臣的情景，据粟特文题记知国王的名字即是《新唐书》所记永徽时（650—655年）授以康居都督府都督的拂呼缦。国王画在正中，两侧立或坐着几排使臣。最下方南侧立着三个外国使臣都穿联珠纹锦袍，其中一人手持着联珠锦盒，大约是礼品，根据画中的题记知道这是怛密国的使臣。怛密国在康、史之南，从史国南行过铁门即是吐火罗的范围，当时的吐火罗大体相当于今阿富汗的范围，吐火罗最北一个割据单位即是怛密国，该国都城沿阿姆河，今名捷尔梅兹（Termez）。661年（龙朔元年）在此设置姑墨州都督府。西壁最下方的北侧的使臣，有三组，最前面的六个人，都着幞头，穿圆领衫袍，这应是唐朝的使者，使者前四人捧

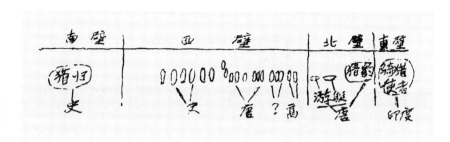

图48 阿弗拉西阿[卜]第二层外城内方形[殿]堂内壁画的布局

礼物，最后一人持笏立，应是唐使中的正使。唐使者后边的一组三个人，有的身披兽皮，国籍不详。最后一组两个人，头饰双羽，大约是高句丽的使臣。南壁、北壁的壁画，是西壁壁画的延续。南壁与西壁南侧相接，画的是怛密使节骑猎归来和康国官员出迎的情况。北壁与西壁北侧相接，画的是唐使骑马猎豹，更值得注意的是北壁西端壁画水中的两个游艇，前艇画着幞头的唐朝男子，后艇画九个梳高髻的唐朝妇女和一个戴幞头男装的唐朝妇女，她们有的持乐器，正中一女形象较大，衣饰华丽，是一个很有身份的女子。众多的唐朝妇女应与使臣无关，发掘者推测可能是来自唐朝的康国王室中的女眷。文献记载没有唐女嫁康王的事迹。东壁门两侧画有裸体射箭的童子、对坐人物和骑马使臣，发掘者推测这画的是在途中行走的印度使臣（图48）。

从此殿堂全部壁画的布局上看，壁画中强调了三个国家的使臣，即东方的唐、南邻的吐火罗和更东南的印度。在三个国家中，特别强调了唐使和唐朝人物的活动，这大约是因为康当时是唐的一个都督府，其国王接受了唐朝的封爵和唐代关系密切的缘故。总之，此处壁画的发现，既提供了唐与中亚关系的形象资料，又进一步明确了撒马尔干地区在中西文化交流史上的重要位置。

其次，介绍撒马尔干东南68公里的片治肯特（Pyanjikent）古城。这座古城根据《隋书》《新唐书》的记载，应是"西北去康百里"的米国。古城位于现在片城的东南郊，是8世纪大食入侵后废弃的。城分内外城（图49）。子城即内城在西南隅，应是王宫所在。外城围绕在子城的东部和北部。北部并列两所面东的拜火教寺院。都是中间建有四个柱子的大厅，厅后有长方形密室，厅前有柱廊和宽敞的方形庭院，

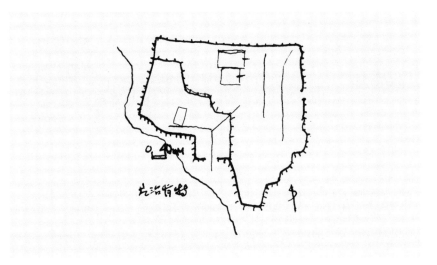

图49 片治肯特城（米国）平面

庭院四周的建筑物里都有壁画，壁画中主要题材是米国上层人物宗教活动的内容，还有一幅是剺面志哀的场面，这应是突厥人的风俗。外城东部是由许多的房屋群组成的贵族居住区，许多房屋是二层甚至三层的建筑。每一组房屋也都有一个具有四个柱子的正厅，正厅壁面都画出主人生活内容的壁画。壁画中有锤鍱纹饰的金银器、有联珠纹和类似毯纹的地毯，有织出四瓣小花和勾云纹的织物（图50）。上层男女都着圆领窄袖衫，这是粟特人服装，还有一种弯形的套着鞘的刀和马扎式的胡床。还有一幅玩骰子的场面。这些都可以和唐代上层流行的用具相比较。在古城址的发掘工作中发现了一些中原器物，有北周的布泉、唐的开元钱和海兽葡萄镜的残片，还有萨珊和粟特的货币。

图50 片治肯特城外城寺院遗址壁画中所绘织物上的四瓣小花与勾云纹饰

在片治肯特东约120公里的穆格山上，发现一座半圆形的城堡遗址。这座城堡出有陶器、木锄、大麦粒、桃杏核和苹果、葡萄皮，出有箭头、短剑鞘、刀子、皮面木盾，还有棉织、毛织和丝织的残衣片、革制品。出有金饰品和骰子，还出了1枚银币、2枚铜币。铜币方孔是摹仿内地铜钱的式样。发现了内地来的竹器和漆器。最重要的发现是81件文书：有71件是写在皮革上、木棒上和纸上的粟特文书，有写在皮革上的阿剌伯文文书和突厥文文书各1件，还有8张纸的汉字文件。粟特文书多是这个城堡的统治者的书信、账目和历书，书信中有和康国国王来往的信件。阿剌伯文文书是米国国王写给717—719年的大食统治者的信件。这个米国国王，据说就是因为反抗大食而逃到这个城堡里来的，结果，这个城堡还是被大食人攻破了，那个米国国王被俘遇害，这个城堡也就被破坏，沦为废墟了。

8件汉文文件，拼合成3件残文书，一件是地籍，一件是借券。地籍和借券上的人名都是汉人。另一件记有明确年代、地点，是神龙二年（706年）河西地方的公文残件。从后一文件推测，这3件汉文文书，与此地无关，是从河西地方带过来的。上述那件地籍背面写有粟特文。据粟特人利用汉文文书的旧纸和除汉文文书用纸外只有粟特文文书用纸这两点来推测，那3件汉文文书很可能是粟特人想利用其背面，因此它和一些没有使用过的纸一起被粟特人从东方带过来的。纸是中国的特产，西方文献记载中国制纸术的西传大约始于怛逻斯之役之后，由被俘的唐朝士兵传到中亚，在撒马尔干开始生产纸。这里发现的包括3件汉文文书在内的纸的文书，其年代在751年怛逻斯之役之前，至少要早二三十年，是现知葱岭以西发现最早的内地纸张。从以前讲述过的4世纪初居住在敦煌的粟特人写给撒马尔干的信到这里发现的8世纪初的纸，都是粟特人经手，因此，在纸的西传问题上，无可怀疑地又是粟特人起了重要作用。

从穆格山向东约80公里的加尔姆地方曾发现方形的海兽葡萄镜和有东罗马皇帝像的金印章和金制的人像，发现的情况不清楚，但可以估计，这还是粟特人的遗留。方形葡萄镜时间较早，大约在7世纪中晚期，东罗马皇帝像的印章可以和今天新疆和田、吐鲁番多出东罗马货币联系起来，也可和咸阳独孤罗墓所出565—578年所铸东罗马金币，西安何家村窖藏、西郊土门村墓中出土的610—641年所铸的东罗马金币联系起来，共同反映隋至盛唐以前粟特人和东罗马的往来关系比以前密切了，这和6世纪后期西突厥派粟特人出使东罗马，此后中亚和东罗马从里海以北的草原上直接往来的新情况是有关系的。

沿捷拉夫善河向北到邻近阿姆河的布哈拉一带，布哈拉即是昭武九姓的安国国都所在地。《新唐书·西域传》："安者一曰布豁，又曰捕喝……西濒乌浒河，治阿滥谧城。"布豁、捕喝和布哈拉都是译音，乌浒水即是阿姆河。安在昭武九姓中的力量仅次于康。阿滥谧城遗址在今布哈拉西，现名川华拉赫沙。古城东南隅有子城（图51）。子城内的7世纪的宫殿遗址，装饰华丽，有用白石膏雕塑的壁画，有雕塑人物、禽兽、树木，还有联珠纹的装饰带。这种石膏雕塑壁饰，是萨珊波斯宫廷中流行的做法。宫殿中央大厅的壁面装饰着彩绘壁画。大厅西壁绘出一幅狩猎的场面，一个猎者骑在象背上和两只豹子搏斗，很生动。豹是当时锡尔河、阿姆河流域常见的猛兽，前面讲撒马尔干壁画中就有唐使臣猎豹的场面。粟特人常捕豹仔驯练成猎豹。文献中有不少昭武九姓向唐贡豹的记载。开元十四年（726年）一年中安国就进贡了两次豹。中原狩猎唐时开始出现使用猎豹的情况，懿德太子墓第一天井的东壁绘有出猎时牵着驯豹的长须的西域胡人的形象，说不定就有安国人在内的粟特人的形象。

图51 布哈拉川华拉赫沙古城（安国）平面

3. 大食的兴起与大批粟特人、波斯人东来的遗迹

（参见本讲稿最后表五《东西方分区年代简表》，P.227）

上面我们已经讲到了阿刺伯人（大食人）的东侵。阿刺伯人的兴起是中亚、西亚的一件大事，也和中西文化交流有密切关系。为了进一步讲述隋唐时期的中西文化交流，有必要再简单追述一下当时的历史情况（图52）。

7世纪初，阿刺伯人穆罕默德（摩诃末）开创了伊斯兰教，在他的时代，他率领他的信徒征服了整个阿拉伯半岛，建立了阿刺伯伊斯兰神权国家。632年，穆罕默德死后，他的继承人自称哈里发（穆罕默德的继承者之意），首先攻占了地中海东岸东罗马的领地，接着向东进攻，637年攻占了萨珊都城泰西封（巴格达），萨珊伊斯提泽德三世（伊嗣侯）逃向伊朗高原，然后逃到中亚粟特人地区。652年死在木鹿（今苏联土库曼斯坦共和国的马里），萨珊波斯亡。661年阿刺伯建立了倭马亚朝（白衣大食），750年阿拔斯推翻了倭马亚朝建立阿拔斯朝（黑衣大食）。阿拔斯朝最初的一百年间（8世纪中叶—9世纪中叶），是阿拉伯帝国繁荣强盛的时期。9世纪中期以后，阿拔斯朝的阿

六 隋唐五代时期（7—10世纪） 197

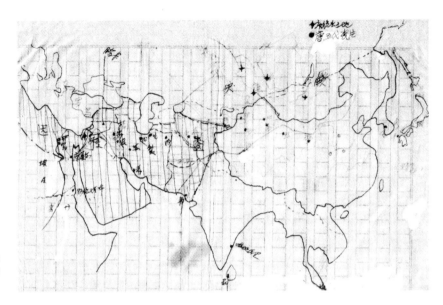

图52 大食范围示意（附著录唐镜、唐代瓷片出土地点）

拉伯帝国日益衰弱走向分裂。当7世纪中期萨珊波斯灭亡，阿拉伯向中亚扩充时，包括萨珊王室在内的大批波斯人和中亚的一部分粟特人被迫东逃。波斯人、粟特人和唐代的关系源远流长，最初他们都寄希望于唐，希望唐朝出兵帮助他们抵御大食（阿剌伯），但751年怛逻斯一战希望破灭之后，他们有不少就越过葱岭流亡到中国。流亡的数字是很大的，在唐代文献里我们常常看到西域胡、波斯胡的记载。前者主要是粟特人，但粟特人和波斯人都是深目高鼻的雅利安种，粟特人的语言属东伊兰语族，又与波斯语很接近，因此唐代的内地人很不容易分辨，往往相混，所以西域胡这个名词也包含波斯人。因为粟特人东来的时间很早了，早已形成用国家的名称作姓的习惯，因此，在文献上往往还可以分辨出来，但在遗迹遗物方面就不大容易了。因为从8世纪中叶起，粟特人、波斯人大批东来，来了以后又不好回去，特别是波斯人，就在内地安家立业了。留下来的人有的携带了家眷，没有携家眷的有不少就和中国内地各民族结了婚，带了家眷的后代也不能不和中国各民族通婚。粟特人向以经商为主，波斯人东来也有不少经营商业，这样，8—10世纪内地许多商业发达的城市都有他们的足迹。文化交流往往是和商业分不开的。加上波斯王族等上层人物和粟特人上层人物的东来，又带来了许多高级的奢侈用品和各种豪华的游艺，这些对唐代上层也是有一定影响的。现在我们就国内的考古发现，初步考察一下隋唐时期国内出现的中亚、西亚的影响。

这些人留下不少遗迹，有实物，也有各种当时的记录，现以吐鲁番、敦煌为重点，介绍一下所了解的情况。

4．吐鲁番—敦煌的发现

葱岭以东我国的新疆地区毗邻中亚，唐初在新疆的中部吐鲁番地区设置了西州，这是和内地完全相同的州县地方行政机构。它是唐代管理西方广大地区的后方基地，也是从西方进入内地的第一站。这里，很早就集居了不少中亚各族人民，当然主要是粟特人。从吐鲁番历年发现的各种粟特文书和汉文文书所记的昭武九姓的姓氏，可以知道隋唐以前移居到这里的粟特人数量已很不少。一件与高昌重光元年（620年）衣物疏共出的名簿，残存人名45人，全非汉族，以曹姓为主，还有安、何、康等粟特人。唐时就更多了，据这里发现的籍账知道他们已和汉族居民完全相同成为编户的百姓，有的务农，有的立军功而授勋，也有的文书中明确记录他们是兴贩的胡商，如一件开元二十九年（741年）的买卖文书中记有"兴胡安忽娑"和开元十九年（731年）卖婢券中"兴贩米禄山"。吐鲁番过去还出了一些粟特文的佛经，从语法和用语上可知大部分都是7—8世纪从汉文佛经翻译过去的。吐鲁番还出土了不少4—6世纪的波斯银币，但最多的还是7世纪的，特别是萨珊最末一代国王伊斯提泽德三世（伊嗣侯）632—651年所铸的银币，曾一再在吐鲁番阿斯塔那的墓葬中被发现（M302二枚，M363一枚）。也是在7世纪中期的阿斯塔那墓葬中，一种较粗松的联珠锦出土了不少，这种锦是在纬线上织出花纹的，花纹的内容主要是禽鸟，也有野猪头（图53）。这种锦织法与花纹都和内地产的不同。前几年，吐鲁番出土的文书中有"波斯锦"的记载，看来，它可能就是波斯所生产的。萨珊末年的货币和波斯锦出现在吐鲁番，应和萨珊亡国、波斯人东来是有关系的。吐鲁番初唐墓葬中发现最早不超过7世纪初的内地生产

图53 新疆阿斯塔那发现的波斯纬锦上的联珠野猪头纹饰

的织锦，也出现了在纬线上起花的技法，在纬线上起花的织锦是波斯、中亚一带源于毛织品的技法，内地织锦出现这种新织法，应当是在波斯、中亚织锦的影响下发生的。这种新织法，什么时候开始的呢？恰好在吐鲁番出有永徽四年（653年）墓志的墓中出土了两块同样花纹的织锦（联珠对马），而这两块织锦，一块是经线上起花，是内地的传统织法，一块是纬线上起花。这种情况，大约可以说明内地开始织造纬线上起花的纬锦的时代。而这个时代，也正是粟特人、波斯人开始大批东来的时期（652年萨珊亡）。

在吐鲁番南边和东边，隋、初唐时期，出现了两个粟特人的居住点，这是在敦煌发现的一卷光启元年（885年）张大庆抄写的地志残卷（S.367）上记录的：一处在吐鲁番南的若羌附近，是"贞观中（627—649年）康国大首领康艳典东来居此城（石城镇），胡人随之，因成聚落"。残卷还记这个聚落包括四座城：除上面的石城镇外，还有石城镇西240里的新城，石城镇北四里的蒲桃城和石城镇东南480里的萨毗城。残卷上说此四城都是康艳典所筑。另一处在吐鲁番东边的哈密附近"伊吾郡，隋乱复没于胡。贞观四年（630年）首领石万年率七城来降"，还记这里"祆庙中有素书（画）形象无数"。这个姓石的首领应是昭武九姓的石国人。石国即位于今塔什干。若羌、哈密位于吐鲁番通向内地的要冲，这两个要冲地都有相当多的粟特人的聚落，一个四座城，一个七座城。再向东就是有名的敦煌了。

本世纪初，敦煌藏经洞发现的卷子、文书中，有不少记录了敦煌附近居住的粟特人的情况，比前面讲的吐鲁番的情况更具体。我们现在回顾一下：4世纪初这里已有来自撒马尔干的居民。到了6世纪中期，从一件西魏大统十三年（547年）效谷郡的残文书中知道粟特人曹匹智拔、曹乌地拔等已在敦煌东北的效谷正式建立了户口，并且还有了土地。敦煌残卷中有一部《沙州都督府图经》（P.2005），大约著于7世纪末（武则天时期），书中记了两件值得注意的事：一是"兴胡泊……在州西北一百一十里，商胡从玉门关道，往还居止，因以为号"。从伊吾东南行先经敦煌西北一百十一里的一个水泊地方"往还居止"，因此把这个无名的水泊起了一个"兴胡泊"的名称，可见在7世纪末以前这里出现了一个商胡的居住点，当时商胡主要是粟特人。另一条"祆神，右在州东一里，立舍画神主，总有二十龛"。祆教是粟特人信奉的宗教，祆庙附近集居着粟特人。

敦煌还出了一卷10世纪的《归义军酒账》（P. 2629）中记"（七月）十日城东祆赛神，酒两瓮"。这个城东祆，大约即是上述的祆神。还出了一卷10世纪所写的《沙州敦煌二十咏》（P. 2748），其中有"安城祆咏"一题："板筑安城日，神祠与此兴，一州祈景祚，万类仰休征……更看零祭处，朝夕酒如绳。"看来这个安城祆，大约即是上面所记的城东祆。这首杂咏告诉我们不少重要情况：第一，在敦煌城东一里处集居的粟特人修了一座夯土城，修城的时间是"神祠与此兴"，知与祆神同时出现的，那么这个粟特土城最迟在7世纪末就存在了；第二，这里的粟特人可能以安国人为主，所以城名叫"安城"；第三，至少在作《沙州敦煌二十咏》的年代，即10世纪时，这座祆庙的影响很大，"一州祈景祚，万类仰休征"，不仅粟特人供奉它，万类可能包括汉人也很崇拜它，所以天旱时到这里祈雨，赛神时敦煌的统治者归义军还送来酒两瓮。祆庙影响大，实际也反映了这里的粟特人的实力。

粟特人在敦煌居住的情况，还可从藏经洞所出其他公私文书中看到，一件是天宝十三载（754年）敦煌县差科（徭役）簿（S. 543）记录：康、安、曹、何、石、史、米等粟特人约三百户，一千四百人。这些粟特人当时和汉人在政治上并没差别，他们当府兵（曹大庆弟引吐迦宁，卫士），有的还当了品官（康伏帝香是五品子），还有很多被授过勋（康胡子轻车〔都尉〕），甚至授到最高的勋（曹大庆，上柱国），这大约是由于军功而得到的酬劳。还有粟特人以白丁的身份负责管理市场（曹大宾，白丁，市监师），可见粟特人和商业的关系密切。一件818年的文书（S. 542背），记录了吐蕃占领时期在敦煌各佛寺服役的人的名单，不少史、曹、安、康、石、何等姓的粟特人和汉人同样为佛寺服劳役，他们服役的项目，除了常见的工役（修仓、看碓、营田、放羊）之外，还有煮酒、修佛、修函斗等需要技术的工艺。此外，还有注明他们职业的，如车头、酒户、毡匠等，做什么工作的都有了。一件后唐同光三年（925年）的沙州净土寺文书（P. 2049背）

单上,记录了向净土寺交借粮付利润的人名,其中属于昭武九姓的约占总人数的1/3(13∶47),可见在10世纪前半,这里不少粟特人还和汉人同样生活困苦,甚至有的要向寺院借贷,成为佛寺敲诈剥削的对象。

以上情况,如果和上面所说的10世纪的《沙州敦煌二十咏》安城袄咏所提供的材料合起来考虑,当时敦煌粟特人的数量之多、实力之大确实是值得惊异的。因此,敦煌藏经洞还出了不少粟特文文书,出了不少从汉文佛经翻译的粟特文佛经,其数量比前面讲过吐鲁番所出同类佛经多得多。粟特人喜欢的联珠纹装饰,也在7—8世纪的石窟壁画中出现,壁画中那种纹样甚至一直延续到9世纪。近年又在新发现的一批8世纪的绢幡中,发现用墨捺印的联珠对禽纹样,敦煌出现简易捺印的印染技法,而印染的内容是联珠纹,说明这种纹饰在敦煌是如何的流行了!

5. 长安、洛阳等地发现的与中亚、西亚有关的遗迹

中亚、西亚影响最集中的地点是当时的都城长安和洛阳及其附近。萨珊亡后,萨珊末代皇帝的儿子卑路斯二世携带家眷逃到长安,673年也死在长安。679年唐朝派裴行俭送他的儿子泥涅斯回国,泥涅斯在波斯边境上待了二十多年,待不下去了,景龙初(709年)又回到长安,后来也死在长安。萨珊皇室和唐代的这种关系,可以想象萨珊皇室贵族和随之而来的波斯人有不少集中在长安。西安及其附近唐代遗迹里出土不少波斯银币,有的出自墓葬,有的出自窖藏,也有的出自塔基。值得注意的都是萨珊末期的,有590—628年所铸,有630—631年所铸(651年萨珊亡)。出银币的那个窖藏位于西安城南何家村,相当于唐长安兴化坊的范围内,这个窖藏里还出了一件外壁饰以圆圈纹的白色透明玻璃碗(图54)。这种圆圈纹玻璃器萨珊晚期吉兰地方出土较多,估计应是那里的产品。这些萨珊器物在西安出现,看来不是偶然的情况,应和波斯人的流亡有关系。8—9世纪长安的统治阶层流行使用的金银器皿的制造,除了波斯、中亚一带习见的锤鍱、錾镂技艺之外,还出现了金花技法的装饰和从埃及传到波斯的掐丝珐琅技

图54 西安何家村唐窖藏中的玻璃碗

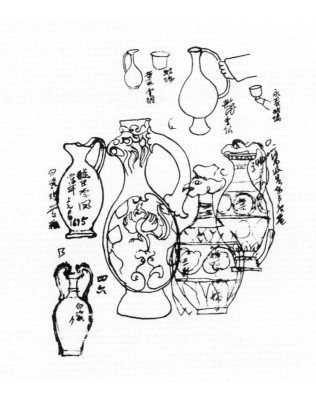

图55　陶瓷器仿金银器举例

艺。近年西安出现了好多批这类高级奢华的器皿,上述西安何家村窖藏是一批很集中的发现。由于金银器皿在上层流行,我国陶瓷工艺仿制金银器的作风更盛了。不仅纹饰上摹仿,有名的三彩就是想摹仿金器而出现的,新兴的白瓷工艺也出现了不少仿银器的器形。陶瓷器仿金银器的器类,主要有碗、杯、盘、盒和胡瓶(图55),这类仿制品常在西安咸阳一带的墓葬中发现。洛阳、太原和其他大城市附近的墓葬中也有发现。碗盘出现曲缘或菱花缘,杯有的有把,有的高足;带柄的胡瓶,造型变化很快,最后把不适用的柄废去了。太原发现的一件青瓷扁壶仿西亚的形象题材和锤鍱技法更为清楚(图56)。至于金银器在墓葬中发现很少,这是由于墓葬大都早年被盗过,金银器早就被盗走了,可是它的形象一直还保存在壁画中,如懿德、章怀太子墓壁画中的金银胡瓶。壁画中还发现了不少玻璃器,有的有高足,有的是圈底,这都是西方玻璃器的特征。在工艺方面,我国石刻的浮雕艺

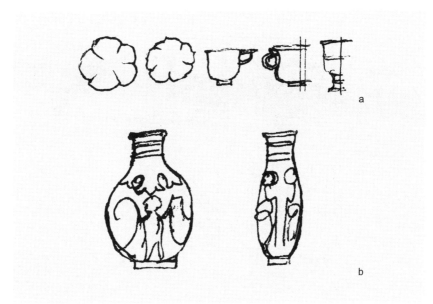

56　陶瓷碗（杯）
金银器造型的变
（a），仿西亚胡人
狮、象的青瓷扁壶

术一直是以平雕、浅浮雕为主的，但7世纪出现了不少水平很高的高浮雕，如有名的昭陵六骏，有人推测它是受了萨珊雕刻的启示，对照萨珊6世纪的高浮雕，特别是马的形象，不能不承认这个推测是有些道理的。"昭陵六骏"是我国马鬃剪三花的最早的实例，此后8—9世纪，三花、五花成为贵族间流行的马饰。这样装饰马鬃和唐陵石兽多雕出云样双翼的意匠，也都是渊源于萨珊波斯的。

　　萨珊和波斯的装饰图案，除了前述的联珠圈纹饰，在隋唐时期还流行一种复合的联珠圈，除了出现在纺织品上，7—8世纪长安洛阳敷地砖上也使用了联珠、忍冬、莲花所组成的花纹组合（图57：a），这种花纹组合是摹仿地毯效果的，而这种纹饰的地毯正是萨珊宫廷所流行的（图57：b）。除了联珠纹以外，6—7世纪就兴起了一种缠枝卷叶的植物纹，这种植物纹的母题有两种——一是石榴，一是葡萄，这都是西亚、中亚惯见的植物。这种花纹从7世纪起在内地很快流行起来，比过去联珠纹流行得更广泛、深入，几乎成了7—8世纪中原的主要花纹边饰，西安及其附近这时期雕饰的碑边、墓志边，好像毫无例外地都使用了这两种花纹（图58）。中亚、波斯的游艺，这时也在长安上

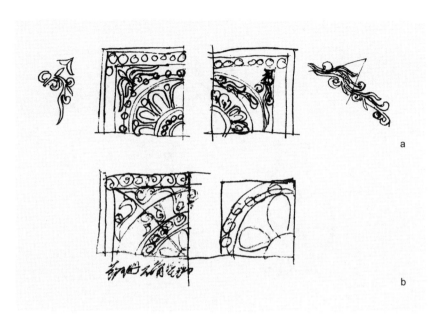

图57 西安、洛[阳]发现敷地砖(a)[与]波斯宫廷石膏装[饰]上的纹饰组合(b)

图58 西安附近[石]刻中常见的缠枝[]石榴纹饰

层社会中流行，有名的马上击毬（打毬），就是波斯的游戏，它的形象不仅出现在壁画里，不少墓中也出现了打毬俑，有男，有女，也有波斯人的形象。粟特人喜欢的胡旋舞，在内地更流行了，墓葬中出现了墓主人观赏胡旋的壁画。波斯、中亚的掷骰子（色子）的马棋（双陆）游戏也传来了，长安西市商店遗址里出现了不少骨制的骰子商品，骰子的样式和波斯、中亚的骰子完全相同。但中亚骰子六面皆黑点，波斯有皆红或皆黑。新疆库车所出皆黑。西市的发现已无颜色，不清楚原来如何。相传唐玄宗时始有只"⁂"面着红点者。

西安和洛阳都发现了粟特人、波斯人的墓葬。西安曾发现昭武九姓中的安、曹、石、米、何诸姓的墓志和波斯人苏谅和他夫人马氏的墓志。洛阳曾发现康、安、何诸姓的墓志和波斯人阿罗憾的墓志。从这些粟特人、波斯人的墓志中，我们知道：

1. 有不少粟特人、波斯人在唐代立了军功，洛阳发现的682年康磨伽、康留买两墓志都记载他随裴行俭平西突厥立了功。功最大的是波斯人阿罗憾，志记载他是波斯国大酋长，656—660年间曾任唐朝的"拂菻国诸蕃招慰大使"，这时正是唐灭西突厥（657年），在中亚设置州府的时候（661年），就在这个时期，阿罗憾奉命到了东罗马（拂菻），"并在拂菻西界立碑"。由于他的功绩，唐朝除任他作禁军的三品将军外，还给他最高的勋绩（上柱国）和正二品开国郡公的爵位。710年故去，时已95岁。以此推算，萨珊亡国时，这个波斯人酋长已接近30岁，这是一个典型的流亡到唐代并立了功勋的波斯贵族。

2. 入居到唐朝的各国贵族，一般都授予卫戍京城的军职或是宗教职务，阿罗憾即任以卫戍的武职。上述西安发现的874年苏谅和他夫人马氏的墓志，是一方中古波斯使用的婆罗钵文和汉文合璧的墓志，记墓主人马氏是萨珊王族的妇女，她的丈夫苏谅任禁军的将军，也是萨珊王族。洛阳发现的740年康庭芝墓志记他的曾祖、祖父都任唐代卫戍京城的武官，大约也是康国的上层人物。西安还发现742年《米国大首领米公墓志》，志中说："公讳萨宝，米国人也。"萨宝是拜火教（祆教）的教职。

3. 许多粟特人墓志都没有记录官职，有可能都是以经商为业的。结合文献记载，粟特人、波斯人经商遍及中原各地，没有任何限制。洛阳龙门石窟古阳洞北的一座小龛中有造龛人铭记："北市香行社，社官安僧道，录事……史立策……康惠澄……永昌元年（689年）三月八日起手。"北市是当时洛阳三个市中最繁华的一个市，香行贩卖的香，正是从西亚输入的奢侈品。因此，这个社的社官安僧道和录事中的史、康两姓，大约就都是昭武九姓的粟特人。一件被伯希和盗去的敦煌文书（P. 3813），其中也记录了一件7世纪末的事："长安县人史婆陀家兴贩，资财巨富，身有勋官骁骑尉。其园池屋宇衣服器玩家僮侍妾比侯王。其宗弟劼利……邻人康莫鼻……"这些人名说明他们都是粟特人。而史婆陀身官勋官，又经营商业并成为巨富。以上情况可以说明唐代内地人民和政府对入居的粟特人、波斯人是一视同仁的，对他们的上层人物还做了一定的安排和照顾。其实这一点，在文献记载上反映得更清楚。许多粟特人在唐代做了大官，安禄山、史思明都是粟特血统，和他们同时的康国人康谦还出任了安南都护和鸿胪卿。唐代不仅对中亚、西亚如此，对其他少数民族和外国人也都如此。如对突厥人、突骑施人，东北的契丹人、靺鞨人，以至于朝鲜人、日本人都不例外，前述的安西四镇节度使高仙芝就是高句丽人，做过安两副都护、曾和李白唱和的晁衡就是日本人（日名安倍仲麿）。我国与少数民族和域外各民族的平等相处、友好往还是有悠久的历史和传统的。

与粟特、波斯有关的遗物，在我国南方和北方的许多地点被发现。

辽宁朝阳、河北唐山、湖北武昌、湖南长沙等地唐墓都出土了深目高鼻的中亚、西亚人面型的陶或瓷的胡俑，江苏扬州不仅在遗址中发现带釉的这种胡人像，还发现了石雕像，在一处手工业作坊中还出土了深目高鼻的人头的陶范，看来，7—8世纪以来内地人对这些远方之客是很感兴趣的。感兴趣大约也和他们善于经商致富有关系。所以有人起名就叫波斯。扬州出土的886年唐渤海吴公故夫人卫氏墓志，志中记"次（子）曰波斯"。以"波斯"为名并不只此。《北梦琐言》记晚唐一个造反的头头叫"陈波斯"。扬州的遗址中还发现了一件受西亚造型影响的三彩鱼壶，这应当是仿拟西方的金器。扬州晚唐层中发现三彩瓷片（枕）一块，上面的花纹颇有西亚风值得注意（图59）。扬州，据文献记载，8世纪以后那里集居了不少波斯人，唐后期海上交通发展，扬州成为唐对外贸易的重要地点，西亚是当时主要的对外贸易对象之一，所以扬州较多地发现和西亚有关的遗物是可以理解的。朝阳北的敖汉旗曾发现一批金银器，有鎏金银胡瓶、银盘和带把小银壶等（图60）。鎏金银胡瓶瓶把和口缘相接处饰一鎏金胡人头部，圆底下面饰联珠一匝。鎏金银盘，盘内心锤鍱一猞猁，兽和盘口鎏金。带把小银壶足有棱，还有一件椭圆形带圈点的银杯。这批金银器从器形到装饰有很浓厚的中亚作风。金银器的出土地南距朝阳不远。朝阳是唐时营州所在地，营州多居杂胡即粟特人，当时长城东部内外，粟特人分布点很多，这种情况从北朝就开始了，七八世纪数量更多，这批中亚金银器在这里出土应和营州多杂胡是有关系的。

与粟特、波斯有关的遗物还在当时南北割据的少数民族地区发现了。营州东邻靺鞨族所建立的渤海，辽宁辽阳渤海时期的遗址中出土了双螭铜瓶（图61：b），还发现了一块用东北出产的岫岩玉制造的带饰，上面刻有捧持胡瓶（图61：a）的女人像，胡瓶的形象说明是件金属器。云南剑川南诏时期的石窟中出现了榜题清楚的"波斯人"的

图59 扬州发现三彩瓷片上的纹饰

图60 敖汉旗发现的金银器

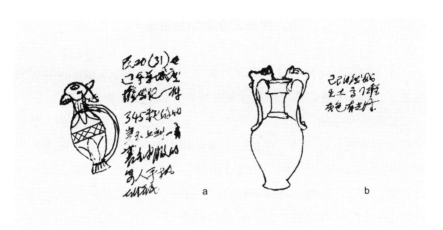

图61 辽阳发现带布上刻划的胡瓶（a）和双螭铜瓶（b）

形象，这个波斯人可能信佛教，他可能经商到这里参加了出资兴建石窟的功德，所以也把自己的形象作为供养人刻到岩壁上了。

从中亚和西亚人及他们的器物在七八世纪以后的唐代的情况看来，他们和唐代内地的接触面逐渐广泛起来了，这和8世纪以前有所不同。逐渐广泛，东来的人数多了，早期流亡到内地的一点一点地也分散开了；再迟一点海路商业盛行起来，贸易交往的对象也逐渐在统治阶层以外开展了。总之，8世纪以后在唐代的广大领域内都有了中亚、西亚人的足迹。他们和当地人民友好相处，他们带来的西方文明对东方的影响，已不局限于一隅，而在一定的程度上也分散开了。器物、纹饰方面表现得比较清楚，某些游戏如打毬、投骰子也比较清楚。还有一件和一般生活有关的是室内桌椅的使用。东方的传统是席地坐床。桌椅之设，原是地中海东部的习惯。它们在前一千纪传到西亚和中亚。公元后不久传进了新疆。4—5世纪新疆、敦煌壁画中出现了椅子。7—8世纪的敦煌壁画中出现桌。西安756年高元珪墓壁画中第一次在世俗形象中出现了椅子。桌椅再进一步流行那就到了晚唐五代。传世的一幅五代《韩熙载夜宴图》表现得最为清楚。由于桌椅的流行，使我国的室内布局有了新的变化。当然这个变化是逐渐的，和西方不同，是东方式的。但它的来源，却是在西方；而它在东方的发展是和波斯、粟特人大批东来、长期居住是很有关系的。这个问题，后面还会专门讲。

6．西亚传来的宗教遗迹

除了物质文化的交流，隋唐时期中亚和西亚流行的宗教也传到内地来了。除佛教外，传来的宗教还有祆教、摩尼教和景教。

祆教徒拜火坛，所以又叫拜火教。祆教起源于中亚的南部，萨珊波斯奉为国教。这种教很早就在中亚粟特人地区流行，后来随粟特人东逾葱岭，吐鲁番西部的一座废塔里曾发现4—5世纪的经卷，有的经卷尾题，记这卷经写在高昌城西的胡天祠中。胡天祠就是祆教的寺院。6世纪黄河流域的北魏、北齐、北周都在皇室的支持下出现了祆教，并设立了管理祆教的专官"萨宝"（萨甫）。《隋书·仪礼志》记："后周欲招来西域，又有拜胡天制，皇帝亲焉，其仪遂从夷俗。"可见当时内地出现祆教是和粟特人的东来关系密切。大食灭萨珊后，这种宗教即随波斯人的东来更盛行了，唐代波斯人、粟特人在内地活动面最广，所以这种宗教的寺院也到处兴建，文献记录不仅长安、洛阳有，敦煌、凉州（武威）、汴州（开封）、成都等地也都有。在长安的祆祠集中在唐长安城内的西北部，其中最大的大约是萨珊末代皇帝的儿子卑路斯三世要求唐政府在677年兴建的。它的位置从地图上推测大约在今西安西关大街南侧朝阳村的西南。祆祠所在地一般都是信祆教的波斯人、粟特人集居的地点，长安西市多"胡商"和"波斯邸"，长安西北部的三四所祆祠也就围绕在西市附近。前面提到的萨珊王族马氏，墓志中也记载了她是祆教徒，她的墓也正在长安的西北郊。祆祠内原不设偶像，主要是一座火坛，银币上有其形象，萨珊时代的祆祠多建在山上，《魏书》记519年北魏灵太后登嵩山祀胡天神，看来我们的祆祠也有的兴建在山上。有人认为晚唐小说《续玄怪录》中所记的《杜子春传》就是记一个祆教的故事：华山云台峰上建祠，正殿置一高九尺余的药炉，置杜子春于西壁面向东，象征崇敬日，不信者入祠有"火灾"等项，都与祆祠的情况相同。如果这个说法可以成立，那么，华山云台峰就可能有拜火坛的遗址。

景教是5世纪在波斯形成的一个基督教的教派（Nestorians，聂斯脱里）。638年（贞观十二年）在长安兴建了景教寺院，其遗址在今西安西站大街南侧十里铺村的东南。1625年，这里发现了有名的781年立的《大秦景教流行中国碑》（现藏陕西碑林博物馆）。碑文的作者和当时景教的主持景净，是波斯人。此碑碑边还附刻了叙利亚和汉文合璧的七十二个景教僧人的名字，其中也有不少是波斯人。此外，以前还在西安南一百多里的周至楼观地方发现了一处建中间（780—783年）重建的景教大秦寺遗址。看来，一直到8世纪后期，这个宗教在长安地区还很活跃。8世纪以后景教还活跃在中国西部地区，吐鲁番、敦煌都分布有景教寺院。吐鲁番曾发现绘有景教徒进行宗教活动的壁画的寺院遗址。敦煌藏经洞曾发现景教幡画和汉译的景教经典，据统计这种经典有七种之多，其中《大秦景教大圣通真归赞》末有"开元八年（720年）法徒索元定写于沙州大秦寺"的跋语。沙州即是敦煌。

摩尼教是3世纪中期从祆教分出的改革派。它反对祆教上层日益腐化，主张弃富就贫，粗衣素食，才能协助善向恶作斗争。这个改革反映了一般人民对贫富不均的不满，所以得到下层的拥护，因而也就为萨珊统治阶级和祆教所不容，一部分教徒逃到中亚，在粟特人地区传播。吐鲁番发现了8—10世纪的摩尼教寺院遗址，出有幡画、纸画、壁画和突厥文译本的摩尼教经典。绘画中多回鹘人形象，说明当时它在回鹘人中流行。敦煌藏经洞发现了粟特人的摩尼教经卷，也发现了汉文译本的摩尼教经典。摩尼教在中国流行的情况，比祆教、景教更为广泛，这当然和它比较接近下层的教义和宗教活动分不开。唐以后这个宗教深入内地，甚至流行到东南沿海，而且还为一部分农民起义者所利用，这些，都不是偶然的。

7．从中国向东传的西方器物

隋唐和朝鲜、日本的关系密切。日本统治集团这个时期从长安、洛阳、扬州等地大量输入我国的高级器物。这些高级器物有很大数量比较好地保存到现在。因此研究隋唐的工艺品，日本的收藏是值得重视的。这些高级器物中所反映的中西文化交流的问题，往往可以补充我们自己的考古发现。朝鲜半个世纪以来的发现，也有助于对中西文化交流的深入了解。

朝鲜的发现，主要在新罗统一时代（675—896年）的都城庆州附近。7世纪风行我国一时的联珠纹装饰，这时期也被新罗普遍使用在砖和瓦当上。使用联珠纹、忍冬、莲花组合纹饰的砖都是大型宫廷建筑物的敷地用砖，毫无疑义这是摹仿地毯的效果。前面讲过这种萨珊地毯纹饰，7世纪初，唐代长安、洛阳宫廷已开始用砖仿效了，新罗的做法当然是从唐代学来的。新罗使用联珠纹不仅在建筑材料上，还铸造到大钟上。看来新罗人对这种新的纹饰和唐代人同样是很感兴趣的。庆州的新罗墓葬中出现了掐丝珐琅工艺品，有金耳饰、有鎏金针筒，这大概是由唐朝传入的唐代人新学会的新工艺品。还出现了西方烧造的高足玻璃杯（图62），这大约也是从唐朝传过来的。

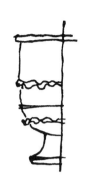

图62 韩国庆州新罗墓出土的高足玻璃杯

日本的有关器物种类、数量都很多。他们保存了不少7世纪前半从中国输入的联珠纹锦，其中有名的狩猎纹锦，猎士的形象是萨珊贵族的装束，这块锦是在纬线上起花的，从织法和花纹都可以说明是唐代工匠在波斯工艺影响下的新产品。7世纪后半，联珠纹也盛行于日本，瓦当、铜器都有这种花纹。近年奈良发现的高松冢，壁画中的伞盖上也绘出了联珠纹的边饰，这是表示当时这种伞盖的实物外缘上缝缀了联珠纹锦。近年日本研究丝绸之路的人，主张丝绸之路的东方末端，应延长到奈良，联珠纹饰的东传是一种很有特征的纽带。

现存8世纪日本皇室从中国购求的工艺品中有锤鍱狮子纹样的金花银盘，有在琵琶面上绘出粟特人骑驼的形象，有涂漆的铜胡瓶，有背饰绿珐琅的铜镜，还有摹仿波斯器形的绿琉璃十二曲椭圆形杯，这些都是唐代工匠制造的。另外日本收藏有烧制彩色玻璃的配方，其中有"麒麟血"一项，据研究这是从西方传来的树脂原料，这个配方，无疑也是从唐代抄来的。当时日本皇室的高级工艺品，现在大部分收藏在奈良东大寺，其中还有两件白玻璃器，一是外壁磨出圆形装饰的碗，一件是素壁的胡瓶，经过化验不是中国的铅玻璃，是西方的钠玻璃。玻璃原料和器形、装饰都可说明它是萨珊产品，这，可能也是从中国转手运去的。东大寺收藏从中国去的器物中，还有几项值得注意的：

1. 东大寺还收藏有嵌有青金石的玉带如意，还有一件平脱镜背鎏有闪闪发光的青金石粉末。青金石是阿富汗东北地方的特产,过去我们都是割磨成型的装饰品,使用它的粉末作涂料装饰是以前所不知道的,而这种装饰法在前一千纪的埃及即已使用了。

2. 有好几件木画家具,有柜、箱和棋盘,还有大小盒子。这种木画,文献有记载,但国内没有发现实物,日本的收藏使我们明白了这种技法,它是用多种不同颜色的木料解裁成长条或方块,然后用来装饰家具,木料中有的还夹有象牙料。这种技法源于波斯,今天还是伊朗一带的特种手工艺。

3. 法隆寺收藏一件木画箱上拼出了一幅童子戏狮的游戏场面。这种狮舞是经过龟兹(库车)传来的当时西亚的一种驯狮游戏。

4. 东大寺一件弹弓上画出戴竿戏(汉名都卢寻橦,唐名长竿伎),这种杂技,虽然在地中海东岸早已出现,但这时却是中亚粟特地区流行的游戏,唐时长安有一个著名的女演员叫石火胡,也是昭武九姓的石国(今塔什干)人。

5. 东大寺还保存着不少假面具,有多种形象,值得注意的是"杂胡王"的假面是一个长须高鼻的粟特人形象。文献记载安国(布哈拉)的安乐着假面。我国6世纪中期的北周北齐都有使用假面的记录,但没有实物,过去库车曾发现半个木制假面,但时代不明,日本这批唐代假面具,既增加了中西文化交流的内容,也使我们具体地知道了唐代假面的复杂情况。假面的使用有人认为古希腊最早,前一千纪的希腊陶器上就画出了戴假面的舞人,希腊的游戏在亚历山大东征以后通过大批希腊人东来传到了中亚,然后经粟特人传到了内地。关于日本保存的经过中国运来的有关中西文化交流的遗物,实在不少,以上只是举了几项比较重要的,目的是为了让大家了解,研究唐代中西文化交流,日本的收藏是不能忽视的。

8. 大食地区发现的唐代遗物

怛逻斯之役后四年(755年)唐代发生了"安史之乱",唐中央的实力日益削弱。780年"河西陇西相继陷蕃"。9世纪中期内地的起义队伍愈来愈壮大，10世纪初唐亡，出现了五代十国的割据局面。在西亚一带，8世纪后半反抗大食统治的起义斗争也日益激烈，9世纪后期大食帝国分裂，许多地方只承认大食皇帝哈里发在宗教上的权力，实际这些地方都宣告了独立。在中亚建立了以粟特人为主的萨曼王朝（874—999年），在波斯东部建立了萨法尔王朝（861—900年），大食统治者统治的地区已缩小到波斯西部的今伊拉克一带。东西的政治局势，使大规模的中西往还无法进行了，但小规模的民间往还却在发展。从考古遗迹上看，这个时期，唐后期兴起的民间瓷器手工业的产品逐渐上升为重要的文化交流项目了。另一个时代特征是海路的来往逐渐超过了陆路。

恒逻斯之役（751年）以后大批唐代士兵被俘，其中一批工匠出身的士兵把不少唐代工艺传到了中亚和西亚，根据当时中国和阿剌伯人的记载，被俘的士兵集中在中亚的撒马尔干和位于西亚的大食当时的都城库法（在幼发拉底河西岸）。集中在撒马尔干的战俘，把造纸术传到了那里。我们烧制三彩的技法也在这时出现在撒马尔干。大食人统治西亚中亚时期，因为伊斯兰教规定不许使用金银器，于是唐代仿金银器的三彩和白瓷，受到了大食上下的欢迎。因此，撒马尔干也开始生产三彩陶器。因为从陆路上唐代的三彩和邢窑系统的白瓷都经过撒马尔干运到大食内地，所以9—10世纪的大食人就把包括撒马尔干的仿制品和唐代的三彩、白瓷都叫"撒马尔干陶器"。这些陶瓷器近年在撒马尔干的发掘中都有发现。撒马尔干仿制的三彩，釉色没有唐代的漂亮，制作也比较粗糙，和唐三彩对比是容易分辨出来的。

撒马尔干位于大食东北边境上，从这里向西一直到大食都城，沿途较大的古城址都发现了中国器物。

第一个古城址是木鹿古城，在今马里附近的旧马里，苏联近年在这里长期发掘，正式报告没有看见，简报中说9—10世纪的底层中出了不少釉陶和瓷器片。

从木鹿向西南就进入了今天的伊朗东北隅，这里的内沙布尔是一个重要地点。古城在今城东南，古城建年不详，但是这是中亚最西的一座方形十字街的城址。这种形制的城址，在伊朗地区是唯一的一座。

此城紧邻粟特人区域即昭武九姓的地方，657年唐灭西突厥后，661年在中亚建羁縻州府时，这里在唐安息都护府管辖的范围之内，所以内沙布尔城的类型与唐州县城相似，并不是不可理解的。城址坐落在丝绸之路上，所以一直是一个重要地点。大食人占领之后，置呼罗珊总督于此。1221年成吉思汗西侵，大肆掠夺，城遭破坏，接着又遭了两次大地震（1267、1280年）就沦为废墟了。1964、1967年美国人曾来这里发掘，并盗走了全部发掘品。他们在8—9世纪的地层中发掘出不少我国的陶瓷器，有三彩盘、三彩子母盏盘，邢窑白瓷罐，还有绿釉碗，这些都是属于我国北方系统的陶瓷，一般说时间较早些，大约是属于8世纪的。还出有9—10世纪的南方系统的越窑青瓷碗，长沙窑黄釉褐绿彩并有贴花的带耳小罐。另外，相传是这里出土的长沙窑黄釉口沿施铁釉连弧纹的小盘和越窑大碗，这两件瓷器完整精致，在国内也是很少见的。大食曾记载八九世纪之际驻在这里的呼罗珊总督曾一次向大食皇帝进贡了两千件中国陶瓷，还有二十件精品。内沙布尔古城多我国陶瓷，甚至还有很精致的瓷器，可以作为这段大食文献的物证。这里不仅出土我国陶瓷，还曾出土好几面海兽葡萄镜的仿制品，这种仿制品的主要特征是把最外边一圈六叶纹改成这里流行的联珠，还有把内部的葡萄纹铸出，更为立体和突出了。

内沙布尔西边的戈尔丹地方还出了一件内地制造的海兽葡萄镜，另外，伊朗西部古城苏萨也出土了海兽葡萄镜的仿制品。看来，唐代海兽葡萄镜得到了大食人的欣赏。因此，我们有理由怀疑唐代7—8世纪突然发展的这种新式纹饰的铜镜的出现，原因之一是为了向西方输出。

从内沙布尔向西约600公里是累依古城，它是丝绸之路在伊朗北部的最大的一个站，位于今德黑兰南部，也即德黑兰的前身。这座古城建于高20米的高地上，北傍小山，很具形势，也是在13世纪初被成吉思汗的军队破坏的。美、法都在这里盗掘去不少唐代瓷器，有内壁划花的越窑大碗和菱花边的邢窑的瓷盘，一件凸印并涂上黑彩的蝶纹装饰的邢窑的瓷盘，是邢窑的上品。他们的正式报告一直没发表，究竟还有其他什么器物，我们还不清楚。

再向西进入今天伊拉克境内，就到了底格里斯河、幼发拉底河两河流域了，这里是大食都城的地区。在巴格达北120公里的萨马拉，是838—883年的大食都城，战前1911—1913年德国人在这里发掘，战后伊拉克自己继续发掘。德国人的报告中记录了这处古城里有三个地区都出了唐代瓷器：一是在一座宫殿的库房中发现了邢白、越青和绿釉、黄釉陶罐，还出了仿制的三彩碗盘；另一是在一座宗教建筑内的废井中发现了越青；还在另一处宫殿的底层发现了邢白。战后发掘出的中国陶瓷多绿釉、褐釉和三彩，三彩中有类似辽三彩的残器。

巴格达东南约60公里的阿皮尔塔（Abirta）古城也发现了越青和不像邢窑的另一种有人推测是广东沿海所烧造的白瓷器。

溯幼发拉底河进入今叙利亚境内的腊卡，发现了三彩壶。

接近地中海东岸这个地区，最重要的发现是今安曼东南的哈腊纳堡（Harnam）发现的8世纪直径67厘米的双鸾花鸟镜。这件铜镜制作精致，尺寸很大，致使西亚人误认为是一面盾牌。这样大尺寸的精致铜镜，我国国内还没有发现过。这个地点当时直属大食皇帝，看来，它应是当时皇室的收藏。

9．晚唐五代海路上的遗迹

9世纪末到10世纪中期的晚唐五代和西方的海路往还越来越频繁了。当时大食人航海旅行记中多记有中国特产的瓷器，伊本·赫尔塔施培更明确记录从龙编（即交州今河内）向西输出的中国器物中重要的是铁器、瓷器和稻米。铁器、稻米不好保存，晚唐五代的瓷器却在南海以西的许多地点被发现了。瓷器中最常见的是越窑青瓷。我们从印度半岛东岸开始，前述曾为罗马商人集居地、这时大约成为大食人聚居地的商港本地治里（Pondichary）和斯里兰卡科伦坡东南得特卡姆（Dadigam）的古佛寺附近都发现了越窑瓷片。巴基斯坦印度河口的邦保尔（Banbhore），不仅发现越青，还发现了黄褐釉绿彩小花的长沙窑瓷器。再西就到了波斯湾内伊朗有名的古港口希拉夫（Siraq），1965年，英国人开始在这里发掘，出土了大批中国瓷片，最早的是

六　隋唐五代时期（7—10世纪）　215

63　伊朗希拉夫港口出土的白瓷碗

越青。近年伊朗自己的发掘工作中，又发现了内壁起棱的唐五代的白瓷大碗（图63）。这个港口，南宋人有记录，《桯史》叫它作尸罗围，《诸蕃志》作施那帏，说那里的大食商人来到我国。和希拉夫的往还，过去认为是从十二三世纪的南宋开始，但从近年的考古发现看，知道早在九十世纪就已有往还了。

唐代海路往还向西还有沿阿拉伯半岛南岸，西进红海去大食控制下的北非地区的一条海路。从考古发现看，唐代器物到达这个地区的时间，是在大食埃及总督突厥人图伦建立的图伦朝（868—905年）前后这个时期。红海西岸的两个古港口阿依塔布（Aidhab）、库赛尔，都发现了9世纪的越窑瓷片。

从库赛尔向西约150公里就到了尼罗河东岸，顺河而下可到达当时的开罗城。这时开罗城在今城南郊，这个古城的今名叫富斯塔特。这座古城是642年大食人征服埃及后所扩建，不久就成为重要的商业城市，1168年第二次十字军侵略时烧了五十四天，沦为废墟迄于今。这座废墟里很多砖结构的遗迹保存较好。1912年开始发掘，清理出不少大小庭院、商店、库房、面粉作坊、玻璃器作坊等遗址和数不清的各种遗物。在遗址方面，见到有的庭院砌出方形或八角形的水池，和从水池砌出陶管通到砖壁内，顺着砖壁又发现了由砖壁通向屋顶的水槽遗迹。这样的建筑遗址，说明它是引水上房然后从屋顶上倾流而下的建筑。这种建筑物在8世纪长安的宫殿和大官僚住宅里出现过。《唐语林》记："天宝中，御史大夫王鉷……宅内有自水亭子，檐上飞流四注，当夏处之，凛若高秋。"这种自雨亭子的做法来自西方，《旧唐书》记拂菻国："至于盛暑之节，人厌嚣热，乃引水潜流，上遍于屋宇，机制巧密，人莫之知，观者唯闻屋上泉鸣，俄见四檐飞溜，悬波如瀑，激气成浮风，其巧如此。"拂菻即东罗马。开罗地区在642年前是东罗马属地，这里出现东罗马的高级建筑物并不奇怪。这个遗址帮助我们弄明白了唐"自雨亭子"，更证实了唐代通过中亚传来了东罗马的建筑技术。

在遗物方面，截止到1966年，这个遗址出土了60—70万片陶瓷片，其中有埃及的、希腊罗马、两河流域、伊朗、印度、印度支那、中国、日本等多地的产品，可以说集聚了当时世界陶瓷之大成。埃及请了日本研究中国瓷器的专家小山富士夫等人帮助鉴别，经小山的分析，我国从唐到明的陶瓷片约12000片，其中，唐越窑青瓷片就在900片以上。此外属于唐代的有三彩、邢白和长沙窑片，也有少量唐三彩系统的黄褐釉陶片。在一处外国遗址中，这样大量的中国陶瓷的出土，在国外恐怕只有日本镰仓海岸可以相比，但富斯塔特的距离至少远了日本20倍，在一千多年前的古代中西有这样频繁的交往，确实出人意料，这个重要发现给我国和埃及的悠久的友好历史增加了新的篇章。

10. 晚唐五代我国室内设备的逐渐复杂化

中原地区室内设备的变化是逐渐出现的。黄河流域地势高亢，汉族传统是席地坐卧——坐前暂置几案，褥垫之下铺以薦（荐）席，有矮床但不普遍，房间内部的分隔，使用帐幔（幄帐）。东汉开始出现屏风和床——榻，这些情况东汉画像石和壁画都给我们提供了形象的材料。东汉时上层人物喜欢西方的毛制品——毡、毯，就是上述的室内设备情况下出现的，毛制品藉地铺榻，当然比传统的薦（荐）席和丝麻褥垫好多了。文献记载东汉"灵帝好胡床"（《太平御览》卷706引《风俗通》，今本《风俗通》佚此条），这是西方家具引进之始。胡床，胡人之床，可以折叠悬挂，有似今天的大马扎。这种坐具见于后来7世纪中亚粟特人壁画（片治肯特），知道是从粟特地区传来的。

魏晋南北朝有关胡床的记载很多。其实，魏晋南北朝时期是西方室内设备传入的第一个盛行时期。室内设备主要是凳、椅和桌，这一套家具渊源于地中海东部，凳椅在前二千纪的前期埃及壁画和巴比伦石刻中都出现了，前一千纪希腊瓶画更描画了成套的桌椅，他们从西亚传到中亚，然后分两路向东传播，一路是越葱岭先到新疆地区，新疆尼雅3世纪荒废的遗址中多出有镂雕纹饰的残椅，4—5世纪龟兹石窟和新疆的同时石窟中都出现了后设有"▽"形靠背的方凳、藤编的束腰凳和绳心的椅子（285窟），藤编的椅子我国文献叫"筌蹄"，《梁书·侯景传》记"自景立后……常设胡床及筌蹄，着靴垂脚坐"，绳心

64　高元珪墓壁中的坐椅

的椅子，大约就是《晋书·佛图澄传》所记"坐绳床，烧安息香"的绳床。另一路大约是从天山以北东来，阿尔泰山北麓巴泽雷克M5所出毡毯上织出的女神即坐在椅上。我国东北集安高句丽墓壁画中绘出的高足凳，可能是从这一路东传的。

　　西方室内设备东传的第二个盛期是7—8世纪的唐代，敦煌盛唐弥勒变壁画正中佛座前出现了供桌（445窟），下部剃度场面中出现了长桌长凳（33窟），西安天宝十五载（756年）明威将军检校左威卫将军高元珪（高力士之兄）墓，墓室正壁画墓主人坐于大椅（倚）上的形象，这是中原地区最早的一把椅子的形象（图64）。唐代和西方关系密切，不少粟特人、波斯人、大食人、阿剌伯人入居中国，在与汉族融合进程中，他们的某些生活习惯，也要给汉族以影响，桌椅的逐渐流行就是和这些入居中国的西方人有关系。

　　晚唐南方经济发展起来，沿海许多城市集居了不少西方人，因此，这时中西文化交流在南方的反映较中原北方为突出。室内设备第一期的变化是出现了胡床、筌蹄和凳之类的零星设备，第二期出现成套的凳、桌和单独的椅子，但还没有对室内起居有较大的改变，可是到了9、10世纪的晚唐五代的第三期就更加复杂而影响到室内起居的变化了，这个变化我们在10世纪中期一幅以南唐首都金陵一个大官僚家庭的游宴为内容的著名绘画《韩熙载夜宴图》中看到了。画是一个长长的手卷，分五段连续布局。第一段在一个卧床前面，放了倒凹形"坐床"，床前放了三张桌，里头的一桌设置椅，外头一桌侧置椅；对面是一屏风，屏风前置一桌一椅和一弹琵琶女乐坐在墩上（它的前身应是藤编的筌蹄），桌上部放置饮食用具。第二段在大鼓前单置一椅，椅的形状与第一段诸椅相同。第四段画韩熙载悬足坐于大椅上，椅前还设有榻凳。另两段没有什么新情况可以略去。

　　从上面三段我们可以看到：1. 第四段韩熙载所坐大椅应是上述墓主人所坐椅子的延续；2. 出现了小椅和小桌，这种小椅和小桌可以配套使用；3. 还出现床前置小桌的做法；4. 从《夜宴图》的各段，我们可以得出当时像韩这样的官僚家庭，人们在室内的活动，已完全和传统的席地和床上的生活不同了，由于桌椅等家具的使用，他们室内活动主要已移向地面了。当然，桌椅之类的室内家具还和宋以后有别，宋以后室内家具设置一般是固定的，而这时还是可以根据需要随时移动。尽管如此，晚唐五代仍是我国室内设备发展的一个重要的阶段，这个阶段是长期以来随着我国经济的发展，特别是随着城市手工业、商业的发展，人们室内外的活动社交的往还都愈来愈频繁而逐渐发展出来，但汉唐以来和西方的接触愈来愈增多，特别是西方民族大量移居东方，他们使用桌椅的生活习惯这一外来因素对我们的影响，应该具有很重要的作用。由于室内设备的变化引起了居室建筑的改变，引起了长期在室内工作的工作方式的改变，从知识分子这个角度看，书籍样式改变了，书写方式改变了，甚至书写的工具也改变了，这些我们从唐到宋的实物和图像的对比中，都可以清楚地看到。外来因素是要通过本地的逐步改造才能较大幅度地流行起来，早期的实例可以佛教和佛教艺术作例证，流行在中国的佛教和中国的佛教艺术，谁都承认和印度不同，而且愈来愈不同；晚期的实例以桌椅为主的室内设备也充分反映了这一规律，我们看《韩熙载夜宴图》是看不出西方味道的，但桌椅之类的家具确是渊源于西方，晚唐五代的室内设备经过宋—明（10—16世纪）的改造发展，成为最具东方文化特色的一个方面。

　　文化交流总是相互促进的，17—18世纪由于葡萄牙、西班牙和后来的荷兰商船以及传教士的介绍，欧洲大陆的上层流行了中国趣味，他们不仅收集中国瓷器等小件工艺品，而且大量输入中国的桌、椅、箱、柜，甚至床。法国、德国和丹麦的宫廷和贵族的室内设备都布置了一些中国制造的用具和家具。他们甚至让他们的工匠摹仿中国的装饰纹样和建造中国式的庭园，这些中国特色，当然欧洲人也在吸取它的精华，和西方所喜爱的我们传统的文化交流的各种项目如以前所喜爱的丝绸、纸张、瓷器等同样丰富了他们的物质文明。

七 宋元时期（10—14世纪）

（1985年稿）

这时期主要是我国历史的宋元两代，现讲一下当时中亚、西亚的情况。9世纪中期我国北部的回鹘族由于黠戛斯的南下，被迫西迁，其中一支西奔到中亚巴勒喀什湖南，10世纪中期在中亚建黑韩王朝（喀拉汉国），1008年南灭萨曼王朝。其时，居住在中亚的塞尔柱突厥也强盛起来，11世纪中期向南侵据了伊朗的大部分，11世纪晚期，又西据到小亚细亚地中海东岸，哈里发只保留了宗教首领的地位，向东控制了黑韩王朝，势力到了我国新疆西部。12世纪初，塞尔柱逐渐瓦解，这时阿姆河下游的突厥人建立的花剌子模兴起；东方一部分契丹人西迁，1132年在吹河流域立衙建西辽。中亚的黑韩王朝就在这两个新兴势力下覆亡了。接着花剌子模南下，灭亡了塞尔柱突厥，统治了中亚和伊朗的大部分。13世纪初，蒙古族兴起，它疾风骤雨式地席卷西方，1211年成吉思汗大军灭了西辽，1229年又灭了花剌子模，1258年蒙古大将旭烈兀攻占巴格达，阿拔斯的哈里发到此结束。我们这个专题所讲的主要地区——中亚和西亚，到13世纪中期已全部为蒙古所据有。在13世纪初，即成吉思汗时分封的四个汗国，这时都扩大了范围，西亚整个是伊利汗的领域，中亚地区有伊利汗和察合台汗以阿姆河为界分治，西亚以西的东罗马领域虽然屡有变化，日益缩小，但在这个阶段一直存在。

这个时期大体上可划分为前后两期，前期相当于宋朝和黑韩、西辽、塞尔柱、花剌子模时期，后期即蒙古·元和察合台汗、伊利汗时期。现将上述比较复杂的有关地区的历史背景列表四如下：

表四 宋元时期亚洲主要政治范围的兴衰示意

时代 地区	前　　期	后　期
东方	唐→五代→北宋　南宋→ 辽─────────→金→	蒙 古　察合台汗
中亚	黑韩→西辽→	·
西亚	萨曼　塞尔柱→花剌子模→ 阿拔斯─────────→	元　伊利汗
地中海 东岸	东罗马	

1．前期的遗迹（两宋时期的遗迹）

前期中亚、西亚地区由于突厥回鹘的迁移活动，政治变动频繁，但在文化上都出现了一致的情况，即这些突厥回鹘系的政权都信奉伊斯兰教，所以可以说中亚、西亚的文化面貌都属伊斯兰文化了。从考古遗迹上看，伊斯兰禁用贵重的金属器，流行植物花纹，在色彩上喜欢用蓝白对照和盛行较大跨度的圆顶的砖石建筑等情况比较突出。这些都和以前粟特人、萨珊波斯文化有所不同。

10—11世纪萨曼—塞尔柱突厥统治下，撒马尔干的釉陶生产很有发展，早期产品有浓厚的唐三彩作风。这种唐三彩风格的釉陶也在内沙布尔大量烧造，过去这里曾发现近乎烧釉陶的窑室遗址，圆形平面和圆顶的都和我国北方系统的瓷窑相类似。12世纪累依西边盛产陶土的萨韦也开始烧造。萨韦还烧造了仿我国北方白瓷的白釉陶器。巴格达西北的萨马腊出土了不少中亚、西亚仿制的三彩器，其中有辽三彩的残片。另外还在富斯塔特发现辽代的白瓷片，辽代瓷器的西来大约都是从塞尔柱时期经过和辽有关系的黑韩王朝运进来的。在广大的中亚、西亚地区很少发现可以肯定是从陆路运来的北宋器物，这是和当时的政治形势相应的。北宋北阻于辽，西阻于西夏、回鹘。黑韩王朝和塞尔柱突厥虽和北宋曾多次发生联系，但较大规模的陆路上的往来，特别是贸易往来是不大可能的。也就是在这种情况下，中亚、西亚摹仿我国陶瓷的釉陶工艺发展较快，伊朗北部的发展更为突出，12世纪在花剌子模治下的累依制陶工艺超过了内沙布尔和萨韦，累依和它附近所烧制釉陶的装饰技法日益丰富多彩，器壁内装饰植物花纹和内心装饰鱼、禽；在技法上的剔花、捺印以及釉下绘等都在不同程度上反映了宋瓷的特征。因此，近年对在12世纪左右伊朗陶艺出现了一个大发展时期是受到宋代给予的影响的推论，已得到一般的承认。两宋时期西亚著名的工艺除釉陶外，里海南岸的玻璃制造也有了新发展，除了日用的杯、碗、皿、盘之外，制造了不少盛食品的大小容器，这种容器随西亚一些珍贵食品运往各地。地中海一带时常出现的蓝色磨花的蔷薇水玻璃瓶，1971年，在我国安徽无为的一座北宋景祐三年（1036年）砖塔发现了一件（图65），那是被用作盛舍利而装藏在佛塔中的，从埋葬的时间和地点，可以估计它是从海路运来的。

图65 无为宋塔发现盛舍利的玻璃瓶

11世纪以来，我国发明的罗盘较普遍地用于航海，这给东西海路交通提供了更为安全方便的条件。两宋时期南方经济的发展，私人手工业的繁荣，特别是制瓷手工业在各地较普遍发展起来，我国和西方的贸易往还、文化交流，从此海路就逐渐超过了陆路。

北宋越窑系统的青瓷和南宋龙泉、广州地区的白瓷较普遍地在印度半岛南部东西两岸和斯里兰卡被发现，不少地点同出有北宋、南宋的铜钱。斯里兰卡中部的亚帕发（Yapahuva）古城遗址就发现了1332枚中国铜钱，其中，除一个开元钱和一个元初的至元通宝外，余下的都是宋钱，这个迹象说明当时和斯里兰卡的往还已是意想不到的频繁了。从巴基斯坦、伊朗、阿拉伯半岛沿岸向各自的内地转运两宋时代的青瓷、白瓷的情况，也很出人意料。阿富汗出土的南宋龙泉，巴基斯坦旁遮普省发现的南宋景德镇影青，都是上溯印度河运去的。伊朗西北部发现的南宋龙泉和土耳其地区出土的南宋福建、广东烧造的青瓷，大约是从伊朗波斯湾港口或是从两河上溯运去的。两宋瓷器在非洲发现的情况也比唐五代时期有了新的发展，富斯塔特之外龙泉向北到了尼罗河口的亚历山大港。顺尼罗河而下在现阿斯旺水坝地区和苏丹的努比亚地区都发现南宋的福建、广州青瓷。从非洲东岸沿海向南，一直到坦桑尼亚基尔瓦岛西北部的古城址，那里发现了北宋的越窑青瓷，肯尼亚米达的12世纪遗址中，不仅发现了许多器种的宋代瓷器，有越、龙泉、影青、广东青瓷，此外，还发现了南宋庆元（1195—1200年）通宝、绍定（1228—1233年）通宝。

两宋瓷器、铜钱在西亚的不断发现，说明双方人民来往的频繁。伊斯兰教徒东来，集中在广州和泉州，广州市的南宋光塔，实际上是当时伊斯兰礼拜寺的附属建筑。这样中空直筒式的砖或坯砌起的高塔在伊斯兰教流行的中亚、西亚到处都可以见到。近来，泉州发现了不少南宋时期伊斯兰教徒的墓群，东来泉州的伊斯兰教徒，据14世纪阿剌伯人记载知道，多是伊朗人。13世纪我国文献也记载施罗帏、尸罗围人即希拉夫人侨居泉州为富商，1131年兴建、14世纪中叶重修的泉州伊斯兰教清净寺，其平面部分应还保存着兴建时的样式，它和12世纪增建的伊斯兰最大的清真寺的南部相类似。前两年，伊朗调查11世纪前后的停泊海船的怯失岛，在岛上发现福建、广东沿海烧造的褐青瓷片，其中有两件碗外底上捺印有文字，一件是"能"字，一件是"□新"。另外，红海的港口埃札布遗址也发现这类我国东南沿海烧制的褐釉瓷罐，上印有"□清□"三字。这样的记有姓名的瓷器，有可能是自用品，而且又都出在港口遗址，推测应是南宋航船上的使用瓷器，说不定也许是曾在西亚、北非的港口居住过一段的南宋人的遗留。

这个时期的后期即元和伊利汗国时期。13世纪蒙古军队西侵，摧残了中亚、西亚的许多城市，俘虏了大批中亚、西亚的手工业工匠东来。伊利汗国建立之后，西亚和内地由于种种原因（政治的、宗教的、商业的），工匠间技艺的交流曾盛极一时，过去古老的"丝路"一度被恢复，海路的频繁更达到空前的程度，东西方都保留了不少相关的文物，近年的考古发现更不断补充、丰富。因此，就不能像以上那样，一项一项、一个地方一个地方地罗列了。我们选择陶瓷、建筑两项作重点，附带再介绍一点工艺和泉州的遗迹。

2. 后期的遗迹（元代中西文化交流）

13—14世纪我国的瓷器、伊利汗的釉陶都又向前发展了一步。我国瓷器向西输出先是大量的龙泉在西亚、北非当时重要的城市和港口普遍发现，后来是景德镇的青花发现的地点和数量甚至比龙泉还要多。值得特别指出的是，这两种瓷器都出现了订制品的迹象。一种较高级的龙泉碗，内底心部有放射纹类似菊花的贴饰，贴饰的背面还有一个凹入的小孔（图66），这种仿金属器底部有凸起花纹的特殊装饰的龙泉既不见于我国，也不见于东方（日本龙泉比西亚还多，菲律宾、印尼也很多，但都无此装饰），而它在西亚的一些重要遗址，如波斯湾内的巴林岛、伊拉克巴格达南的瓦吉特（Wasit）、叙利亚的哈马、伊朗阿尔德比勒、土耳其伊斯兰堡、埃及富斯塔特都有发现，看来这是应这个地区伊斯兰教徒的要求所特制的。

图66 龙泉碗底类似菊花纹的贴饰

青花的情况更为显著，一种折沿大盘，口径在40厘米左右，遍体繁缛的花纹，花纹是摹仿西亚流行的大铜盘的效果，这种大盘国内很少发现，近年景德镇找到了烧制的地点，发现了不少残器和碎片，而它在西亚非常集中，伊朗、土耳其都保存了好几十件完整器，埃及富斯塔特遗址中发现了不少碎片。这大约也是为了这个地区所特制的。在伊朗设拉地区发现了一件青花玉壶春瓶，颈部的一匝莲瓣纹，每个莲瓣纹中都有一个阿拉伯数字"90"（图67），这当然更是专为阿拉伯人烧造的了。

我国为外国订烧瓷器过去最早的例子只知开始于16—17世纪，现在可以上推到14世纪了。这是从我国瓷器手工业发展史上反映的问题。这里我们是要说明14世纪我国瓷器在西亚的使用面的扩大和受西亚人民重视欢迎的情况。另外，我们前面谈过伊斯兰教当时重视白蓝对比的颜色，花纹忌用人物，这两点也正符合元代青花的特征。我们知道，元代重视色目人（即中亚、西亚人），蒙古上层也很重视伊斯兰文化，因此，青花瓷在元中期以后迅速地发展起来，是不是和这些有关系呢，值得我们注意。西亚釉陶在13—14世纪时受到中国瓷器的影响更加显著了，伊拉克发现的13—14世纪的釉陶罐和盘底器形与花纹

图67 伊朗发现青花玉壶春瓶颈部莲瓣饰带内书有"90"数字

都具有很明显的我国北方瓷系的影响，14世纪伊朗烧造了一种淡青釉的"泰甫"陶器，流行面很广，这也是公认的摹仿我国青瓷的。

中西的相互影响也反映在某些建筑方面。西亚是有烧造彩色釉的悠久的传统的，公元前一千纪中期，两河流域和伊朗的浮雕的彩釉砖就很有名，现在还有不少优美雄伟的遗物保留下来。13—14世纪西亚的这种工艺发展出内容和色彩都很丰富的用于建筑的琉璃装饰，这时我国琉璃出现的较鲜艳的颜色，如内蒙古多伦元上都遗址和北京大都遗址所出的元代琉璃瓦，瓦饰有浅蓝、深蓝、紫、赭、淡黄等色，就是西亚匠人带来的新工艺。而我国为皇室所独占的龙凤纹饰，这时也传到西亚，伊朗大不里士的一座伊利汗宫殿的彩砖中就出现了龙纹砖和凤纹砖，这种龙凤琉璃砖和我们北京大都遗址所出的浮雕陛石和栏板比较，就可发现不仅题材一致，布局也很一致，龙凤穿花的题材是渊源于中国宋代木雕，大不里士的龙凤彩砖很有可能是根据大都宫殿的雕饰的。这种雕饰不仅出现在大不里士宫殿的琉璃砖上，还出现在那里的覆盆柱础的覆盆上。大都宫殿与大不里士宫殿有共同的因素，除了西亚采用了某些中国工艺外，大都宫廷的设计就有大食的工程师也黑迭儿参加，大都遗址中出现真实形象的石狮角石，可能就是出自西亚工匠之手。西亚工匠当时是受到元朝人的称赞的。上述也黑迭儿死后的墓碑上记"西域有国，大食故址，地产异巧，户绕良匠，匠给将作，以实内帑，人用才谞，邦同攸爽"之种种称赞，显然不是仅指也黑迭儿一个人，也黑迭儿不过是其中的优秀代表就是了。

土砖起券，砌圆顶是西亚建筑结构上的特点，这大概是来源于游牧民族的毡帐。后来伊斯兰建筑就沿袭了这一做法。用砖起券我们也有悠久的传统，但修建工程较大的城门和建较复杂的半圆顶，则是从13世纪以后而且还有可能是从南方开始的。前者最早的例子见于距广州不远的桂林南宋石刻上，到元代逐渐普遍，后者最早的例子是元初兴建的杭州凤凰寺大殿。而后者本身就是西亚伊斯兰教徒阿老丁在至元十八年（1281年）修建的伊斯兰礼拜寺。这个大殿平面三间，各间平面近方形，中间一间是原建，该间四壁上部转角处做出菱角牙子叠涩，由下而上逐层加宽，形成圆形上口，其上覆以半球形的券顶。这种做法完全和当时西亚单间的小型的礼拜寺相同。这种西亚的起券的做法,大约在元代有一个发展阶段,所以到14世纪晚期,明初修建的南京灵谷寺大殿就变成了三券连跨的大型殿堂,到15世纪就逐渐完成了中国式的砖建的无梁殿,大家看到的定陵地宫就是已成熟的中国式无梁殿的16—17世纪的典型建筑。

我国在建筑方面在13—14世纪受到中亚、西亚的影响,还有城垣建筑中的圆形角楼,元代许多城垣建筑都是这种做法,和以前我们方角的传统做法不同,著名的如西安元安西王府城垣四角都是圆形的角楼址。圆形角楼的做法一直流行到明初,西安城的西南角楼还保存着这种元代从中亚、西亚传来的式样。

在遗址方面还保存一些当时遗迹的,在我国可以泉州为例。泉州到了元代大概是留住西亚人最多的地点,他们集居在城南,近年泉州外城和南郊发现了不少西亚宗教的遗迹,上述12世纪兴建的伊斯兰教清净寺,现存的大门和礼拜堂石壁,还是1310年重建时的遗物。寺门石砌,门楣作尖拱三重,门内顶作葱头形,完全是西亚建筑的样式。也发现了元代摩尼教的寺院遗址和造像,还有景教徒的墓石。一块墓石上记:"大元……大德三年(1299年)内悬带金字海青牌面,奉使火鲁没思(Hormoz)……蒙哈赞大王(Ghazan)特赐七宝货物,呈献朝廷……自后回归泉州本家居住,不幸于大德八年十(以下缺)。"这是一个元朝出使伊利汗国的使臣的墓石,可惜志文下缺,不知道他的姓名。泉州从宋代起就有不少西亚人就地落户,这个墓石的主人,很有可能就是泉州出生的西亚人。

哈赞汗的时期(1295—1304年)是伊利汗国最盛的时期。火鲁没思一般译文是"忽鲁谟思",是波斯湾东端的一个港口,现名阿巴斯港,这是纪念萨非王朝(1502—1722年)的一位抗击外来侵略而获得胜利的有名的国王阿巴斯而改名的。忽鲁谟思从元代起代替了怯失岛成为伊利汗的通商大港,港外有大岛,岛上和港口附近散布有大量的元代青花瓷片和明初青花瓷片,明初郑和七次下西洋,其中三次都是以此地作为终点站的,所以明史说它"居西海之极"。明初记载此地的文献不少,有的记载很详尽,城市建筑、婚丧制度、各种物产、对外贸易等，是今天这个地区考古工作的重要参考资料。例如《星槎胜览》卷四记载这里"傍海居……垒石为城"，古城石基尚存，又如"货用金银钱、青花瓷器、五色缎绢……"，拿我国青花瓷器等作为交换的媒介，既说明对它们的珍贵喜爱，又说明当时输入量的巨大。青花瓷片这里有的地区俯拾皆是，看来记载并不是出自偶然。

当时元和伊利汗国之间的文化交流还有两项值得补充一下：一是我国自宋以来的工笔画传入伊朗，毛笔作画在西方只有伊朗，讲究线条，讲究平涂颜色和充满构图都是自古以来中国画的传统，这个传统到宋元虽然受到所谓文人画的冲击，但在民间画师中一直保存。伊利汗时在西亚突然出现的这种画派，应是出自当时我国民间画师的传播，这也正和相传蒙古统治者从大都请去画师的故事相符合。经过伊利汗时代的提倡，这个画派逐渐成了伊朗的传统画派了。

这种情况正和我国特种工艺中的掐丝珐琅相近似。掐丝珐琅一般叫景泰蓝，以铜作胎上涂矿物质颜料烧成多彩的器物。一般说创于明景泰时期（1450—1456年）。其实这种工艺始于埃及，萨珊时期在伊朗得到发展。唐时曾传入我国，不久又失传了。伊利汗时伊朗的珐琅器重新传来，当时叫大食窑，常见的器形有盒、瓶、炉，烧制的技法传来的确切时间不见记录，但现存的我国最早实物是宣德时期的（1426—1435年），制作已很精致，估计初传的时间应在元代晚期。珐琅工艺，我们经过明清不断改进，逐渐成了我国的传统工艺品。工笔画和珐琅工艺在元代中西文化交流中是有代表性的两项事物，它从一个角度清楚地说明了各国文化交流如何丰富了各自人民的生活，进而促使了各自的文化发展。

表五 东西方分区年代简表

公元纪年 地区	公元前 B.C.						公元 A.D.									
	−500	−400	−300	−200	−100	0	100	200	300	400	500	600	700	800	900	1000
地中海地区	罗马共和国（大秦）510—27 B.C. Republic of Rome						罗马帝国（大秦）27 B.C.—395 A.D. Roman Empire			395 西罗马帝国 West Roman 496 / 东罗马帝国 East Roman Empire						
	马其顿，希腊 6C.—146 B.C. Macedonia, Greece 330 / 146															
西亚、中亚南部	阿基梅尼德帝国 Achaemenid period 475		塞琉古（条支）Seleukos 312 / 250 巴克特里亚（大夏）Bactoria 140	帕提亚（安息）Parthian			45 月氏 贵霜 Kushān 226			萨珊朝 Sasanina period 300 388 嚈哒 Ephtal		642 突厥 Turks 583 / 西突厥 West Turks 630 658		倭马亚朝（白衣大食）Umayya 755 阿拔斯朝（黑衣大食）Abbās 751	白益 934—1057 萨曼 Samanides 874 −999	怛逻斯之役
中国	春秋 770—475	战国 221		秦 206 西汉 140 汉武帝即位 108 汉建四郡		匈奴 91 东汉 25		220 鲜卑 魏 265 西晋 316 东晋 十六国 300		419 南北朝		589 隋 618 唐			907 五代 960 辽 916—1125 北宋 −1126	
朝鲜	古朝鲜时代						196 建带方郡	313 高句丽 Koguryo 百济 Paekche 古坟时代 Tumulus period				660 668 统一新罗 Unified Silla 935			高丽 Korea −1392	
日本	绳文时代 Jōmon period				弥生时代 Yayoi period								飞鸟时代 Asuka period 710 奈良时代 Nara period 794		平安时代 Heian period −1192	

附录　有关中西文化交流的汉文古文献（汉—唐）

（1980年稿）

从考古发现看中西文化交流，国内和国外的考古发现是资料，如何把这些零散的材料联系、贯穿起来，进一步研讨在文化交流的长河中是如何发展、深化的，那就需要古代文献的印证，甚至说明。在这种情况下，古代文献就起了重要作用。在国内国外的古代文献中，以我国古代文献保存下来得最多，内容也最丰富，也比较有系统，因此也就最为重要。同时也由于个人条件的限制，外国的文献知道得很少，绝大部分也不能阅读，所以这一讲只能介绍一点有关的汉文古文献。

汉文古文献，我们着重第一手资料，也还要考证一下所谓第一手资料的有关的史料来源，因为古代人一般对边远地区的记录往往是辗转抄袭，并且追求奇闻异说。可以相信、可以供我们说明考古发现的并不太多，所以我们引用时要慎重选择，不要企图什么都可以相互印证。关于有关的汉文古文献，我们拟分两部分：一、讲记录汉以前和汉迄晋的有关文献；二、讲有关南北朝到唐的古文献。前部分我们详细说说，后部分大略讲讲。选什么书，在书中如何取材，道理是一样的。所以，以前部分作为标尺，如何运用以后的古文献就可以举一反三了。

1．有关中西文化交流的汉文古文献（一）
（5世纪之前）

关于中西文化交流的我国古代文献，汉以前的记载除零散不集中的记录之外，《山海经》(《西山经》《北山经》《海外西经》《海外北经》《海内西经》《海内北经》《大荒西经》《大荒北经》)和《穆天子传》是值得重视的两部书。

关于《山海经》，太史公说：《禹本纪》《山海经》所有怪物，余不敢言之也。《禹本纪》早已失传，东汉班固时已看不到了，所以《汉书·艺文志》中没有著录。《山海经》虽然司马迁不敢相信，但其中的记载，现在看来并不都是荒诞。其中所记的西方、北方的传闻，可供我们考虑汉以前西方情况时参考。此书题郭氏传，即晋郭璞注，为经作注可叫传。《山海经》的经文原是图中的说明，所以《汉书·艺文志》著录于形法家，是以图为主的。但汉以后图文分家，郭璞为经文作注时，所看到的图已不是原图了，而是与经文分开的单个的图。这种早期的单个的图，有可能还是摘录以前文图未分开时的图。这种早期的图辗转临摹，到唐以后改变越来越多，宋元以后即所谓《山海经图》几乎就没有什么参考价值了。

经文单传由来已久，错、讹极多，直到清乾隆、嘉庆之间（18世纪末—19世纪初）才有人认真整理，毕沅的新校正，重点在考校山川，毕著书时正巡抚陕西，他亲自考查并详细地询问了黄河中上游以及甘肃以西的广大区域，还翻检了不少地理和类书，特别对《山海经》所记"西方"的山川、地理多有重要校释，因此很有参考价值。另一本是郝懿行的《山海经笺疏》，著在毕书之后，他吸收毕书的精华，但他的重点在订正文字、考释名词。他下的功夫很深，当时在官场和学术界地位都很高的阮元，很赏识此书并把它刻了出来。这两部书是阅读《山海经》的必读书。毕、郝两书后来都有坊间单刻本，毕有浙江书局本，郝有上海石印本，很容易找。《山海经》在毕沅以前只能看到一些嘉靖以后（16世纪以后）的刻本，毕在（15世纪的）正统《道藏》中发现了另一个系统的《山海经》，这个新本子的利用，使毕书的水平大大提高了。抗战前，商务影印《四部丛刊》时，《山海经》是用的明成化国子监本，这个本子比《道藏》本晚，但不是一个来源，商务影印成化本时，还附了一个宋本校勘记。解放后，《山海经》现存最古的南宋池州刻本公开了（原是私人收藏，现藏北图），因此，今天又有了重新校勘《山海经》的条件，即有了毕、郝所未见到的成化本和池州本，使用以前书，首先要校勘，对讹错较多的《山海经》更应注意这项整理工作。

《穆天子传》是晋太康二年（281年）汲县人发掘古冢所得的"汲冢周书"。此书按月日记周穆王西游的事迹，也是晋郭璞作的注。此书记周穆王西行路线是从今河北、山西北部出发，折向西去，与汉通西域开河西一路的路线不同，而与现知的汉以前的考古发现很接近。书中记了葱岭东西的事情，看来不能全是虚构。汉以前，中西关系，这本书很值得认真研究。《穆天子传》最早的刻本是元至正金陵学官刻本（14世纪），此元刻本到16世纪就不容易看到了。现存最早的本子是正统《道藏》本。16世纪明嘉靖以来刻过不少次，这些明刻本都未参考《道藏》，清嘉庆洪颐煊收集了一些明刻本和《道藏》本对校了一次，并且还收集了古书中的引文作了不少补充，因此，洪校本是现在最好的本子，收在《平津馆丛书》，中华《四部备要》即按此本排印。此书除明刻本外，现存明抄本不少，这些明抄本应调查一下，很可能有更早的来源，因此《穆天子传》和《山海经》一样，今天读此书，最重要的还是先校勘。清末民初有些人急于考释此书的地理，没有一个精校本，就搞地理考证，往往会事倍功半。

两汉魏晋时期的文献，主要是所谓正史，即《史记》《汉书》《后汉书》《三国志》《晋书》和《后汉纪》。正史一般说，都有了定本，即宋监本。古书在雕版以前没有定本，一经雕版印刷，立即一字不错地化身千百，在很大程度上它就成了定本，特别是国子监刻本，实际即是国家的标准本，因此正史在宋监本刻印之后，就差不多定型了。现存的本子除敦煌、吐鲁番出现的残卷和日本传世的残卷以外，都是从宋监本系统下来的。文字差别不大。解放后的铅印本作了一些校勘，是这个系统的最好的本子。《后汉纪》没有很好的本子，较好而易见的是《四部丛刊》所收的明刻本。

下面讲讲上述那几部正史应当着重看其中的哪些篇目。

《史记》：①《匈奴传》，②《韩长孺（安国）传》《李将军（广）传》，③《卫将军（青）骠骑（霍去病）传》，④《建元已来侯者年表》，⑤《大宛传》。

注意西汉时的中西文化交流，首先要弄清匈奴，所以要先看①，

②、③是与匈奴有关的主要人物传，其中的③是一篇合传，随大将军卫青、骠骑霍去病从征的重要将领们都附在这合传之后，附传中有《张骞传》。④，凡是从武帝建元以来封侯的，都以人为单位按年排列他的事迹，可以作为②、③的补充。⑤，上述的《张骞传》很简单，连他的籍贯都未记，这不是司马迁的疏忽，而是另有安排，即还有一篇《大宛传》。《大宛传》一开头"大宛之迹见自张骞。张骞汉中人，建元中为郎……"以下就讲武帝如何遣张骞西去联合月氏共击匈奴，骞的行踪、骞所到的地点和该地点的情况，还有骞归来后向汉武帝报告的摘录，一直记到张骞死。显然这部分是直接参考了张骞出使的国家档案。骞死之后，汉武帝时期与西方的关系，重点在李广利伐大宛事迹。因此《大宛传》实际是张骞、李广利事迹和西域情况的合编。当时西域情况离不开张骞，张骞通西域后，汉武帝的主要目的虽没有达到，但发现了一个很重要的产马的地点大宛，引起了汉武帝的重视，因为骑兵在当时的军事上是很重要的，骑兵的质量，马好与坏具有一定的关键性，因此，大宛的地位在当时看来是非常重要的，所以就以大宛来代表西域，因而把这篇内涵复杂不好纪名的传记就以大宛为名了。《史记》无《西域传》，《大宛传》即是。

西汉中西文化交流，汉武帝时期是主要时期，司马迁就是当时人，他不仅搜集到许多档案材料，并且和当时与中西文化交流有关的重要人物直接接触，如李广、苏建，所以，上述《史记》诸传、表的内容是可靠的。又因为这些传相互关联，我们要弄清西汉和西方的关系，必须把这几个传合起来，融会贯通，才能了解较多的情况。读书要得间，得间就是说看到一般所忽视的地方，因此就需要细心、使劲读。粗粗翻检，大概读读，"观其大略"，那只能看点皮毛。而我们今天要想在常见的书中找出有用的材料，就非得在细上下功夫不可。

《汉书》：《武帝纪》《李广苏建传》《卫青霍去病传》《张骞李广利传》《赵充国辛庆忌传》《傅（介子）常（惠）郑（吉）甘（延寿）陈（汤）段（会宗）传》《异姓诸亲王表》《匈奴传》《西域传》和《地理志》。

《史记·孝武本纪》是褚少孙所补，只记封禅事，无参考价值，因此武帝事迹要看《汉书·武帝纪》。本纪重要不仅在于事件的系年，

《汉书》本纪内容有的是本传中所未记的,所以看《汉书》诸传,都要随时以本纪为纲。《汉书》的传分两类,一类基本是抄《史记》原文,一类是记司马迁以后的西汉事迹。前一类抄《史记》有增多无减少,增的部分要注意,有些应是司马迁著《史记》时得不到的史料。《史记》《汉书》记录有不同,南宋人就注意到了,倪思《班马异同》可参看。我们注意西汉事迹,也要把两书对照起来看,因为两书写法不同,《汉书》也有把《史记》内容拆开来重新编排的,如把《史记·大宛传》中张骞、李广利事迹拿出来稍加以增补,另写了较详细的《张骞李广利传》。后一类是《史记》未及写的西汉事迹。司马迁《史记》截止于武帝天汉四年(前97年),公元前85年迁死。从天汉四年到王莽建新期间有103年,如包括王莽的十五六年,共近120年,这120年的史料是《汉书》所补充的,后两个合传和《匈奴传》与《西域传》的后半就属这类。《异姓诸亲王表》,补充以上列传。

《汉书》记匈奴与西域事和《史记》有很大不同:叙述的系统清楚、地理概念明确,出现了不少较深入的概括性的言论。这些不同,反映了《汉书》比《史记》深入。《汉书》的著者班固在窦宪幕府,掌文书,随宪出征匈奴,到达了今天蒙古西部的燕然山(今名杭爱山)和私渠海(今邦察干湖),可以推知班固对匈奴的历史和地理的知识都比张骞丰富。公元92年固死时,其弟超在西域驻节(今新疆西端)已十多年,这十多年中,班固除了可以看到超向东汉王朝的报告外,还常有家信往来,他们往来的家书,文献中还保存了片段。班超在西域和西汉时张骞凿空不同,他既长期驻扎在都护驻所,又时而领兵在塔里木盆地南北征讨,因此,了解西域诸地情况并进行各方面的军事、政治上的联系,是他的经常性工作,所以班超对西域的了解比张骞深入、广泛得多。因此,《汉书》匈奴、西域的资料,虽然写的时间晚些,但远比《史记》更为有用。

读《史》《汉》西方史事时,清代徐松《汉书西域传补注》《西域水道记》《新疆赋》和陶葆廉的《辛卯传行记》都可参考。西域古今地名不同,可查阅冯承钧《西域地名》。《汉书·地理志》是《汉书》开创的志书之一,《史记》中没有全国性的地理记录,《汉书》这个新内容,从中西文化交流这一点注目,它记北、西、南边远地区郡县的情况是很重要的。例如,在安定郡下记有月氏道(约在今六盘山地区),上郡下记有龟兹县(约在今陕北榆林北),这是怎么一回事?龟兹县,唐颜师古注说:"龟兹国人来降附者,处之于此,故以名云。"这句话如果可靠,西汉时就有位于今新疆中部的龟兹人迁到了内地的北边。月氏道又如何解释呢?更值得注意的是,《地理志》最后还附记了一段从合浦郡(雷州半岛、海南岛一带)和日南郡(越南中部沿海地区)到印度半岛的海路,甚至还记录了商贾、使者到那里喜欢搜求的各种物品。这些,当然都是我们这个专题所应注意的事项。

《后汉书》,刘宋范晔撰。范撰《后汉书》时在5世纪20年代(元嘉元年〔424年〕冬左迁宣城太守时的数年间),其时距东汉之亡(220年)已二百多年了。这时,世间已有七八种后汉书,范"删众家后汉书为一家之作"(《宋书》本传),但主要的根据是东汉一再续修的官书——《东观汉记》。《后汉书》是仿照《三国志》的体例,纪传不重复,具体事迹多著列传,所以本纪只有系年的作用了,此点是与《史记》《汉书》不同处。关于中西文化交流的事迹,可看《窦融传》所附的子固、曾孙宪传,《班超传》附子勇传和《梁慬传》,还有《西域传》《西羌传》《南匈奴传》。《西域传》有两部分新资料,一是"今撰建武以后,其事异于先者(先者指《汉书》所记而言)以为《西域传》,皆安帝末(最后一年是124年)班勇所记"。范晔如何能看到班勇所记?当然是根据东汉官修的《东观汉记》了。班勇是超的小儿子,是班超在疏勒时期娶的胡妇所生,所以公元100年班超在龟兹地区上疏中说:"谨遣子勇随献物入塞,及臣生在令勇目见中土。"这一年,超69岁,后二年即102年超回洛阳不久死去。107年,勇为军司马,和他哥哥雄出敦煌迎回西域的汉官兵,此后"西域绝无汉吏十余年"(《后汉书·班勇传》)。就在这十余年中,勇整理了他在西域的见闻,写出了文字材料,以勇的出身、经历,他的记录是非常重要的,因此《后汉书》这部分是值得珍视的。《西域传》的另部分新资料是关于天竺佛教和佛教传入中国的问题,这部分据范自己说,是"采闻之后说也"。这部分和前部分不同,前一部分因为班勇所记的文字资料早已不存，可能最早抄录班勇记录的《东观汉记》也不存在了，所以范书可贵。后部分就不如此，晋袁宏的《后汉纪》所记就比范为早，袁书尚存。魏鱼豢的《魏略·西戎传》中记得更详细，时间也更早，《魏略·西戎传》这部分也还存在。还有汉末人牟子的《治惑篇》更早些，所记的内容也比范书多。后两种书下面还讲。因此，《后汉书·西戎传》后一部分的史料价值就远远不能和前部分相比了。

《三国志》和《三国志注》，晋陈寿《三国志》本文，没有较重要的关于中西文化交流的纪事。东汉桓帝以后放弃了新疆，大约经过了半个多世纪，一直到魏曹丕时才又经营河西、注意西方，所以，魏对河西的经营的记录也有一定重要性，可看《张阮传》《苏则传》和《仓慈传》。《三国志》记事简略，所以刘宋裴松之给它作了大量的注，裴注主要是从各书中直接抄录文字，置于有关的纪传文句之下，有时与文句无关的，而他认为应当补充的，也抄进去了。后一种抄录，往往大段置于有关的纪传全文之后。前面引用的《诸葛亮集》记蜀与月氏康居合兵是属于前一种。前面引用的《魏略》记胡绫和记月氏马多事都是属于后一种的，裴在《三国志·魏志·东夷传》末，大约是把《魏略·西戎传》的全文都抄进去了。幸亏裴的引用，给后人保留了一篇很重要的有关中西文化交流的文献。《西戎传》的西戎是指曹魏以西的民族和国家，从甘肃、四川的氐羌向西一直记到地中海，还记了从海路向西的印度支那半岛和印度半岛的事迹，因此，它是继《后汉书》中班勇所记之后的重要史料，现简略地从我们专题的角度，说说《三国志》裴注所引的《魏略·西戎传》的内容：1. 南迁的匈奴部落。2. 月氏余种。3. 从玉门关向西有三条道：南道到印度，中道到地中海的罗马（大秦），北新道从天山以北向西向北到今乌拉山东西麓。4. 在南道内讲到了大月氏（贵霜）盛时情况，还讲到印度半岛和我国云南、四川的交通情况。5. 在中道着重讲罗马（大秦），《魏略》是现存记大秦最早的书籍（比《后汉书》早一百多年），讲到了那里的特产玻璃有十种颜色，讲到了十种颜色的毛织品（氎毤和毾㲪）、十二种香，这些都是大秦传统的向中国输出的物品。6. 北新道主要记录这个区域的各种骑马游牧民族。

《晋书》关于西晋部分有用的资料不多。它的《四夷传》中的西戎部分，新疆地区只记了焉耆、龟兹，葱岭以西只记了大宛、康居、大秦，记得很简略，大部抄自以前的书籍，只是在摘录前人记录之后增加了几句和西晋的关系。这里不想多讲了。

关于汉魏西晋中西文化交流的文献资料，还有新疆、甘肃地区出土的汉晋木简和纸质文书，可参看《流沙坠简》和它后面所附的《补遗》部分。另外，还有一些佛教的书籍，这部分内容比较复杂，只想介绍两部书，以后有用时，大家先看这两部书，从中找线索：一是梁僧祐撰《出三藏记集》，记录翻译佛经的人和事，从汉记到他那个时代；二是《弘明集》，也是僧祐撰，辑录了从汉到他那个时代的有关佛教的重要文章。这两书是相互为用的，所辑都是佛教传入我国初期的重要史料。《弘明集》卷一收汉末交州地区牟子《治（理）惑篇》，是古书中讲到佛的最早一种。僧祐两书，都收到历代大藏中，前者无单行本。后者商务《四部丛刊》所收是明《径山藏》本，此本是根据明人改动了卷数的单刻本，不好。看这种书最好取南宋《碛砂藏》和《高丽藏》两本对照看，《碛砂藏》有影印本，日本铅印的《大正藏》的底本是《高丽藏》，所以这两个本子都易找。关于佛教传入中国的问题，希望大家先看看汤用彤《汉魏两晋南北朝佛教史》（中华）上册，然后再进一步看佛教的书籍。

2．有关中西文化交流的汉文古文献（二）
（5—9世纪）

5—9世纪即南北朝至唐末这一阶段。这一阶段在中西文化交流方面牵涉的主要少数民族和有关国家，有柔然、嚈哒、突厥、粟特、波斯和东罗马。为了有重点，着重讲和西方有关的史料，即后三项。为了讲述方便，我们分前后两部分。前部分讲有关南北朝、隋的汉文古文献，后部分讲有关唐的汉文古文献。

前部分与南北朝有关的汉文古文献，先讲讲"七史"。

南四书（《宋书》《齐书》《梁书》《陈书》）和北三书（《魏书》

《北齐书》《周书》）合起来称为"七史"。"七史"因为唐李延寿《南史》《北史》流行之后，逐渐不被重视，到了11世纪北宋国子监想刻印"七史"的时候，已经找不到完整的本子了，特别是北朝三书，残缺得最厉害。于是，北宋人就反过来又据《北史》把残佚的部分补了进去。北宋国子监校补的时候，本来可以作得更好一些，因为当时内府的收藏还比较完整，前它不久所编辑的《太平御览》(《御览》引书多从宋以前的类书中抄录）、《册府元龟》从"七史"里抄录的资料就完整得多，另外唐朝人抄录"七史"的资料如《通典》也可以参考，这些书北宋国子监刊"七史"时都没去搜集和参看，因此，我们今天看"七史"，特别是遇到北宋补的部分，不仅需要翻阅南北史，而且需要看《太平御览》《册府元龟》和《通典》。

前部分南北朝隋的汉文古文献，在北朝主要是魏收的《魏书》。因前有曹魏所以又叫"后魏书"。魏收，《北齐书》中有传。但大部分是北宋根据《北史》补足的。《魏书》中牵涉中西文化交流的部分，主要是《西域传》《蠕蠕（柔然）、匈奴、徒河、高车等国合传》。我们前面说过，魏收的《魏书》这部书和后面将要介绍的《北齐书》《周书》到了北宋初都有了残缺，《魏书》就佚失了三分之一。即是在卷子本时，就不完全了。第一次雕板，北宋仁宗时国子监刻本，这个最早的刻本就是根据《北史》等书把它补齐的。上述和我们关系重要的两个传，偏偏就是北宋时后补入的。经过核对，知道《魏书》这两个传补自《北史》，因此我们就要对《北史》的这两个传作番史料的考证工作。现以《西域传》为例，经过考证大致可以证明《北史·西域传》原来就是抄自《魏书》《周书》和《隋书》，现在我们把《北史》记录北魏以后的事迹删去，大体上就恢复了《魏书·西域传》的面目。我们只能说大体上，因为《北史》抄《魏书》时简略很多，如《北史·西域传》记"疏勒国"条，在叙述佛衣一段之后，比《太平御览》卷993所引的《后魏书》就缺"后每使朝贡"句（《魏书》同）；甚至还有整条漏去的，如《御览》卷797引《后魏书》记"乌则国"条就不见于《北史》(《魏书》同）。但是毕竟还可以恢复其大概。在大体上了解《魏书·西域传》内容之后，再考虑一下当初魏收的史料来源问题，看看它的可靠程度如何。魏收修《魏书》是以北魏当时所修的各种国史为根据，并参考当时政府的档案，因此知道它的这部分史料来源有三个主要方面：

一、太武帝时（424—451年）派董琬、高明出鄯善路西行招抚西域，西到乌孙（伊力河流域）、破洛那（费尔干纳），即以前的大宛；浩罕，《大唐西域记》作忓、者舌（石国，塔什干），即锡尔河流域。439年凉州平后，"琬等使还京师（平城），具言凡所经见及传闻……琬所不传而更有朝贡者，记其名不能具国俗也"（《北史·西域传·序》，抄自《魏书·西域传》），可见《魏书·西域传》主要部分是根据太武帝平凉州后董琬、高明的报告。这部分有一个特征，即从鄯善起过葱岭西到大秦，南到印度的里程，都记"去代××里"，即是从平城算起的，这当然是根据北魏都平城时的档案记录。在平城时关于这方面的档案，应当主要是来源于董琬、高明。

二、太武帝时还有一项记录，也是很重要的。5世纪中叶，北魏曾向萨珊波斯派遣使臣韩羊皮，北魏波斯之间开始了直接交往，因此，《魏书》中出现了关于波斯较详细的记录。

三、北魏迁洛以后，约在516—518年间曾派宋云、慧生二人去葱岭西迄印度河中上游健驮逻一带求经，当时这个地区在嚈哒范围之内，二人归来（522年）都有行记。《魏书》对嚈哒及其附近的记载从朱居（朱俱波，今叶城）到乾陀罗共七国事，是根据《慧生行记》写成的。今本《魏书·西域传》"嚈哒"和最后一段"康国"条，也是抄自《北史》，但这两段，《北史》不是抄自《魏书》，而是抄自《周书》和《隋书》。我们分析了今本《魏书·西域传》的史料来源知道，《魏书·西域传》的资料大都是根据当时见闻，可靠，是这时期最重要的文献记录。

魏收《魏书》之外，杨衒之的《洛阳伽蓝记》也是很重要的记录。北魏迁洛以后，北魏和西方的关系，特别是和嚈哒统治下的粟特、健驮逻地区的关系很密切，洛阳多胡人，风俗多胡风，《伽蓝记》反映较多。末卷（卷五）抄录了《宋云行记》的重要部分。宋云518年从洛阳出发，经今西宁穿今青海省抵鄯善，走南路过于阗，从今莎车南经阿富汗东北到达健驮逻地区，南下一直到健驮逻的中心印度河中上游今巴基斯坦北部。522年回到洛阳。它是6世纪初期中西关系最详细的记录，所以一直为中外学者所注目。法人沙畹曾译注，冯承钧有译文刊在《西域南海史地考证译丛》第六编内。

《魏书》以后的《北齐书》《北周书》虽没有《魏书》重要，我们也不应忽略。

《北齐书》，唐初李百药根据他父亲李德林的旧稿编成的。李德林在北齐时预修国史，入隋后续增成书。李百药有这个完整的底本，自然容易成书。也正是因为《北齐书》修纂及时，所以内容比较丰富。可惜的是，北宋初仅存了不到一半，另一多半是北宋国子监刊印时，用《北史》等书补入的。《北齐书》没有西域传之类的边境地区的国别列传。但书中有关文化交流的内容不少，只是散在各传中。其中《武成十二王传》《祖珽传》《恩倖传》很重要，这三传偏偏又都是宋人补入的。因此今天看《北齐书》，应与《北史》和《太平御览》的引文合读。中华书局排印本的校注可参看。

《周书》，唐初令狐德棻等撰，《周书》的根据不多，史料贫乏。《元纬传》记："天厌移德，鼎命已迁，枝叶荣茂，足以逾于前代矣，然简牍散亡，事多湮没。"即使是北魏皇室在北周居大官的也事多湮没，可见唐初搜集北周史料之困难。因此《周书》一般地说不如《北齐书》丰富。另一方面，宋校补此书的人，水平远不如校《魏书》《北齐书》两书的人，所以这又是今本《周书》无法弥补的后天缺欠。但北周一代只靠此书，另外，《魏书》在北魏分裂东西以后，以东魏为正统，不记西魏，西魏二十多年事迹附在《周书》中，这就又增加了"北周书"的重要性。《周书》记西域事在《异域传》。《异域传》记西方情况一段抄自《魏书》，然后补几句西魏北周事。但其中有几个传很重要。稽胡、突厥都是《周书》最先为之立传的。突厥情况不必多讲了，这里介绍一下稽胡。"稽胡一曰步落稽，盖匈奴别种……自离石以西，安定以东，方七八百里，居山谷间，种落繁炽"，这个稽胡是匈奴盛时从西方掠来的雅利安系统的西域胡人，他们在这个区域活动，大约从公元前开始一直到以后的唐代，差不多延续了一千年。他们这个地区，我们应当考虑：其前和大月氏，其后和辽金以来是汪古部集居的地点，都相距不远，这个传统的雅利安人活动区的历史，一直到现在并不甚清楚，但可以推想他们在中西文化交流上应是很重要的。《周书》注意了稽胡是很有见地的。高昌、吐谷浑两传也很重要，这两传虽都沿自以前的史书，但增加了不少新史料。高昌的官制、服饰、文字、语言等，都比以前所记的内容详细，特别是文字语言的记录，可以反映当时这里汉胡杂居的情况，"文字亦同华夏，兼用胡书。有《毛诗》《论语》《孝经》，置学官弟子，以相教授，虽习读之，而皆为胡语"。这个胡语，从吐鲁番发现的文书看，很可能是吐火罗 A（焉耆语）种语，可见使用吐火罗 A 种语的民族，在北朝晚期—唐初（6 世纪—7 世纪前半）即唐在这里设西州（640 年）以前，在这里的实力是很大的。《吐谷浑传》记吐谷浑统治者曾组织大批商胡多至二百四十人，赶着骆驼队到北齐进行交易的事迹。这一纪事很重要，因为北齐粟特人很多，北齐文化中反映的西方因素很多，怎么传来的？如果说都是继承东魏、北魏，好像比北魏又出现了不少新内容，那么通过什么渠道从西方到了东方呢？北周是敌国，当然不会给予很多的方便，北方突厥地区当然可以通过，这里又很具体地提供了吐谷浑一途。而这条路是从伏俟城（吐谷浑王庭所在地）向东北翻祁连山，从北周凉州以西偷越今宁夏北部的沙漠地区，绕沙区而进入北齐领域的。

以上是北朝重要文献。

南朝宋齐梁陈四部史，宋、南齐、梁三书有蛮夷、诸夷传。《宋书》涉及范围窄，《南齐书》太略，《梁书》的《诸夷传》最详细。这是由于梁注意海外关系和统治集团重视佛教的缘故。因此，我们着重讲《梁书》。《梁书》撰于唐初姚思廉，思廉是继续其父察的旧稿。察梁臣，入陈修梁史，陈亡又入隋，奉诏修梁、陈二史，未成卒。唐初贞观三年（629 年）诏思廉继父业与魏征共同完成。因为有这样的渊源，《梁书》虽成于唐，但是是根据梁朝的资料完成的，所以资料比较丰富。姚察世奉佛教（父名僧垣），由于熟习佛教情况，所以对于佛教起源的西方比较注意，因此有关《诸夷传》中的"南海诸国"记录南海交通和斯里兰卡（师子国）、中天竺等地内容较为丰富。齐梁时期为了对付北魏，与魏北方、西方的民族、国家，经过四川、青海相往来，

《梁书·诸夷传》的"西域诸戎"的资料也很丰富。因为史料来源不同，所以它的记录往往和同时期北朝的史书记录不一样。其中有芮芮（柔然），有滑国（嚈哒），还有波斯。在滑国和波斯的记事中，都提到了波斯锦和波斯锦有狮子纹样以及波斯锦织金线等工艺，这是有关波斯锦见于我国文献的最早的记录。

关于南朝的史料，有两部和尚传记值得注意：梁释慧皎的《高僧传》、唐释道宣的《续高僧传》。前书从后汉著录到梁初，后书从梁初到唐麟德二年（665年）。前书成于梁时，故记南北朝的僧人，主要是南朝的。后书虽著于唐初，因为道宣是吴兴人，所以，所记还是以南方僧人为多。僧人和中西文化交流的关系，不仅限于传教翻经，不少东来的西方和尚在当时和上层人物往来很多，生活习俗的交流也不少，更重要的是从他们的姓名、乡里和往来路线的记录中，可以了解当时和中亚、西亚各地关系的情况。这两部僧传本子很多，以金陵刻经处本最常见，但该本改名作《高僧传初集》《续高僧传二集》，不恰当。如有条件最好找《大正藏》看，收在该藏卷50。

隋统一南北，炀帝时中西文化交流逐渐繁盛。我们文献的依据主要是《隋书》。《隋书》是唐初和《梁书》《陈书》《北齐书》《周书》一起编修的。唐初与隋衔接，各种资料不缺乏。关于中西文化交流方面，《隋书·西域传》内容丰富，大体上可以和《魏书》衔接。这是由于炀帝时派韦节、杜行满、李昱等人出使昭武九姓区域和波斯的直接经历。另外还派裴矩到武威、张掖一带，掌管与胡商交市的事，《裴矩传》记："诸商胡至者，矩诱令言其国俗、山川险易，撰《西域国记》三卷，入朝奏之。"其序曰："……发自敦煌，至于西海，凡为三道……北道从伊吾……至拂菻国，达于西海。其中道从高昌……至波斯，达于西海。其南道从鄯善……至北婆罗门，达于西海……故知伊吾、高昌、鄯善并西域之门户也；总凑敦煌，是其咽喉之地。"

这段记录：第一，可以说明《西域国记》是《隋书》根据的史料之一；第二，更明确地记录了从中原通向西海（地中海到波斯湾）的路程，其北、南两道和《汉书》《魏略》的记录相比，都有了伸延和变化，这个伸延变化，反映了在南北朝一段中西交通的发展情况。西亚、中亚的民族，自古以来就能歌善舞，在南北朝一段，特别是北朝，非常喜爱西亚、中亚的乐舞百戏，北魏、北齐、北周，特别是北齐最为显著，关于这方面的资料，南北朝的史书虽有记载，但不系统。《隋书》的志是《五代史志》（梁、陈、北齐、北周、隋五代），所以《隋书·音乐志》记录得非常完备，是从音乐杂伎方面考察文化交流的重要资料。《隋书》不仅"志"总结五代事，其实全书涉及中西关系的事，都可以看作是总结南北朝晚期的结果。

后部分是唐代的古文献。唐代东西文化交流的史料，首先我们讲三部去西方的行记：

一、玄奘《大唐西域记》。玄奘西行时间是627—645年，645年（贞观十九年）正月回到长安，不久奉太宗命写了一部行程记，646年春写成。该书由玄奘口述，辩机笔录，然后由玄奘修改定稿的。玄奘从长安经瓜州、伊州到高昌，然后再经龟兹西行由碎叶进入锡尔、阿姆河流域即昭武九姓地区，然后折而南行到健驮逻地区，再从印度河上游东抵恒河流域，然后在印度半岛绕了一圈，又从健驮逻地区逾葱岭经疏勒（喀什）、于阗（和田）、鄯善（若羌）到沙州（敦煌）东返。玄奘行记记录了沿途中亚—印度138个国家或地区的历史、地理、风俗、习惯和佛教的情况等。内容极其丰富，近百年来，国际上一直给予很高评价，他不仅记录了大量有关中西关系的事迹，而且是7世纪以前中亚和印度历史的重要文献。这部书一直没有好的本子，1957年，南京金陵刻经处刊刻的吕澂定本是较好的，后来韦巽以吕定本作底本又作了一次校勘，并标点分段，1977年上海人民出版社出版，这是现在最好的也是最易找的本子。

二、是法伯希和从敦煌弄走的一个游行印度的行记的残卷（P.3532），因为首尾俱缺，所以既不知书名，更不知作者。但这个残卷存有200多行，残卷的开始是记印度北部，由北而中而南、西部，然后好像越过喜马拉雅山脉经过吐蕃西部取道健驮逻地区，再从今阿富汗西到大食（旧波斯地区），拐了一下北上到突厥控制下的昭武九姓地区，之后东越葱岭，"葱岭镇，此即属汉，兵马见今镇押……至疏勒……至龟兹国，即是安西大都护府，汉国兵马大都集处……从此以东,并是大唐境界,诸人共知,不言可悉。开元十五年上旬至安西……"这里告诉我们,这个游行者到安西大都护府时是727年(开元十五年),因此可知这个行记的时间是在8世纪前期,他的时间上距玄奘的时间大约迟了半个世纪。内容比《大唐西域记》少些,但也记录了不少重要事迹,特别是着重记录了当时唐代在中亚的实力、佛教派别以及商业往还情况。这残卷发现不久,1909年罗振玉收入《敦煌石室遗书》中,公布了录文,讹误较多,但附有札记,罗根据元和五年(810年)撰成的慧琳《一切经音义》的记载,考订为慧超《往五天竺传》,但《音义》记该书为三卷,此残卷不分卷,当是"略出"本。慧超是新罗僧,不空弟子,其入天竺系取海道,归则由陆路,记"海道"的部分,很可惜已不存在了。1926年羽田亨和伯希和合编《敦煌遗书》,公布了影印本,1927年收入《大正藏》,现最好的录文本应是1941年《京都大学史学科纪元二千七百年纪念史学论文集》中所收的《慧超往五天竺国传迻录》,这是羽田写的录文,此录文后又收入《羽田博士史学论文集》上集(1957年)。1910年藤田丰八用汉文作了笺释,解放前有铅印本,可参看。

三、杜环《经行记》。杜环天宝末任职在高仙芝军队中,751年怛逻斯之役被俘到大食都城(在今巴格达西南),宝应初(762年),即十一年后,才随商船到广州,然后回到长安,写了一部《经行记》。此书,新旧《唐书·艺文志》未著录,很早就佚失了,原书有多少卷不知道。他同族的叔伯辈的杜佑,公元801年撰成《通典》,边防、西戎传里抄录了十二段,1500多字。保存下来的就是这些。从这十二段中,知道杜环到过拔延那(费尔干纳)、碎叶、昭武九姓区域、伊朗、伊拉克、叙利亚和地中海东岸一带。回来时走的是海路,经过师子国(斯里兰卡)。这部书记录得很切实可靠,记录了当时唐势力在中亚的情况,中原人流落到西亚的情况,记录了唐朝许多工艺技术的西传,也记录了西亚的工艺和特产,当时伊斯兰教在西亚发展很快,他也忠实地记录了下来,是我国书籍中叙述伊斯兰教最早的一种。杜环《经行记》现有张一纯的《经行记笺注》,中华书局出版,可参看。这三部行记年代相连续——646年、727年、762年,都是出自亲历其地的人之手,毫无疑问是有关中西关系的第一手资料。

其次是当时编辑的资料，重要的有释道宣的《释迦方志》和道世的《法苑珠林》，还有敦煌发现的几部地志。后者以前已经择要讲过了。现在着重讲讲前两种。《释迦方志》书只两卷，是道宣搜集唐初以前记录从海陆两途西去的书籍中有关天竺的部分编排成书的。成书的时间是永徽三年（652年），这时玄奘书已写成六年了，所以，道宣搜集的资料最后一部即是《大唐西域记》。道宣自己未西行，都是抄自人家，但他所根据的书绝大部分已经散佚了，所以这个第二手资料就有其珍贵的价值了。这里只想介绍卷上《遗迹篇》所记的西去路线这一件事，以说明这书的重要性。他记唐时西去印度有三道。东道：河州（甘肃临夏）—鄯州（青海东部），经今青海，南下到吐蕃，翻喜马拉雅山到北印度的尼波罗，即今尼泊尔。中道：鄯州—凉州—瓜州（在今安西境内）—沙州，走南路经鄯善—于阗—疏勒，逾葱岭，到今阿富汗，东南下经健驮逻地区抵西印度，再西北与北道合。北道：瓜州—伊州（今哈密）—西州，走中路经焉耆—龟兹，西经热海（今伊塞克湖）到素叶水城（碎叶）—怛逻斯城—昭武九姓区域—今阿富汗地区与中道合。中道、北道是旧路，东道，这是最早的记录。此外，还可以看出唐初青海东北部在向西去的路线的重要，这是上沿南北朝晚期的路线，鄯州即今西宁，西宁曾出一陶罐，内盛100多枚萨珊银币，正反映了它从南北朝晚期到初唐这一时期的要冲地位。《释迦方志》这书比较少见，最方便的是看《大正藏》卷51。

《法苑珠林》100卷，撰成于总章元年（668年）。道世与玄奘、道宣同时，往来都很密切，也是唐初一个名僧。唐初，书籍难得，所以多编类书（如《北堂书钞》《艺文类聚》），佛书也是如此，《法苑珠林》就是佛书中的类书。把佛家故事分类编排了一百篇，每篇末有感应缘，是记信佛或不信佛的俗间故事的，这里边引了唐以前和唐初140多种佛经以外的书籍。内容虽然主要是佛教感应的宣传文字，但其中记的时间、地点和人，都有不少有关中西文化交流的资料。这里举一例，玄奘去印度后，摩伽陀国王遣使来唐，643年唐太宗派王玄策为答使，这次大约是646年，647年太宗又派他去了一次。657年高宗又派他去印度送佛袈裟。王玄策去了印度三次，他写了一部《中天竺行记》（撰年约在661—666年间）。王的路线都是走吐蕃和尼泊尔，即《释迦方志》所记东道。《中天竺行记》宋以后佚亡了，《法苑珠林》引了十多条。道世与王玄策熟悉，书中还有记玄策亲自向他说的事迹。王玄策使印事迹别的书虽也有些记载，但最详细的是《法苑珠林》。关于《法苑珠林》一书在中西文化交流方面的重要性，当然不止记录了王玄策一事，这里只是举一个例子就是了。《法苑珠林》传本较少，最好看《大正藏》。《四部丛刊》所收的120卷本不好。

直接的行记和当时人间接编辑的书籍之外，就是唐以后五代和北宋人对唐代事迹的记录了。和这些有关的书籍，在五代北宋时，有三个较重要的编写时期：

第一个时期是从五代后期到宋初即10世纪中后期。具体的书有后晋开运二年（945年）修成的《旧唐书》和宋初公元961年续修成的《唐会要》。这个时期的官修书籍，大体继承了以前的官书，因为去唐亡未远，除保存下来的官家的记录外，其他史料尚未集中。

第二个时期是北宋真宗时代即10—11世纪之际。这时宋政府注意了过去的典籍收集工作，唐代史料也开始集中，和我们有关的书籍有两部官修的大书——《太平广记》（977—978年）和《册府元龟》（1005—1013年）。《太平广记》五百卷，分类编辑杂记小说，其中收了不少唐人著作，唐人对西方的异闻和西方民族入居中原后的事迹，写过不少杂记小说，这些绝大部分南宋以后就逐渐佚失了，但有不少分散地保存在《广记》里。明人曾从其中辑出不少专书，但遗漏很多，我们今天引用要直接从《广记》中收集。这部书，过去不易找到，解放后中华书局有铅印本，就方便了。《册府元龟》一千卷，把过去所谓的正史中的记事，分类编辑而成的类书，其中唐代事迹很多，他除了根据《旧唐书》，还根据了不少已佚的其他唐史。

第三个时期是11世纪中晚期即宋仁宗到神宗时代。具体的重要书有《新唐书》（1043—1060年）和司马光的《通鉴》《通鉴考异》（1065—1084年）。第三个时期唐史料大都集中了，因此，这时期的著作比较成熟完整，因为多方面的史料都出来了，对一些相同的事迹出现了不同记录和看法，所以需要考订了，《通鉴考异》这部书就是交代这个问题的。

  以上三个时期虽然愈往后愈完整，但这只是一般地说，遇到具体事实，三个时期的记录还需要互相参考。不能有所偏废，因为它们所根据的史料，都是唐代的和距唐很近的人的记录，所以以上举的具体的书，都应同等地重视。在这些书中最重要的还是两《唐书》。因为两《唐书》毕竟还是有系统的唐代史书：两《唐书·地理志》中都记录了唐盛时在西方的建置，《旧唐书·西戎传》《新唐书·西域传》记录了大量和西方有关的国家、民族的资料。此外，两书的突厥、回纥、吐蕃传也记了不少与中亚、西亚有关的事迹。还有许多有关人的列传如侯君集、郭孝恪、苏定方、裴行俭、王方翼、王孝杰、唐休璟、郭元振、杜暹、高仙芝、封常清、阿史那社尔、契苾何力等传也都应参看。关于和西方的关系，《新唐书·地理志七下》曾记录了一些行程，这是《旧唐书》所没有的，因修《旧唐书》时，没有看到贾耽贞元十七年（801年）所上的《海内华夷图》《古今郡国县道四夷述》，这两部著作《新唐书·艺文志》才开始著录，因此知道《新唐书》是根据贾耽的记载增出了这部分。《新唐书》所记的行程有陆路，有海路。陆路比较简单，属于葱岭以西的，只有从安西、碎叶去昭武九姓区域一路比较重要。海路的记载很重要、很详细，有许多地点现在还搞不清楚，但大致可以估定：从广州入海，经印度支那半岛，穿麻六甲海峡至师子国，到印度半岛东部，绕而西，北上到大食区域（伊朗），进波斯湾，溯河抵大食都城缚达（巴格达），然后登陆，经今伊朗西部、北部到昭武九姓区域与陆路相接。从大食还记有向西的航线，绕阿拉伯半岛南端到非洲东海岸的索马里地区。贾耽详于海路，正是唐后期海运发展的反映，这一点正和考古发现的实物相符合。唐后期向外输出的工艺品中，瓷器数量激增，瓷器易碎，陆运不便，这只能是海运发展了才能出现的新情况。

中国佛教石窟寺遗迹

3—8世纪中国佛教考古学

目　次

前言 ………… 259
一　中国佛教石窟寺遗迹研究简史和参考书简介 ………… 260
二　早期佛教遗迹与石窟寺遗迹的分布 ………… 266
　　1．新疆地区 ………… 269
　　2．北方地区 ………… 272
　　3．南方地区 ………… 279

三　云冈石窟的分期 ………… 285
四　云冈、河西地区以外的早期石窟寺 ………… 302
　　1．龙门石窟 ………… 302
　　2．巩县石窟 ………… 304
　　3．响堂山石窟 ………… 305
　　4．天龙山石窟 ………… 306
　　5．炳灵寺石窟 ………… 309
　　6．麦积山石窟 ………… 310
　　7．泾川石窟 ………… 313

五　敦煌莫高窟现存早期洞窟的年代问题 ………… 315
　　一 ………… 315
　　二 ………… 322
　　三 ………… 326

六　新疆克孜尔石窟的初步探索 ………… 332
中国佛教石窟寺　图版 ………… 339

插图目次

图1a　成组的禅窟——库车苏巴什第5窟平面示意图　…………　266

图1b　两座比邻的僧房窟——拜城克孜尔第5、6窟平面示意图
（《新疆克孜尔石窟考古报告》第一卷）…………　266

图2a　塔庙窟——克孜尔第38窟平面、纵剖面示意图　…………　267

图2b　克孜尔第38窟内部（《中国石窟·克孜尔石窟一》82）…………　267

图3a　佛殿窟——敦煌莫高窟第45窟平面、纵剖面示意图　…………　268

图3b　莫高窟第45窟内部（《中国石窟·敦煌莫高窟三》124）…………　268

图4a　石窟组合——克孜尔第38—40窟连续平面、连续外立面示意图　…………　269

图4b　克孜尔第96—105窟连续平面、连续外立面示意图　…………　269

图5　中国佛教石窟寺遗迹分布示意图　…………　270

图6　四川地区佛教遗迹分布示意图　…………　282

图7　大同云冈石窟平面示意图（云冈石窟文物保管所编《中国石窟·云冈石窟（一）》）…………　285

图8　缪式（荃荪）抄校《永乐大典·顺天府》中《大金西京武州山重修大石窟寺碑》全文录文　…………　287

图9　云冈第16—20窟（昙曜五窟）平面示意图（《中国石窟·云冈石窟二》241页）…………　290

图10　云冈第17窟主尊交脚弥勒（《云冈石窟》卷12，图46）…………　291

图11　云冈第7、8、9、10、5、6、1、2和第3窟平面示意图　…………　293

图12　云冈第10窟前室左、右、后三壁展开示意图（中华人民共和国国家文物局申报世界文化遗产文本《云冈石窟》图8，2000年）…………　294

图13　云冈第9、10窟纹饰与大同司马金龙墓出土器物纹饰和其他有关纹饰的比较　…………　296

图14　云冈第三期洞窟平面及题材布局

图15　龙门石窟北朝石窟连续平面示意图（《中国石窟·龙门石窟》

　　　　—281页之后的实测图）………… 303
图16　龙门古阳洞平面图 ………… 303
图17　龙门宾阳三洞平面图 ………… 303
图18a　龙门魏字洞平面图 ………… 304
图18b　龙门皇甫公洞平面图 ………… 304
图19a　巩县大力山石窟平面示意图 ………… 304
图19b　巩县大力山第1窟平面示意图 ………… 305
图20a　南响堂第4窟平面示意图 ………… 305
图20b　南响堂第1窟平面示意图 ………… 305
图21　北响堂第3窟（中洞）平面、外立面示意图 ………… 307
图22　天龙山第1—8窟平面、外立面示意图（图22—24，采自李裕群、李刚编著
　　　《天龙山石窟》第4页图二、19页图一〇、42页图二八）………… 308
图23　天龙山第2窟平面纵剖面图 ………… 308
图24　天龙山第8窟平面示意图 ………… 308
图25　炳灵寺第169窟平面及正、侧壁立面图（《中国石窟·永靖炳灵寺》217页，
　　　第169窟实测图）………… 309
图26　麦积山石窟全图（《中国石窟·天水麦积山》附页）
图27a　麦积山第78窟平面、纵剖面、正壁立面图（《麦积山石窟的新通洞窟》，
　　　《文物》1972年第12期）………… 311
图27b　麦积山第78窟正壁及侧壁造像（《中国石窟·天水麦积山》3）………… 311
图28　麦积山第62窟平面、剖面、前壁立面、窟顶仰视图（《中国石窟·天水麦积山》
　　　250页）………… 311
图29　麦积山第30窟平面、外立面、纵剖面图（《中国石窟·天水麦积山》202页，
　　　图3）………… 311
图30　麦积山第43窟外立面、纵剖面、平面、石柱细部图（《中国石窟·天水麦积山》
　　　204页，图5）………… 312
图31　麦积山第4窟平面、纵剖面、外立面图（《中国石窟·天水麦积山》207页，
　　　图11—13）………… 312
图32a　泾川南石窟寺第1窟平面示意图 ………… 313
图32b　庆阳北石窟寺第165窟平面示意图 ………… 313
图33　敦煌莫高窟早期洞窟（分四个阶段，窟号下面标出的一、二、三、四，
　　　即指该窟所属的阶段）连续平面示意图 ………… 316
图34　莫高窟第266—275窟平面（部分附仰视）、266、267—271、272、275
　　　窟剖面示意图（《文物》1955年第2期）………… 317

图35　莫高窟第285窟平面、纵剖面图（《中国石窟·敦煌莫高窟一》225页实测图）............ 318

图36　莫高窟现存早期第二、三阶段洞窟边饰花纹比较例 325

图37a　克孜尔第24窟平面示意图 334

图37b　克孜尔第15窟炉灶细部 334

图38　克孜尔第80窟平面、横剖面、纵剖面示意图 335

图39　克孜尔大像窟形制的演变 337

表一 274
表二 280
表三 314
表四 328
表五 329

图版目次

图版一 a　云冈第18窟主像（三立佛）………… 341

图版一 b　云冈第20窟主像（一坐佛、二立佛）（《中国石窟·云冈石窟二》183）………… 341

图版二　云冈第8窟后室（窟顶平棊、壁面分层分格布局、后壁上层龛部分主像——倚坐、交脚、思惟等形象）（《中国石窟·云冈石窟一》174）………… 342

图版三 a　云冈第6窟东壁上层（《中国石窟·云冈石窟一》115）………… 343

图版三 b　云冈第7窟后室前壁明窗东壁（坐禅僧人）（《中国石窟·云冈石窟一》151）………… 343

图版四 a　云冈第9窟前室西壁连续的本生（内附有长条形书写榜题处）（《中国石窟·云冈石窟二》14）………… 344

图版四 b　云冈第6窟中心塔柱北面下层释迦多宝和其上两侧的连续佛传（《中国石窟·云冈石窟一》62）………… 344

图版五 a　云冈第13窟前壁（屋檐形龛顶、七佛、千佛）(《中国石窟·云冈石窟二》118）………… 345

图版五 b　云冈第6窟前壁（维摩与文殊）(《中国石窟·云冈石窟一》111）………… 345

图版六 a　云冈第34窟西壁（《中国石窟·云冈石窟二》205）………… 346

图版六 b　云冈第35窟后壁（正壁）（《中国石窟·云冈石窟二》210）………… 346

图版七 a　云冈第38窟壁面（《中国石窟·云冈石窟二》213，210-211图1-4）………… 347

图版七 b　云冈第38窟壁面（《中国石窟·云冈石窟二》213）………… 348

图版八　云冈第19B窟后壁补刻小龛和小龛题铭………… 349

图版九　云冈第3窟中心柱西壁龛（《中国石窟·云冈石窟一》19）………… 350

图版一〇 a　龙门古阳洞尉迟夫人龛（《中国石窟·龙门石窟一》156）………… 351

图版一〇 b　龙门古阳洞南壁（《中国石窟·龙门石窟一》139）………… 352

图版一一 a　龙门宾阳三洞外立面（《中国石窟·龙门石窟一》4）………… 353

图版一一 b　龙门宾阳中洞正壁造像（《中国石窟·龙门石窟一》7）（左）………… 354

图版一一c　龙门宾阳中洞外左侧金刚力士（《中国石窟·龙门石窟一》6）（右）………… 354

图版一二a　龙门石窟寺（皇甫公洞）正壁龛主尊（《中国石窟·
　　　　　　龙门石窟一》186）………… 355

图版一二b　龙门石窟寺（皇甫公洞）南壁龛主尊（《中国石窟·
　　　　　　龙门石窟一》188）………… 355

图版一三a　巩县大力山第4窟中心柱南面（《中国石窟·
　　　　　　巩县石窟寺》163）（左）………… 356

图版一三b　巩县大力山第1窟中心柱东面（《中国石窟·
　　　　　　巩县石窟寺》3）（右）………… 356

图版一四　北响堂山南洞外立面及外立面示意图（李裕群《北朝晚期石窟寺研究》
　　　　　　图七，3）………… 357

图版一五a　永靖炳灵寺第169窟6号龛（《中国石窟·永靖炳灵寺》21）………… 358

图版一五b　炳灵寺第169窟北壁维摩诘和侍者之像壁画（《中国石窟·
　　　　　　永靖炳灵寺》37）………… 358

图版一六a　炳灵寺第126—128窟外立面（《中国石窟·永靖炳灵寺》80）………… 359

图版一六b　炳灵寺第132窟西壁释迦多宝像（《中国石窟·永靖炳灵寺》94）………… 359

图版一六c　炳灵寺第132窟东壁涅槃像（《中国石窟·永靖炳灵寺》101）………… 359

图版一七a　天水麦积山第43窟崖面窟檐雕刻（《中国石窟·
　　　　　　天水麦积山》144）………… 360

图版一七b　麦积山第4窟（七佛阁）一列宝帐龛面和列龛外的前庭部分（《中国石窟·天
　　　　　　水麦积山》224）………… 360

图版一八a　庆阳北石窟寺第165窟正壁列像（《陇东石窟》彩版三）………… 361

图版一八b　泾川南石窟寺第1窟正壁列像（《陇东石窟》图版90）………… 362

图版一九a　北石窟寺第165窟前壁弥勒（《陇东石窟》图版27）………… 363

图版一九b　北石窟寺第165窟窟顶本生雕刻（《陇东石窟》图版47）………… 363

图版二〇a　敦煌莫高窟第268窟正壁本尊（交脚佛）（《中国石窟·
　　　　　　敦煌莫高窟一》6）………… 364

图版二〇b　敦煌莫高窟第272窟正壁右侧（本尊倚坐佛、千佛、供养菩萨）
　　　　　　（《中国石窟·敦煌莫高窟一》7）………… 364

图版二一a　敦煌莫高窟第275窟本尊（交脚弥勒）（《中国石窟·
　　　　　　敦煌莫高窟一》11）………… 365

图版二一b　莫高窟第275窟右壁上层阙形龛（《中国石窟·
　　　　　　敦煌莫高窟一》18）………… 365

图版二二a　敦煌莫高窟第259窟中心柱正龛（释迦多宝）（《中国石窟·敦煌莫高窟一》

	20）………… 366	
图版二二 b	敦煌莫高窟第254窟中心柱正面龛（交脚佛）（《中国石窟·敦煌莫高窟一》26）………… 366	
图版二三 a	敦煌莫高窟第257窟中心柱正面龛（倚坐佛）（《中国石窟·敦煌莫高窟一》38）………… 367	
图版二三 b	莫高窟第254窟北壁上部木质斗栱（《中国石窟·敦煌莫高窟一》26左上隅）………… 367	
图版二四 a	敦煌莫高窟第125、126窟间崖隙中发现的绣佛残件 ………… 368	
图版二四 b	敦煌莫高窟第257窟南壁沙弥守戒自杀壁画（《中国石窟·敦煌莫高窟一》43右端）………… 368	
图版二四 c	敦煌莫高窟第251窟北壁说法图（坐佛、胁侍菩萨、供养菩萨下部皆具莲座）（《中国石窟·敦煌莫高窟一》48）………… 368	
图版二五 a	敦煌莫高窟第249窟开单龛（倚坐佛）（《中国石窟·敦煌莫高窟一》89）………… 369	
图版二五 b	敦煌莫高窟第249窟盝顶西坡释提桓因壁画（《中国石窟·敦煌莫高窟一》97）………… 369	
图版二六 a	敦煌莫高窟285窟宝帐窟顶和伏羲女娲壁画（《中国石窟·敦煌莫高窟一》143）………… 370	
图版二六 b	敦煌莫高窟第285窟北壁上层列坐佛壁画局部（像下有纪年题记）（《中国石窟·敦煌莫高窟一》125）………… 370	
图版二七 a	敦煌莫高窟第439窟正壁单龛（倚坐佛）（《中国石窟·敦煌莫高窟一》158）………… 371	
图版二七 b	敦煌莫高窟第290窟中心柱正壁（倚坐佛）（《中国石窟·敦煌莫高窟一》174）………… 371	
图版二八	敦煌莫高窟第428窟内部（《中国石窟·敦煌莫高窟一》160）………… 372	
图版二九 a	敦煌莫高窟第297窟正壁（倚坐佛）（《中国石窟·敦煌莫高窟一》183）………… 373	
图版二九 b	敦煌莫高窟第296窟正壁（倚坐佛）（《中国石窟·敦煌莫高窟一》185）………… 373	
图版三〇 a	拜城克孜尔第47窟（大像窟）外立面（《中国石窟·克孜尔石窟一》146）………… 374	
图版三〇 b	克孜尔第38窟前壁壁画（《中国石窟·克孜尔石窟一》83）………… 374	
图版三〇 c	克孜尔第38窟窟顶壁画（《中国石窟·克孜尔石窟一》112）………… 374	
图版三一 a	克孜尔第17窟东壁壁画（《中国石窟·克孜尔石窟一》59）………… 375	

图版三一b　克孜尔第196窟窟顶壁画（《中国石窟·克孜尔石窟三》94）………… 375

图版三二a　克孜尔第227窟中心柱及左侧千佛壁画（《中国石窟·
　　　　　　克孜尔石窟三》162）………… 376

图版三二b　克孜尔第180窟右甬道千佛壁画（《中国石窟·
　　　　　　克孜尔石窟三》47）………… 376

前　言*

　　中国佛教考古学主要应包括下列三项：1. 最重要的一项是石窟寺遗迹；2. 其次是一般寺院遗迹，这项数量虽然多，但9世纪以前的或是已发掘的古寺院遗址却很少，其重要性远不如第一项；3. 传世的零散佛教遗物，这一项以零散的佛教造像和佛经数量较多，前者收藏分散，国内的收藏大部分还没有整理，更没有系统研究，现在不便仓促介绍；后者又应属于古文献范围，因此这一项我们只能附带提到，所以也不能作为重点项目。这样，中国佛教考古的主要内容虽说包括三项，但现在只能着重第一项。因此，"中国佛教石窟寺遗迹"实际上就变成了正题。在这个正题下，初步计划介绍或讨论如前面目次所列的七个题目。这七个题目，每一题讲一至两次，如果时间不够也可能临时略去一两个讲题。这个课是以讨论为主的课，根据可以看到的参考图籍，希望大家在六周内写出一篇读书报告作为讨论的成绩。报告的题目可参考下面几个：云冈石窟的类型与分期、云冈晚期窟龛与龙门和巩县石窟的衔接、论新发现的《金碑》的重要性、巩县石窟的渊源、炳灵早期遗迹的渊源、敦煌莫高窟现存早期洞窟的年代问题、敦煌莫高窟早期洞窟的类型、龟兹石窟与内地石窟的关系。在讲授过程中，计划放一些幻灯片，这既是为了讲授的方便，也想给大家看参考图籍时，提供一些线索。

---

* 　本讲稿系1982年8月迄11月间为美国加州大学洛杉矶分校美术史系研究生授课时所编写，图版原用幻灯片，这次印本的附图除自绘自摄者外，系烦李崇峰、李志荣两同志选辑并标注了出处。

一 中国佛教石窟寺遗迹研究简史和参考书简介

中国历代文人都特别注意文字记录，对古代遗迹也是如此。殷墟的被发现被重视，最初是由于甲骨卜辞的发现，居延的被重视更是因为那里出土了一大批有文字的汉简。对保存在地面上的石窟寺遗迹，自然也不例外。因此，凡是铭文多的石窟寺，它被注意就早些，例如龙门石窟，对它的记录可以说是一直未断过；而铭文少的，或是铭文被保存下来少的，就被注意得晚些，如云冈石窟。一般地说，大约自18世纪乾、嘉以来，各石窟寺包括新疆地区的石窟，就都有了或多或少的后代人的系统记录了。不过，那时的记录还是一般文人的记录，既不是精密的考证历史，更不是今天考古学所要求的全面记录，但它却是20世纪初许多外国人游历、调查各地石窟寺的根据。

19世纪末、20世纪初，是各帝国主义相互竞争侵略中国的时代，也是他们从经济、政治方面侵略深入到文化侵略的阶段。许多石窟寺院被他们所谓调查发现之后，接着而来的就是破坏掠夺。英、德、俄之对新疆、甘肃，日本之对山西、河北、山东，这些破坏都是大规模的。还有一些规模略小的破坏掠夺，这里就不一一罗列了。以上情况陆续不断地一直持续到大陆解放以前。外国人在掠夺破坏的同时，有的也作些考古记录，他们的记录连同他们掠夺的文物，大约从20世纪的二三十年代开始，逐渐刊印出来。这些刊印出来的图籍，一方面是他们自己写下的罪证记录，另一方面也是我们研究各地被破坏的石窟寺院的重要参考资料。下面我们简单介绍一下这一类的重要图籍。

英国人斯坦因（A. Stein）于1900—1916年曾三次到中国西部调

查，其中第二次（1906—1908年）盗掘了塔里木盆地南沿路线上的许多寺院，然后东抵敦煌莫高窟，盗买了大批文物，1921年出版了 *Serindia*。第三次（1913—1916年）又经过上述路线到达敦煌，1928年出版了这一次的报告 *Innermost Asia*。这两部报告分量较大。1933年，他又出版了他第一至第三次来中国西部的简报 *On Central Asian Tracks*，简明扼要，此简报有中文、日文译本。

比斯坦因略晚，德国人格伦威德尔（A. Grünwedel）、勒柯克（A. von Le Coq）于1902—1914年也来了新疆三次。他们在塔里木盆地北沿一线上进行调查。勒柯克在古龟兹、焉耆、高昌地区石窟寺中大肆掠夺，盗去大量壁画、塑像和古代文书。已发表的重要图籍有格伦威德尔的 *Altbuddhistische Kultstätten in Chinesisch-Turkistan*（1912年），*Alt-Kutscha*（1920年），勒柯克的 *Bilderatlas zur Kunst und Kultulgeschichte Mittelasiens*（1925年），*Die Buddhistische Spätantike in Mittelasien*（1922—1933年），1926年，勒柯克刊布了他三次来新疆的综合简报 *Auf Hellas Spuren in Ostturkistan*，此书英、中、日文都有译本。

法国人伯希和（P. Pelliot）于1906—1909年从新疆西部经由塔里木盆地北线东到敦煌。他先在巴楚地区盗掘了托库孜萨拉依古寺址和库车东北的有名的龟兹雀梨大寺，后又在敦煌搞了五个月，进行盗买文物和拍照、记录莫高窟。1920—1924年出版了 *Les Grottoes de Touen-Houang*，该书的说明和在新疆盗掘的记录，近年由他的弟子们陆续整理刊布。

日本的大谷探险队在1907—1914年期间，也多次（至少三次）到新疆和敦煌，他们经过的地点不少，对佛教遗迹破坏多，记录少，值得一看的我想只有二次世界大战后，他们重新整理大谷盗去的文物的某些成果，刊布在《西域文化研究》（1958—1963年）中。

以上是敦煌以西的情况。敦煌以东，法国学者沙畹（Edward Chavannes）的 *Mission archaeologique dans la chine septentrionale*（1913年）是著录中国北部石窟的早期参考书。日本常盘大定、关野贞《支那佛教史迹》（1922—1931年）对山东、山西、河北、河南等地石窟都有记录。日本人最重要的著作是水野清一、长广敏雄的三部书《响堂山石窟》（1937年）、《龙门石窟の研究》（1941年）、《云冈石窟》（1951—1956年），特别是《云冈石窟》几乎全面著录了云冈的重要石窟并初步总结了1950年代以前的云冈研究，是今天研究云冈的必读书。

在外国人发表他们著作的同时和稍迟一点，中国人自己也开始了石窟寺的调查研究工作。我们自己的工作中，应当特别提到的，在抗日战争之前有陈垣（1918年）和梁思成等人（1933年）对云冈石窟的研究论文，有顾燮光（1914—1921年）对宝山和北响堂的调查，有黄文弼（1928—1930年）对新疆石窟的调查，有陈万里（1925年）对敦煌莫高窟和泾县南石窟寺的纪录，有滕固（1934年）对龙门、宝山等石窟的记录，有北平研究院（1934—1935年）对南北响堂及其附近石窟群的实测和石刻拓本的制作，有关百益（1935年）对龙门资料的编辑和向达（1926—1929年）对南京栖霞山的记录等。以梁思成、刘敦桢（1932—1937年）为中心的中国营造学社还调查实测了不少唐—元时期的古代佛寺，这是这时期石窟寺遗迹以外有关佛教遗迹的重要工作。第二次世界大战期间迄大陆解放以前，我们许多学者注意了西南、西北地区的遗迹。随着抗战前往昆明的中国营造学社，他们除了继续调查实测古代建筑之外，还注意了四川广元石窟、摩崖的调查（1943年），四川大足石刻（1945年）和云南大理石窟也都是这时开始科学记录的。值得注意的是，我们对敦煌莫高窟、安西榆林窟进行了大规模的实测、临摹和记录。在敦煌、安西的石窟工作中，向达（1942—1951年）的一系列论文《论敦煌千佛洞的管理研究以及其他连带的几个问题》（1942年）、《瓜沙谈往》（1945—1951年）是当时的代表作。此外，张大千（1940年）、常书鸿等人（1944—　）研究艺术、集录题识，都做出了可喜的成绩。当时除了敦煌一带的工作之外，冯国瑞（1946年）对麦积山石窟，韩乐然（1947年）对克孜尔石窟，石璋如（1947年）对敦煌、龙门石窟也都做了有益的工作。以上这些工作，虽然取得了一些成果，但大都是出自工作者本身的兴趣，就整个石窟寺遗迹言，并没有什么计划；即使对个别很重要的遗迹，也没有长远的安排，甚至有效的保护也难做到，当然更谈不到系统深入的研究了。

对石窟寺遗迹的全面调查、保护、修整和研究，是解放以后逐步实现的。新中国的石窟寺遗迹工作大约可分三个阶段。

1964年以前属全面调查、设置保管机构和研究工作初步开展的阶段。这个阶段的重要成果：普查了全国各地区的地面上的古代遗迹，包括石窟寺遗迹；各石窟寺普遍地进行了一次编号和记录工作；发现了不少过去不甚了解的石窟寺，其中重要的有酒泉一带的早期石窟寺、炳灵寺石窟、庆阳北石窟寺和陕晋一带的晚期石窟寺。1961年3月，国务院公布全国第一批重点文物保护单位中列入的14处石窟和摩崖，就是在普查工作的基础上产生的。炳灵寺有西秦建弘元年（420年）题记的第169窟的发现，是一个很重要的成果；另一项重要成果是注意了考古学方法在石窟寺遗迹调查上的应用，这是由几个高等院校有关系科的师生们组织石窟寺考古实习进行探索的，它从全面调查遗迹、详细做好各种记录入手，进而研讨编年分期和内容分类以及地区特征等问题。遗憾的是，刚刚开始的这项有意义的工作，就由于各种原因被迫中断了。这个阶段出版了一批石窟寺简报和专著，重要的简报有《炳灵寺石窟》（1953年）、《麦积山石窟》（1954年）、《巩县石窟寺》（1963年），重要的专著有《敦煌彩塑》（1960年）、《敦煌壁画》（1959年）、《大足石刻》（1962年）等。

第二阶段约从1964年以迄1976年粉碎"四人帮"，结束"文化大革命"之后不久。这个阶段石窟寺遗迹的重点工作，是大规模地加固工程和配合加固工程所进行的考古发掘、清理工作。这个工作首先出现在敦煌莫高窟。莫高窟所在的岩体，是最易坍塌的砂岩，从遗迹上看，那里已坍塌了很多次。中部地区最早的一批洞窟不知是什么时候就开始坍塌了，中部以南部分大面积崩塌后，崖面上涂绘了五代时的壁画，说明有一批初盛唐的洞窟在五代之前就垮掉了。1950—1960年代小部分的崩塌不断，因此从1962年起，莫高窟就开始了全部崖面的加固，同时进行了从南部第108窟到北部的第21窟、长达380米的窟前遗址的考古发掘（东西宽6—15米），清理出五代迄元时的建筑遗址20多处。这些建筑遗址上原来的建筑物，绝大部分是和五代迄元新凿或重修的洞窟连成一体，并被作为洞窟前室的。还新发现了3个洞窟和3个小龛。在新发现的遗址、窟龛内，出土了不少贵重遗物，有北魏刺绣、唐代绢幡、文书、印本佛像和塑绘用具以及作为供具用的彩绘漆器，还发现了元代的铜佛等。1966年5月，莫高窟上述工程基本完成，炳灵寺石窟前的防水大坝和重修阁道工程开始。1968年炳灵寺工程告竣，麦积山的加固工程又开始了。1970年龙门石窟也逐步开展了清理、维修，同时在进行摇拓全部石刻铭记时，发现了不少以前未被人们注意的重要铭刻。1974年大规模的云冈石窟加固工作开始，同时也进行了一系列的窟前遗址的清理，基本上解决了崖面建筑遗迹与窟前遗址的关系问题。这阶段伴随大规模工程测绘的各种图纸和所发现的新迹象、铭刻与出土文物，都给进一步研究石窟工作提供了重要的参考资料。

第三阶段是从1976年粉碎"四人帮"、结束"文化大革命"以后开始的。"四人帮"被粉碎后，学术界讨论问题的气氛活跃起来。反映在石窟寺的研究上，首先是分期问题的研讨，已发表论文的有云冈、麦积、炳灵的分期，还有敦煌莫高窟早期洞窟的分期和龙门唐龛的分期，即将发表的有克孜尔石窟、龙门石窟的分期等。在研讨石窟的分期问题上，值得注意的另一件事，是碳十四测定年代的科学方法开始使用了，并总结了初步经验，这样使某些过去缺少年代资料的石窟，有了新的断年方法。其次是历史资料的整理研究与题材的考订，这个工作以敦煌莫高窟方面的成果较为突出，新疆古龟兹地区石窟次之；此外，云冈、龙门、义县万佛堂和大理石钟山石窟也有这方面的文章发表。关于石窟寺艺术问题的讨论最为普遍，不仅各大石窟寺几乎都有专著和论文，即使较小的石窟群如巩县石窟寺、大足石刻，也出版了专著。全面记录石窟的考古报告也提上了日程，敦煌和克孜尔都在积极着手编写，莫高窟第268、272、275等窟和克孜尔第1—20窟，各作为该石窟寺报告的第一册，近期都将定稿付印。石窟寺研究工作的多方面开展，主要是由于各石窟研究所、保管所工作人员的努力，新出版的敦煌文物研究所编写的《敦煌莫高窟》五大本和《敦煌的艺术宝藏》、《敦煌研究文集》（1982年）反映了他们的研究水平不断提高。云冈、龙门两保管所都出版了中型图录《云冈石窟》和《龙门石窟》,《炳灵寺石窟》图录也在编辑中。除了石窟所在的研究、保护单位,有关院校和科研机构有的也恢复了石窟寺实习,有的和石窟单位共同拟定研究项目,这些都无疑地加强了石窟寺遗迹的研究力量和扩大了研究范围。中国石窟寺遗迹的研究工作逐步走上了正轨,可以相信这个学术领域将会在不远的未来取得更为丰硕的成果。(1982年8月26日)

二 早期佛教遗迹与石窟寺遗迹的分布

佛教传入中国的时间，大约在公元1世纪。佛庙和佛像在中国出现要稍迟一步，石窟寺是佛庙的一种，它的开凿更应在佛庙、佛像经过一个时期的发展后，才会出现。

石窟原是僧人排除尘世间的各种想念和打坐修行的地方。这种地方最要安静，所以选在山间水边人迹罕至之处。打坐修行，佛教徒谓之禅定。坐禅是小乘教徒依靠"佛力"求得"解脱"的主要功课，禅定的目的是追求超脱生死轮回的涅槃境界（成佛），它的方法是使精神专注一处，专注最重要的一处是"谛观像（相）好"，就是要集中精神想佛的形象，以求达到自己和佛合二为一的精神境界。专为坐禅而设的石窟可叫"禅窟"。禅窟有的单个存在，也有成组的禅窟（图1a）。有的禅窟，也是僧人的起居生活的所在，这种禅窟，又可叫"僧房窟"（图1b）。僧人打坐修行时要思念佛像，必然要在打坐修

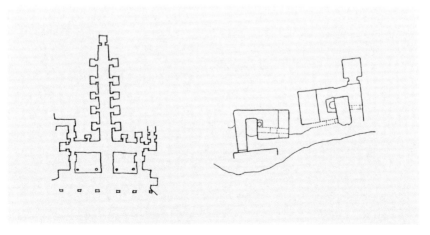

图1a 成组的禅窟——库车苏巴什第5窟平面示意图

图1b 两座比邻的僧房窟——拜城克孜尔第5、6窟平面示意图（《新疆克孜尔石窟考古报告》第一卷）

行之前礼拜佛像、观看佛像，所以在禅窟附近，就要开凿佛庙，早期的佛庙就是塔，所以佛经中叫"入塔观像"，这样的石窟可名"塔庙窟"，或简作"塔窟"（图2a、b）。略晚一点出现了专奉佛像的石窟，这种石窟可称"尊像窟"或"佛殿窟"（图3a、b）。有些高僧在石窟附近集聚了不少弟子，高僧有时要讲经，于是有的地方就出现了所谓的"讲堂窟"。这种讲堂窟，有时和佛殿窟合在一起，这样的石窟既可礼佛观像，又可作讲堂（高僧讲经实际是替代佛说法，所以高僧讲堂可以和佛殿合建一处；另外，高僧也可以佛殿作讲堂，在佛殿里讲经）。以上各种石窟在某些地点连成了一个石窟组合（图4a、b），真正的名副其实的石窟寺院就出现了。我们下面所讲的石窟寺不一定都符合这个条件，即不一定都连成了组合，但为了方便，我们也都把它叫作石窟寺。

中国国土广阔，山川阻隔又很厉害，同时中国又是一个由经济生活不完全相同的多民族所组成的国家，所以各地经济发展不平衡，风俗习惯、文化传统也不一致，因此对佛教的看法，各地区并不一样，加上佛教在中国流行的初期，即汉末魏晋南北朝时期，中国政治上又长期处于分裂割据状态，所以为佛教服务的各种形象，也就必然出现

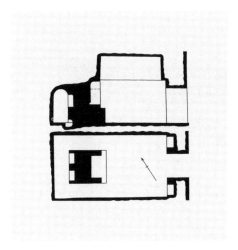

图2a　塔庙窟——克孜尔第38窟平面、纵剖面示意图　　图2b　克孜尔第38窟内部（《中国石窟·克孜尔石窟一》82）

268 中国佛教石窟寺遗迹

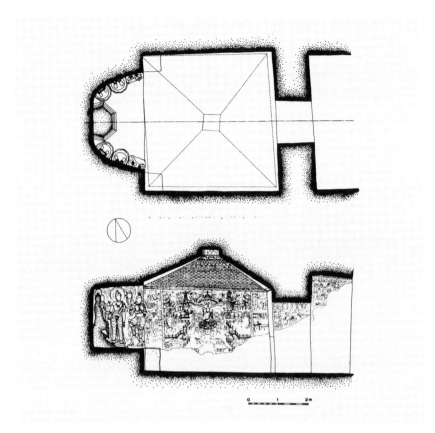

图3a 佛殿窟——敦煌莫高窟第45窟平面、纵剖面示意图

图3b 莫高窟第45窟内部(《中国石窟·敦煌莫高窟三》124)

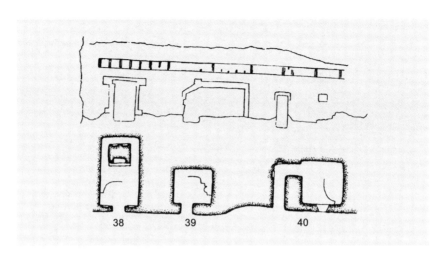

图4a 石窟组合——克孜尔第38—40窟连续平面、连续外立面示意图

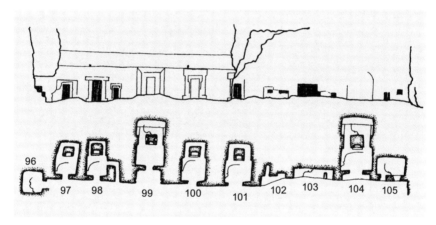

图4b 克孜尔第96—105窟连续平面、连续外立面示意图

了地区差别，石窟寺也不例外。根据现存的文献记载和分布在各地的有关遗迹的不同，暂且概括为三大区，即新疆地区、北方地区和南方地区（图5）。

1．新疆地区

佛教首先流行在天山之南塔里木盆地的南北边沿（盆地中心是塔克拉玛干沙漠）。这里大约在10世纪以前居住的民族有两个系统。盆地南沿居住的民族，语言属印欧语系印伊语族（the Indo-Iran branch

图5 中国佛教石窟寺遗迹分布示意图

of the Indo-European language family）；盆地北沿居住的民族，语言属印欧语系西方语族的吐火罗语。这两个区域的佛教，似乎也各有来源：前者大约是从罽宾即今克什米尔北上，后者则是经过今天的阿富汗和苏联中亚地区越葱岭东来。前者的区域流行大乘佛教，现存最早的佛教遗物，据说是日本人在于阗采集的铜佛头，它的年代大约不早于3世纪。斯坦因等人在米兰调查盗掘的方形基座圆形塔身的佛庙，该庙还残存有壁画，它的年代大约不晚于3世纪后半期。石窟寺的遗迹没有发现。新疆石窟寺遗迹大都分布在自疏勒向东的盆地北沿路线上。北沿流行小乘佛教，小乘佛教主张经累世苦修才能达到成佛的地步，因此小乘僧人特别重视坐禅，所以这里多凿石窟是可以理解的。北沿路线上的石窟，主要集中的地区恰好就是这条路线上的三个重要的政治中心，即古龟兹都城附近、古焉耆都城附近和古高昌都城附近。古龟兹都城在今库车，石窟分布在库车、拜城一带，主要的有四大群，从西向东：克孜尔石窟、克孜尔尕哈石窟、库木吐拉石窟和森木塞姆石窟。克孜尔石窟开凿最早，3世纪可能就出现了，4、5世纪是它的盛期，晚的大约到8世纪，其他三处开凿的时间都比克孜尔为晚，衰微的时间也比克孜尔晚些，有的可能晚到9、10世纪。另外，库车东北苏巴什有名的雀梨大寺（鸠摩罗什母听法之寺）遗址的西北，也分布一些石窟，它的开凿年代可能早到4世纪或更早些。古焉耆都城在今焉耆回族自治县附近，主要石窟分布在县西南七格星一带，开凿时间约在5世纪以后。古高昌都城址即今吐鲁番东哈拉和卓古城，古高昌石窟主要分布在古城北的柏孜克里克、胜金口和东北的吐峪沟。吐峪沟石窟有的可以早到4、5世纪，其他晚的可以迟到10世纪以后的回鹘时期。

新疆早期的石窟，多单独的禅窟和一侧附有长甬道的僧房窟，不久又出现了长方形塔庙窟，后来还开凿了讲堂窟，开凿讲堂窟之前就流行了不同类型石窟成组的石窟群，这种石窟群越晚越复杂，到晚期甚至和地面上的土坯建筑群结合起来，成为以石窟为主要殿堂的一座具有一定规模的佛教寺院了。窟顶结构，早期多券顶，后来又流行圆顶和套斗顶。在题材方面，禅窟、僧房窟一般无佛像，较早的塔庙窟突出释迦和弥勒，释迦有大立佛、坐佛、涅槃、佛塔、本生和佛传等形象，5、6世纪可能受到盆地南沿大乘佛教的影响，出现了千佛，8世纪以后又受到北方地区的影响——即内地中原地区佛教的影响，出现了中设佛坛、左右两壁画净土变的石窟，如库车库木吐拉石窟中和敦煌盛唐窟极为相似的石窟，这类石窟是当时移居到这里的汉人所组织开凿的石窟。吐鲁番回鹘时期的石窟中的绘塑，也反映了较多的汉族佛教艺术的因素。

2．北方地区

即以黄河流域为中心的所谓中原地带，这里主要是汉族集居区，但在3世纪迄6世纪，它的北部、西北部，集居了大批北方、西北方的少数民族，这些少数民族有属于匈奴—突厥系，也有属于鲜卑系（契丹），还有西北的氐羌系，甚至还有属于印欧语系印伊语族的塞人（Scythians）和粟特人（Sogdians）。这样繁杂的民族成分，当然要在当时这个地区流行的佛教中反映出来，石窟寺在这个地区复杂化正是这种反映的一个方面。

文献记载，黄河流域最早出现佛像的时间是1世纪中期，《后汉纪》卷十永平十三年（70年）十二月楚王英谋叛条记："诏曰：'楚王诵黄老之微言，尚浮屠之仁祠……'浮屠者，佛也，西域天竺有佛道焉……佛身长一丈六尺，黄金（色），项中佩日月光，变化无方……初，（明）帝（58—75年在位）梦见金人长大，项有日月光……以问群臣……而图其形像焉。"其次是2世纪后半，《后汉书·桓帝纪》："前史（指公元1—2世纪官修的《东观汉记》）称桓帝（147—167年在位）好音乐，善琴笙……设华盖以祠浮图（即浮屠）、老子。"既设华盖，当然要有形象。值得注意的是，这两项早期记录都是浮图与老子并举。在这以后不久，后汉都城洛阳东边不远的地方兴建了"襄乡（今河南睢县一带，开封东南）浮图，汲（汴）水径其南，汉熹平中（172—177年）某君所立"（《水经注·汲水》引3世纪《续述征记》）。大约再过十多年，《三国志·刘繇传》记下邳（今徐州一带）相笮融"大起浮图祠，以铜为人，黄金涂身，衣以锦彩，垂铜槃九重（《后汉书》作"上累金盘"。"垂"应当"累"字讲），下为重楼阁道（有多层楼房的回廊），可容三千余人，悉课读佛经"（《三国志·刘繇传》，《三国志》作者陈寿297年卒）。下邳在襄乡之东，笮融任下邳相的时候，彭城（今徐州一带）相薛礼、广陵（今扬州一带）相赵昱又都信佛教，因此可以推测2世纪末，在今天豫东、苏北向南以迄今长江北岸的扬州地区，佛教已开始流行（当时彭城、下邳、广陵三地都在扬州范围之内，洛阳、襄乡在豫州范围内）。当时，在下邳很明确地出现了楼阁式的塔庙和安置在其中的鎏金铜佛像，这处塔庙，面积很大，可以容纳数以千计的信徒在那里课读佛经。这时的塔庙，可以根据东汉墓葬出土的明器陶楼堡来考虑。佛像什么样？可能如前引《后汉纪》所记的立像，也可能像以前日本奈良新山古坟曾出土一面三角缘重层锯齿边缘的神兽镜上的坐像，该镜上神兽的布局是三坐神、三兽相间环列，三位神人坐像中一个是具肉髻的佛像。此种三角缘边饰的铜镜，一般认为是与汉魏之间徐州地区铸造的铜镜样式有关，而徐州正是当时流行佛教的地区，此镜上的佛像与神仙同列，也正符合汉魏间人把佛看作与黄老神仙差不多的崇拜对象的情况。据上引《三国志》的记载，鎏金铜佛被安置在上垂铜盘九重的重楼之中。塔庙作楼阁形式，看来在黄河流域出现很早，仙人居高楼，这样安置佛像，也是把他和神仙等同看待的证据。黄河流域清晰的佛教遗迹可以早到东汉至西晋（3世纪迄4世纪初），这个阶段的遗物，还没有发现。316年西晋亡后，这里"五胡"频扰，战争很多，佛教乘机蔓延，有一些小型佛像被保存下来。保存下来的佛像，有两个系统。一个系统大体上还可以和上述铜镜上的坐佛联系起来，现知最早的一件是后赵建武四年（338年）铭铜坐佛，他的趺坐形式和通肩服装都和前述铜镜上的形象相似，并且还坐在一具汉式的榻上。可是该榻正面、两榻足间的空档处又凿出三个小孔，参考同系统的较晚之例，有夏胜光二年（429年）铭的铜佛，知是有可能为了插置双狮和供养物而设的，这显然是新出现的情况。另一个系统完全是新式样，姿态生动，衣纹流畅，嘴上边的胡须很突出，"胡相"很重，有佛像，也有菩萨像，相传出土于石家庄的佛坐像和相传三原出土的立菩萨像都是佳例。前者座前列双狮与供养莲花，这一点可以和上述系统的建武四年像联系起来。后者袒上身，执净瓶，足蹬草鞋（？），"胡味"浓重。另外还有一件不明出处的坐像，左手执衣角，右手作施无畏印，他的姿态、坐式和衣纹都与四川乐山麻浩享堂崖墓上枋所刻的坐佛像相似。这两个系统的佛像，大约在5世纪前半逐步统一起来，北方地区开凿石窟也是在这个阶段开始流行的。

7世纪后半期的文献中，记载了河西走廊上的两处最早的石窟。一处是圣历元年（698年）《大周李君（义）莫高窟佛龛碑》中记录的

表一

	龛塔平面	主龛题材	基座题材	服饰	形象特征	佛座形式	其他
炳灵寺169窟420年铭龛	半圆形龛	坐佛一、立菩萨二，另一立佛		佛右袒，菩萨袒上身，立佛通肩	圆面宽肩	莲座	
酒泉428年铭石塔	圆形塔身，半圆形龛	主龛一层，计八龛，坐佛七，交脚弥勒一	供养菩萨，上端刻八卦	佛通肩，菩萨袒上身	圆面宽肩	矮平座	塔顶雕北斗七星
敦煌南沙山塔中所出石塔	圆形塔身，半圆形龛	主龛一层，计八龛，皆坐佛	着甲武士，上端刻八卦	佛通肩，右袒，菩萨袒上身	圆面宽肩	无座	顶残
酒泉马德惠铭石塔	圆形塔身，半圆形龛	主龛一层，计八龛，坐佛七，交脚弥勒一。两龛间有飞天	着甲武士，有袒上身者，上端刻八卦	佛通肩，右袒，菩萨袒上身	圆面宽肩	?	顶残
酒泉434年铭石塔	圆形塔身，半圆形龛	主龛两层，上层八龛，坐佛七、交脚弥勒一；下层八龛，坐佛六、交脚弥勒一、思惟像一，龛内出现火焰背光	?	佛通肩，右袒，菩萨袒上身	圆面宽肩	须弥座	顶残

敦煌莫高窟始建于前秦建元二年（366年）："莫高窟者，厥前秦建元二年有沙门乐僔，戒行清虚，执心恬静，尝杖锡林野，行至此山，忽见金光，状有千佛，遂架空凿龛。次有法良禅师从东届此，又于僔师窟侧，更即营造。伽蓝之起，滥觞于二僧。"一处是道宣《集神州三宝感通录》卷中记载的凉州石窟："凉州石窟瑞像者，昔沮渠蒙逊以晋安帝隆安元年（397年）据有凉土三十余载（397—433年）……专崇福业，于州南百里，连崖绵亘，东西不测，就而斫窟，安设尊仪，或石或塑，千变万化。"莫高窟的乐僔窟龛和凉州南山沮渠蒙逊所斫窟，虽然现俱不存，但从和沮渠蒙逊同时并北距凉州不远的永靖炳灵寺有西秦建弘元年（420年）第169窟6号龛与酒泉、敦煌所出的北凉时期的428年、434年石塔等有关资料可以推察。下面简介一下上述三处资料（表一）。

从表一可以看到，5世纪前半，兰州以西佛像题材主要是坐佛、立佛和一佛二菩萨的组合，接着出现了交脚弥勒和思惟像。北凉佛塔的形式是圆形塔身，塔身环雕佛龛一列，较早还雕有八卦、北斗七星等道家标志，较晚的题材和装饰都复杂化了，并出现了如汉族楼阁样的上下层龛，尽管如此，塔身还沿用着圆形；这种情况，从吐鲁番发现的石塔可知一直沿用到沮渠安周西迁高昌之后，即442—460年间，这是值得我们注意的。这种小石塔，就僧人来讲，也是为了坐禅之前礼拜、观像用的。兰州以西紧接新疆，这里的早期佛教遗迹反映了和塔里木盆地北沿关系密切，那里重视释迦、弥勒，开凿石窟——多塔庙窟，流行禅行，而这里也类似，不过或多或少已增加了东方的因素。
（1982年9月1日）

* * *

《早期佛教遗迹与石窟寺遗迹的分布》这个题已经讲了一次。我们把中国石窟寺分了三个区域，第一个新疆地区已讲过了，第二个北方地区已经开了头。我们讲了北方地区最早的佛庙、塔和佛像，然后讲到在佛庙、佛像出现了一段之后，大约在4世纪中后期，北方地区出现了最早的石窟。最早的两处石窟，一个是366年乐僔和尚在敦煌莫高窟开始修造的窟，一个是397—433年之间北凉王沮渠蒙逊在凉州南山修建的凉州石窟。遗憾的是，这两个最早的石窟仅见于7世纪后半期的文献，实物已不存在了。乐僔在莫高窟创建的窟，我们没有资料可以推测。但沮渠蒙逊的凉州石窟，我们可以根据420年炳灵寺169窟和酒泉发现的428、434年的石塔，作些考虑。我们从龛形、主要题材和塔的形式等方面作了初步的综合归纳，其结果，我们认为与新疆塔里木盆地北沿的早期石窟关系密切，这是很可以理解的，因为凉州（今武威）临近新疆，佛教是经过新疆传到甘肃的，石窟寺也是新疆出现得早。早的影响晚的，是当然的了。甘肃以东的石窟，当然又要受到甘肃的影响。但问题并不如此简单，例如现存的敦煌莫高窟的最早洞窟，是不是就未受甘肃以东石窟的影响，不一定，这个问题我们以后要讲。另外，炳灵寺是否是未受甘肃以东石窟的影响，也不一定，这个问题我们下面要提到。总之，中国石窟寺情况是复杂的，并不是很简单的一直是西部影响东部。换言之，东部也有影响给予西部，有时甚至还是主要的。

下边我接着从凉州讲起。凉州在北凉时期（397—431年。以后进至吐鲁番那一段，442—460年，一般不计算在内）佛教很盛，前面说过他们在凉州南山修建了石窟，从文献记载看，规模不小，但是上面也说了遗迹已不存在了。

439年北魏下凉州灭北凉以后，"徙（沮渠）茂虔及宗室、士民十万户于平城"（《太平御览》卷124引6世纪初崔鸿《十六国春秋·北凉录》），"沙门佛事皆俱东"（《魏书·释老志》）。现存460年以前即开凿云冈石窟以前北魏雕造的个体佛像，如有太平真君四年（443年）铭的立佛铜像、思惟石像，太安三年（457年）铭的坐佛石像与云冈石窟开凿不久的和平五年（464年）铭的坐佛铜像，天安元年（466年）铭的坐佛石像等，无论在题材、造型和服饰等方面都应反映了兰州以西的旧传统。当时，河西一带虽然还可能继续开窟造像，但主要的工艺力量都被驱迁到北魏的政治中心平城，今大同地区了。不仅凉州的工艺力量到了平城，凉州有名的许多高僧也到了平城。此外，从409到469年这六十年间，北魏还集中了山东六州（幽、冀、平、营、充、豫)、长安、青齐，差不多全北中国的各方面人才到平城。所以在452年北魏恢复佛教后不久的460—465年间，北魏皇室就有可能接受来自凉州的禅僧昙曜的建议，在平城西武州山开始大规模地开凿大型石窟——昙曜五窟。由于北魏皇室和历代统治集团的提倡，约从5世纪后半，特别是5世纪末北魏迁都洛阳的时候起，一直到8世纪中期，北方地区的许多地点（甘、陕、豫、晋、冀、辽）都开凿起石窟或继续开凿石窟了。其中著名的有甘肃敦煌莫高窟、肃南马蹄寺、酒泉文殊山、武威天梯山、永靖炳灵寺、天水麦积崖、庆阳寺沟、宁夏固原须弥山、陕西邠县水帘洞、耀县药王山、黄陵万佛寺、延安万佛洞、河南洛阳龙门、巩县石窟寺、渑池鸿庆寺、安阳宝山、山东济南黄石崖、千佛山、玉函山、益都云门山、驼山、河北邯郸响堂山、隆尧宣雾山、宣化下花园、山西太原天龙山、平顺宝岩寺和辽宁义县万佛堂等处。有些地点伴随窟龛的雕凿，还出现了摩崖造像和刻经。8世纪中期以后，开凿窟龛之风在某些地方仍在继续，甚至还出现了新的特点，在时间上有的还延续到十三四世纪以后。

综观北方地区的石窟，大体上可分五个阶段：

第一阶段：从开始凿窟的5世纪后半到6世纪初。石窟的类型有禅窟、塔庙窟和佛殿窟。禅窟数量少，盛行的是后两种。塔庙窟中的塔完全是汉式的方形楼阁状。佛殿窟椭圆形平面者出现早，如云冈昙曜五窟，方形四壁重龛者出现晚。两种平行一段之后，前者逐渐减少，后者逐渐增多。塔庙窟、佛殿窟都出现了双窟的组合形式。主要佛像有三世佛、释迦、弥勒、释迦多宝对坐像和思惟像，其次有佛传、本生、千佛和维摩、文殊。一铺佛的内容主要是一佛两胁侍菩萨。佛像造型圆面宽肩，刚健有力。服装方面，佛皆通肩、右袒，菩萨则袒上身。以上的佛像题材、造型和服饰，大都与以前凉州的传统有关。较晚的石窟佛像穿上了衣缘下垂式的服装，菩萨出现了交叉的披巾，他们的形象也开始文雅庄肃，石窟的各种装饰逐渐繁杂，汉式建筑的龛饰和雕饰窟檐的做法出现了，这时的窟口两侧流行了雕斫金刚力士。一铺佛像的内容出现了弟子像。

第二阶段：即6世纪前期，禅窟稀见了，塔庙窟减少了，佛殿窟得到了迅速发展，四壁单龛和四壁三龛的方形佛殿窟，是这阶段流行的式样。主要佛像的题材变化不大，但佛两侧的弟子像流行。龙门出现了无量寿和观世音单龛（魏字洞北壁正光四年〔523年〕龛）。窟内外护法形象日益增多，出现神王。龛面和窟面的雕饰逐渐复杂。这阶段最突出的特征是佛像造型清瘦，衣纹繁缛。菩萨披巾出现了穿壁的形式。

第三阶段：6世纪中晚期，石窟类型变化不大，不少石窟流行了石窟檐的雕饰。北响堂一带的石窟窟外崖面多雕凿塔形，进入这种石窟内观佛，确实是"入塔观像"了，可证为了僧人禅行，是北方地区开凿石窟的重要目的。这个阶段，无量寿（阿弥陀）的题材增多了，幅面较大的西方净土出现了（麦积崖第127窟右壁为净土变，左壁为维摩变，南响堂第1、2窟为净土变）。龙门火烧洞、石牛溪的弥勒出现了佛装的倚坐形式，与以前交脚者装束不相同了，这意味着弥勒的地位不同了，因此弥勒的意义也开始有了改变。佛像造型转向圆颐丰躯，于是颈部流行了蚕节文。简薄服装流行，因而衣纹也逐渐简洁，但菩萨的璎珞装饰却日益复杂起来。

第四阶段：7世纪至8世纪中期，除了流行四壁单龛式的佛殿窟外，流行了三或四壁列坛如龙门八作司洞和窟中设坛的新式佛殿窟。阿弥陀形象迅速增多，倚坐弥勒也流行起来，复杂的净土变流行，出现了倚坐释迦即所谓优填王像。这个阶段的中期，即7、8世纪之际，明确的阿弥陀窟出现了（龙门694年开"净土堂"，铭内记"……陁佛像三铺"），接着弥勒窟多了起来。密教的形象也是在这个时期流传起来的。此外，围绕在这阶段中期的前后，卢舍那、药师甚至地藏等都曾以主像出现在窟龛内。一铺佛像的内容，也急剧复杂起来，在菩萨、弟子之外，又增加了神王、金刚。石窟题材的复杂化，反映了前此作为僧人禅行观像的石窟，在这阶段中发生了重大的变革。在形象的造型方面，自由写实的作风得到发展，各种形象人间化的趋势显著。弟子的虔诚，菩萨的多姿，都是最好的实例。一种新式的薄纱透体的形象流行在某些地点。此阶段的晚期，技法进一步圆熟，无论雕、塑都讲求精致细腻。但过于精致细腻就不免于流俗，加以追求丰满，其末流也就避免不了臃肿滞拙了。

第五阶段：8世纪中期以后，石窟走向衰落，过去开窟的地点大部分都不再新斫了，少数继续开窟的地方如敦煌和极少数的新地点的石窟，愈来愈摹拟地上的佛殿布局，窟内题材也随地上寺院的变化而变化，敦煌在9、10世纪窟壁并列多种经变画和密教变相，以及稍晚出现的大幅祇园图和所谓新样文殊，还出现了文殊窟（敦煌61窟），还有11世纪出现的十六罗汉，就清楚地说明了这个问题。至于12至14世纪出现的"秘密堂""秘密寺"，已属于吐蕃—西藏佛教系统的石窟了。北方地区时间最晚的石窟是15、16世纪雕造的山西平顺林虑山麓的宝岩寺石窟，这座石窟完全摹仿地上佛殿，应该指出，这样的石窟，已完全不了解过去石窟的传统了。（1982年9月8日）

* * *

3．南方地区

一般指长江流域的广大地区，这里的早期佛教遗迹与石窟遗迹可分长江中下游和四川两个区域。先讲长江中下游。

长江中下游早期的佛教遗迹，有两个系统。一个是从北方地区南下的中原系统，一个是从印度支那方面传来的南海系统。后者先到交、广，然后再北来长江下游。6世纪初梁僧慧皎所著《高僧传·康僧会传》记这位康僧会是从当时的中亚贵霜王国南下东航，经交趾，于248年到达吴都建业的。他在建业设佛像传教，吴主孙权"召会诘问有何灵验。会曰：如来迁迹，忽逾千载，遗骨舍利，神曜无方，昔阿育王造塔乃八万四千。夫塔寺之兴，以表遗化也。权以为怪诞，乃谓会曰：若能得舍利，当为造塔"。据说由康僧会祈祷的结果，果获舍利，孙权遂为他建塔寺，即长江流域的第一个佛寺——建初寺。康僧会所设的佛像和他的塔寺什么样，不清楚，但在长江中游武汉市的武昌莲溪寺发现一座262年校尉彭卢墓，墓中出土了一件上面阴线刻出佛像的鎏金铜带饰和几件有"白毫相"的陶俑，这是长江中下游现知最早的有关佛教的遗物。有白毫相的陶俑有的作服役姿态，肯定不是佛像，但带饰上的线雕，则肯定是佛像，有肉髻、项光，袒上身，饰披巾，足踏莲台，腰部微左曲，立式不端正。这样的佛像与当时中原地区出现的形态、衣饰以及端正的坐式很不相同，却与印度支那南端金瓯角1—2世纪的奥高遗址所出的小铜佛有相似处。因此，我们估计它可能是从南海方面传来的形制，这种形制的佛像，目前只此一例。比此带饰略晚一些，长江下游和中游都曾发现饰有佛像的陶瓷壶和铜镜，这些佛像与带饰者不同，而与北方系统的佛像接近。饰有佛像的陶瓷壶和铜镜，它们的时间最早可以到3世纪晚期，有的饰以佛像的铜镜甚至可以晚到6世纪初。饰有佛像的陶瓷壶、铜镜形制早晚的差异如下表（表二）。

表二

		3世纪后期	4世纪	5—6世纪
铜镜纹饰	类型	柿蒂连弧夔凤纹平雕镜	柿蒂连弧夔凤纹平雕镜	柿蒂连弧夔凤纹平雕镜画文带神兽镜
	纹饰	有正面坐像，座两侧各出一狮首。有侧面坐像，坐于莲台上，其两侧有供养者	有坐像、立像，有菩萨，有飞天	有坐像、立像，有菩萨，有飞天；有着衣缘下垂式服装的坐像、立像，有立体感较强的菩萨像
陶瓷壶纹饰	类型	谷仓罐（魂瓶）	谷仓罐	谷仓罐
	纹饰	腹部有正面坐像，像下有双狮，也有施莲座的	上部下层出现了成列的坐佛像	上部下层成列坐佛，上层四面各一坐佛

接近中原系统的佛像数量多，形制发展清楚，说明长江中下游南海系统的影响不大。与中原系统接近的佛像较长期流行在铜镜和一种墓葬中出土的具有迷信意味的陶壶（魂瓶）上，可以反映这里一般人对佛像的看法与中原同样是和黄老神仙类似，着重于它的"辟除不祥"的意义；至于这里最早的遗物——刻划佛像于带饰，而带饰又出在军官墓中，其辟除不祥和具有保护神的意义就更为明显了。传世铸有刘宋元嘉十四年（437年）和元嘉二十八年（451年）纪年铭的两座铜坐佛是现知年代最早的南朝单体佛像，这两座铜坐佛的形制虽还是中原

系统，它的衣着坐式都和北方地区有建武四年（338年）铭铜坐佛相同，但是颜面清秀与当时中原健壮有力者异趣。这个异趣多少可以反映当时南朝领域内的佛教和北方的佛教所着重的方面不同。316年西晋覆灭，魏晋谈玄之风随大批汉族士族南来而盛于江左，此后南方佛教依附玄学，偏重义理尚谈论，与北方地区重视宗教行为者有别，故唐僧神清于《北山录》中评南北佛教云："宋风尚华，魏风犹淳。"尚华重言辞，风淳重实行。所以北方地区除新建寺院外，多开窟备禅行，而江左则仅于寺院致礼、讲论，其坐禅也着重在法堂之内，其念佛三昧示"洗心法堂"（《广弘明集·晋沙门释慧远念佛三昧诗集序》），所以不重石窟。其崇奉对象除释迦外，特尊无量寿。4世纪后期东晋名士戴逵就曾精心雕造无量寿，5世纪初有名的高僧慧远集弟子简斋立誓于庐山无量寿前，5世纪中叶崇佛的宋孝武帝刘骏造无量寿金像（《出三藏记集》卷十一《法苑杂缘原始集目录》）。崇拜无量寿是由于三世报应之说流行，许多上层人士深惧轮回之痛，而期生西方净土的缘故。5世纪末建康摄山渐聚禅僧，长江下游开始出现石窟——栖霞山千佛崖，那里现存6世纪初的两处石窟，都是椭圆形平面的佛殿窟，左侧一座较小，主像是释迦、多宝，右侧一座较大，主像却是无量寿，可见无量寿在江左的盛况了。另外，大约同时，浙江剡溪开凿了一处高30米的摩崖弥勒大像，这座弥勒是佛的形象，与同时北方地区流行的交脚菩萨式者样式不同，这应是与出于期生西方净土同一缘因而向往另一佛国——弥勒净土的反映。江左佛教较早的流行无量寿净土和弥勒净土的信仰，并出现于石窟中和摩崖上，这是和北方地区佛教遗迹最大差异处。7至9世纪长江中下游不闻有石窟或摩崖这种遗迹。浙江杭州附近有10至14世纪的零星窟龛，主要题材除成铺的佛像和菩萨像外，还有成组的罗汉和藏传佛教造像，其性质更属当时禅宗和西藏密教寺院的附庸，这里就从略了。

四川佛教遗迹（图6），文献无较早的记载。但彭山墓葬所出塑出佛像的陶器座，约可早到3世纪前期。这种陶器座上面原来安插着铜铸的所谓"摇钱树"，这种器物用途不明，可是它具有迷信意义，则是很清楚的。因此，它和长江中下游的那种带有佛像的陶壶（魂瓶）用意

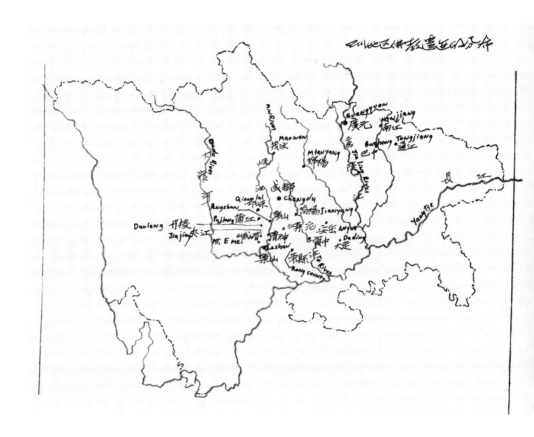

图6 四川地区佛教遗迹分布示意图

接近。所以，可以推测"摇钱树座"上的佛像，和陶壶上的佛像都和当时社会上流行的神仙形象类似。也就是说，这时四川的佛教和我国其他地点的佛教相同，都是和黄老神仙分不清的。"摇钱树座"以后，现知较确切的佛教遗迹，以成都西郊万佛寺出土有元嘉二年（425年）铭的佛传浮雕为最早。其次是成都北茂县出土有永明元年（483年）铭的无量寿佛、弥勒佛共刻一石的造像。茂县这个发现，对我们有另一个启示：从成都向北经茂县，溯岷江而上，过松潘、若尔盖，越岷山，过黄河，就到了青海的西宁，然后由西宁可北去张掖，也可西去6世纪时吐谷浑王庭所在地——伏俟城，然后西行进入西域的首站楼兰——汉以来的西域长史治所，由此可北去高昌。这条路线是5、6世纪南朝通往西域的交通线。有名的炳灵寺石窟就位于这条路线上。炳灵寺169

窟有420年铭的一佛二菩萨组像,据榜题知道主佛是无量寿佛;这组组像旁边有一身站着的菩萨像,榜题是弥勒菩萨;另外在它们的下面,还有和它们时间较近的释迦多宝像、维摩文殊像和七佛像。这些题材,都是目前所知我国最早的无量寿、弥勒菩萨、释迦多宝、维摩文殊、七佛的图像,它们和后来北方地区出现的同样题材的造像不同,也不见有新疆地区的影响。但就题材而论,我们前面提到东晋戴逵曾雕铸过无量寿并菩萨,戴的生卒年是335?—396年,顾恺之画过维摩和七佛,顾的生卒年是348—409年。因此,我们怀疑炳灵寺这些最早期的佛教造像,很可能与南方地区有关,如与南方有关,那就是经由四川成都、茂县北上的路线传来的了。成都万佛寺出土不少6世纪前期的释迦、观音石雕像,这些雕像的组合、装饰和技法都与当时长江下游接近,这种情况,即使到了553年四川归属西魏、北周即北方地区的政权之后的做法亦然。成都平原没有发现8世纪以前的石窟。较早的石窟分布在四川北部广元西的皇泽寺和城北的千佛崖。那里属于6世纪后期开凿的有塔庙窟,造像形制与上述成都出土的不同,而与陇西一带相近,加上塔庙窟这类石窟也流行于北方地区,因此可以估计,这里较早出现的石窟,是与关陇禅行僧人的南来有关。有名的关陇禅僧南下四川,5世纪中期就开始了,北魏道武废佛,僧人逃窜川北更是意料中事。在北方地区僧人的影响下,这里很可能还有更早的窟龛。8世纪以来雕龛造摩崖,四川最盛,分布的地点也最多。概括起来,还是以上述成都、广元二地为中心,不过扩展面远非6世纪所能比了,成都平原几乎每县都有。9至12世纪的窟龛,可以成都东南的大足为代表,那里大幅经变一直延续到12世纪,这时的密教题材也杂有藏传佛教的影响,这些都与敦煌有相似之处,但强调报应场面、孝悌内容以及发展一般生活场景,则又是这里的地方特色。

  以上三大地区的现存佛教遗迹尽管各有特点,甚至一个地区内还有差别,但各地区毕竟相互毗邻,互有往还,有时各方面的往还还相当密切,所以彼此的相互影响也很清楚地反映到佛教遗迹上来。初期石窟寺的影响关系大致应是:

新疆盆地北沿→以凉州为代表的河西→平城

但当平城大规模开窟形成新的典型之后：

平城→北方地区（包括河西）

长江中下游文化水平高，在文化各方面它不仅影响同属南方地区的四川，而且长期给予北方地区以影响：

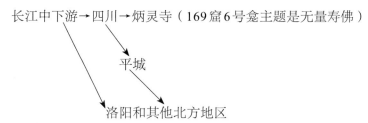

但就开凿石窟来讲，北方又反影响南方：

7世纪以后北方地区的长安、洛阳成为全国的文化中心，这时石窟开凿虽渐趋衰落，但各地佛教建置却都受到长安、洛阳的影响，甚至远及新疆地区：

长安、洛阳→全国各地（包括通过河西→新疆）

上述复杂的相互影响，使我国包括石窟寺在内的各种佛教遗迹，一直都存在着一致的因素，不过时而隐晦，时而显著。

　　这一题我们强调了石窟分布的地区差异，故对因影响而一致的部分论述较少。请大家注意。（1982年9月16日）

三　云冈石窟的分期

云冈石窟的调查研究已经历了80年，各洞窟（图7）先后的差异与分期问题，早在20世纪30年代就被国内外的研究者们提出来了，经过长时期的酝酿，在40年代水野清一、长广敏雄等人调查云冈之前，就逐渐大体上形成了下面这样的看法：

一、西部的16—20窟是早的，一般认为即是《魏书·释老志》中记载的和平中（460—465年）开始开凿的"昙曜五窟"；

二、中部诸窟，主要指5、6、7、8、9、10、11、12、13窟和东部的1、2窟，它们形制相近，样式上的联系清楚，而11窟东壁上层有太和七年（483年）铭龛，因而推定在和平中开始开凿的昙曜五窟之后；

三、20窟以西诸窟龛即指从21窟起到41窟以西，这一批窟龛规模较小，样式上和上述的中部诸窟不同，后来还在35窟窟口东侧发现延昌元年（512年）的铭记，因而知道这批窟龛大部开凿在孝文迁洛（494年）之后，是云冈最晚出现的一批。

日本侵华战争期间的1938—1945年，水野、长广等人凭借他们的

图7　大同云冈石窟平面示意图（云冈石窟文物保管所编《中国石窟·云冈石窟（一）》）

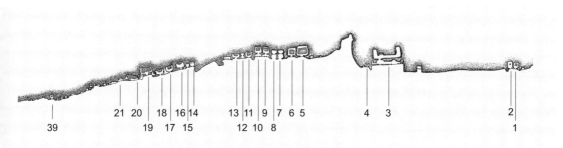

特殊方便对云冈进行了长时期的调查记录。战争结束后，20世纪50年代他们出版了《云冈石窟》报告。报告中对云冈主要洞窟都作了兴建年代的具体估计，并提出了新的三期说，大家可参看《云冈石窟》第16卷《云冈造窟次第》这篇文章和近年长广的修正文章。

20世纪40年代，我们在《永乐大典》中发现了金皇统七年（1147年）曹衍撰《大金西京武州山重修大石窟寺碑》（以下简称《金碑》），碑文二千余言，记述详细，征引宏博，所述自唐迄金一段云冈的兴建设置，正好弥补了云冈历史的空白页；而引用现已佚亡的北魏铭刻和文献记录考订云冈石窟的年代，也正给今天研究云冈各个洞窟开凿先后的问题，提供了绝好的参考资料。20世纪50年代，我们公布了此《金碑》全文（图8），并作出《校注》。70年代我们根据《校注》的某些推论，结合北魏当时的历史情况，发表了《云冈石窟分期试论》。80年代又写了《〈大金西京武州山重修大石窟寺碑〉的发现与研究》，重申了我们对云冈石窟个别洞窟的具体年代和云冈分期的看法。以上三篇文章，已印发给大家，希望大家仔细读读《金碑》这篇新资料。下面我只想简单介绍一下我们对云冈石窟分期的看法和这个看法的根据。

我们认为云冈三期的分法是合适的。

第一期即是第16—20窟，它们的特征是椭圆形平面、穹隆顶，主像在窟内所占面积很大，有充满窟内之感（图9），因此尽管窟很大，还保存着草庐形式。窟内壁面没有很多空间作有计划的布局，原来设计的主要题材是三佛、释迦（图版一a、b）和交脚弥勒（图10）。这五座窟，我们同意一般的说法，即是和平初（460年）昙曜主持下开始开凿的。但其中16窟和19窟西窟等处是后来完工的，当然，在五窟中和窟外崖面补刻的各龛也不包括在第一期内。

第二期，是云冈石窟分期问题里具有关键性的一期，也是意见分歧的一期，这里准备较详细地讲述。我们的论点很大部分是根据《金碑》，因此，要把《金碑》中有关文字解说清楚。

首先要说明《金碑》提出的十寺问题。《金碑》说"西京大石窟寺者，后魏之所建也，凡有十名……"这句话如何解释？这十个寺名与洞窟是什么关系呢？我国北方石窟寺与地面寺院的关系，简单说有三个阶段：

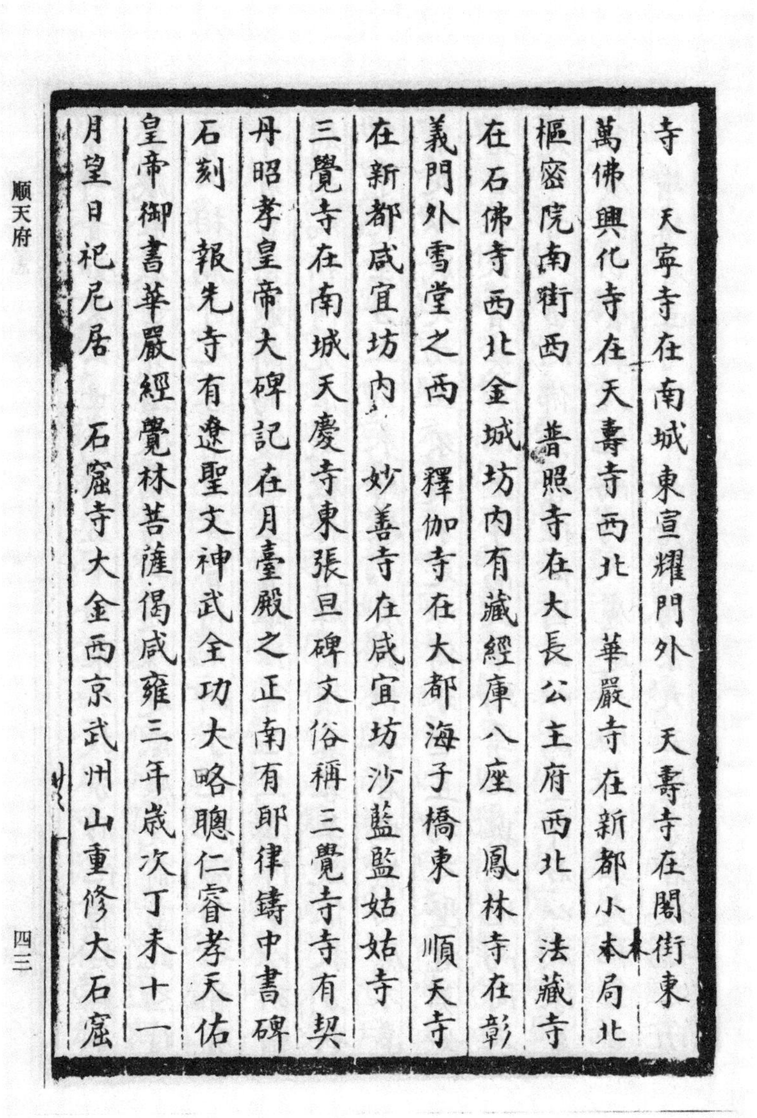

三　云冈石窟的分期

寺天宁寺在南城东宣耀门外天寿寺在阁街东
万佛兴化寺在天寿寺西北华严寺在新都小本局北
枢密院南街西普照寺在大长公主府西北法藏寺
在石佛寺西北金城坊内有藏经库八座凤林寺在彰
义门外雪堂之西释伽寺在大都海子桥东顺天寺
在新都咸宜坊内妙善寺在咸宜坊沙蓝监姑姑寺
三觉寺在南城天庆寺东张旦碑文俗称三觉寺寺有契
丹昭孝皇帝大碑记在月台殿之正南有耶律铸中书碑
石刻报先寺有辽圣文神武全功大略聪仁睿孝天佑
皇帝御书华严经觉林菩萨偈咸雍三年岁次丁未十一
月望日祀尼居石窟寺大金西京武州山重修大石窟

顺天府

四三

图8　缪式（荃荪）抄校《永乐大典·顺天府》中《大金西京武州山重修大石窟寺碑》全文录文

建也凡有十名一通示二靈巖三鯨四鎮國五護國六天宮七崇教八童子九華嚴十兜率按北史魏太祖道武皇帝拓拔珪以東晉武帝太元十三年稱王於定襄之盛樂國號拓拔建元登國後乃即真遷都平城號燕安都今西京是也二世曰明元帝三世曰大武帝四世曰文成帝五世曰獻文帝六世曰孝明元帝之後權歸藩鎮而魏祚衰矣宣武時八世曰孝明帝之後權歸藩鎮而魏祚衰矣魏紀凡建寺皆不書此寺唯文獻紀書皇興元年月幸武州山石窟寺又按雲中圖云文成和平八年獻文天安元年華興造石窟寺然未知有何所據今寺中遺刻所存者二一載在護國大而不全無年月可攷一在崇教

寺碑昔如來出世為利益一切眾生故分形化體於無邊華藏莊嚴世界海微塵剎土隨緣赴感應現前當此之時寶山相滿月之容有目者皆得見獅子之吼海潮之音有耳者皆得聽聞而優填王暫離法會已生渴仰遂以旃檀刻為瑞相何況示滅鶴林潛輝鷲嶺真容莫覩像教方興宜乎範金合土不遠不足以成大功工不大不足以傳永世且物之堅者莫如石石之大者莫如山上摩高天下蟠厚地與天地而同久是以昔人留心佛法者住性住因山以為室即山以成像蓋欲廣其供養與天地而同久而功大矣與夫範金合土繪繡者豈可同日而語哉西京大石窟寺者後魏之所

云沙門曇曜於文成帝和平中住石窟通樂寺大唐內典錄云曇曜禮為師請帝開石窟五所東為僧寺名曰靈嚴西為尼護國寺不言其名僧法矜為寺記云十寺魏孝文帝之所建也護國寺之主也帝王於天宮寺以金銅造釋迦像泉記皇帝建寺之主也帝王於天宮寺以金銅造釋迦像泉記後終其世覽十年其間創立城郭宮室宗廟社稷百制度見於史事不從其言尋即殂落亦非其所為也獻武教末帝雖感白足之言尋即殂落亦非其所為也獻武位之初章其寺則寺興於前矣其間惟明元文成二帝擁錄特標神瑞之號明元實經其始內典錄明載和平之

小兩完其略曰安西大將軍散騎常侍吏部內行尚書宮昌鉗耳慶時鎮也嚴開寺其銘曰承籍福慶仰鍾皇家卜世惟永蓋慶時為國祈福之所建也末云大代太和八年建十三年畢接道武登國元年即代王位四月改稱魏王皇始元年稱帝天興元年詔羣臣議國號咸謂國家繼黃帝之後宜為代云代武皇帝改號稱代何也參稽內典太丞相安都於郊西武州石壁皆劃鑿為窟東西三十里為支恒氏錄云十載而碑仍稱代東晉武帝大元隆安十七年在太元後三十七年矣其中誤如此續高僧傳獅比相連按神瑞時明元所改歲在癸丑當東晉安帝

【四八】
則文成繼其後矣彼和明所記以孝文為建寺之主者
蓋指護國而言也然則明
元始興通樂文成繼起靈巖護國天宮則創自孝文
則成於鉗耳其餘諸寺次第可知復有上方一位石室數
間接高僧傳云於焦山之東遠乃一舍皆有龕像所謂拂柳比
西至懸空寺在焦山之東遠乃一舍皆有龕像所謂拂柳比
相連者也驗其遺刻年號頗多內有正光年即孝明嗣
位之九年也然則此寺之建肇於神瑞終乎正光凡七
歷百一十一年五成以此較之不為多矣錄云魏成於
則崇福一寺何其謬歟此即始終之大略也自神瑞癸丑迄今皇
一帝何

【四九】
統丁卯凡七百三十四年此即歷年之大略也疊嶂崢嶸
而去長沙浩渺以東來嵐影連綿不斷勢壓京邑
潤分林藪宣特國家之寶抑亦仙聖之宅此則形勢之大
略也峯巒後擁龕室前開廣者容三千人高者至三十丈
三十二瑞相魏乎當陽之千百億化身森然在目煙霞供寶
座之色日月助天皇之輝神龍天嬌以飛連靈獸雜容而
之塔以至八部之眷屬諸經之因地妙筆不能同其變幻
口不能談此則制發寶閣者慵心琢石則體泉流出欲之
助武色稱連延則天皇彌勒之宮層簷煉時則地通多寶
指於蒼蘭此則目巧力不能計其數況若神遊靈鷲宛之
愈疾珍禽時聚毒蠢屏遞此則靈感之大略也唐貞觀十

【五〇】
五年守臣重建遼重熙十八年母后再修天慶十年賜大
宇顏咸熙五年葉山旗牧又差劉轉運監修寺官巡守昌五年委傳運
提點清寧六年又委劉轉運監修李唐己前難無遺蹟以
近推遠從可知也此則歷年之大略也本朝天會二年度
之大略也爾雅云石山戴土謂之崔嵬土山是山外積黃
壞中含翠莫測源然而良工預為其制
匠爭奮其力造巉壤績用有成雖大禹之鑿龍門六丁之
開蜀道不過摧其硬險務於通達而已方之於此未足為
難倘非誠心一發聖力潛扶安能至是哉又護國元帥晉
加以地則神鐘大軍平西京故元帥晉國
王到寺隨喜讚歎曉諭軍兵不令侵擾弁戒綱首長切守

【五一】
護人奏待賜提點僧禪業并通慧大德號九年元帥府
以河流近寺恐致侵倦委嗇夫三千人改浚河道
此則皇朝外護之大略也嗚呼鴦於西域徒見其名
白馬興於中土景像其志未知此寺珍功壁迥古今而
常存者也先是乙逢季世盜賊群起寺遺焚劫靈巖楝宇
掃地無遺皇統初緇白雲集議以為欲復舊觀復頂使仁
請惠公法師住持師既駐錫即為化緣富者樂施貧者
次之網翰共力於是重修靈巖大閣九楹門樓四所香廚客
步屋之類凡三十楹輪煙一新又創石垣五百餘
者願費其力師之瓦二百餘間至皇統三年二月起工六年七月落
成約費錢二千萬自是山門氣象翕然復完矣師又以靈

图9 云冈第16—20窟（昙曜五窟）平面示意图（《中国石窟·云冈石窟二》241页）

图10　云冈第17窟主尊交脚弥勒
（《云冈石窟》卷12，图46）

1. 6世纪以前各不相关，许多地点的石窟就叫石窟寺，如《魏书·本纪》就叫云冈石窟作"武州山石窟寺"；也有的把一座具体的窟叫石窟寺，如龙门孝昌三年（527年）开凿的石窟寺（皇甫公洞）。

2. 6世纪以后，出现石窟隶属某寺的情况，如敦煌莫高窟隋时属崇教寺，云冈石窟7世纪中期属通乐寺。

3. 9世纪以来，佛寺分宗立派的情况日益严重，出现了就石窟立寺院的情况，明人传说巩县石窟叫净土寺，即是这个时期开始的；一些大石窟群出现了被分属的情况，10世纪晚唐五代莫高窟出现了"翟家窟""张家窟"。这后一种情况，再发展一步，就都是各自为政的佛寺了。大约和发展成佛寺同时，石窟前面接建木结构的做法流行起来，敦煌莫高窟下层洞窟前面的木构殿堂，就是这时发展起来的。有名的洛阳龙门奉先寺兴建了九间木结构殿堂，时间要晚些，大约到了12世纪。龙门唐初开凿的大窟叫潜溪寺，大概也是这时出现的。

拿中国北方地区其他地点的石窟出现了寺名之例，考虑《金碑》所记的云冈十寺与石窟的关系，我想是可以的；同时，云冈石窟崖面上保存了十多组原为安插木质梁橼而斫凿的孔穴，更可说明云冈许多大型石窟前面在某个时期曾接建木结构。我们再考查这十多组木结构遗留下的梁孔尺寸所反映的中国古代建筑8—11世纪北中国梁的高宽比例（2:1）和这十多组梁孔下面的地下遗存（细沟文砖、押文平瓦当、饕餮文圆瓦当），知道它们都是11世纪的辽代遗迹；而《金碑》恰巧记录了1049—1064年间辽皇室在云冈一再兴建的事迹。因此，我们推断《金碑》所记的十寺，应当就和这十多组木建筑有密切关系。这样，十寺的寺名就和云冈石窟的许多洞窟发生了联系，即十寺就是前有木建筑物的洞窟。"西京大石窟寺者，后魏之所建也，凡有十名……"这句话即可得到确切的解释。《金碑》下文所提到的某些寺所具有的某些北魏时期的特征，就可在今天的云冈石窟中寻查，从而可以推断某些寺即是今天的某些石窟了。

《金碑》提到具有北魏时期的特征的佛寺，有两处：一是护国，一是崇福。

《金碑》记护国寺的特征有三：1."护国二龛不加力而自开"；2."东壁有拓国王骑从"；3. 有"大而不全无年月可考"的遗刻，这个遗刻《金碑》中又名之为"护国大碑"。云冈石窟中符合这三条特征的只有7、8这组双窟——7、8两窟前室中间隔壁后部开凿通路（图11A），说明应是双窟组织，亦即符"护国二龛"的描述。两窟前室左右壁下部原雕二层供养人行列，"拓国王骑从"疑在7窟前室东壁下方，遗憾的是现已漫漶，不可辨识。最重要的一项是两窟隔壁南端［前端］雕出下具龟趺的丰碑（"大而不全"的遗刻）尚可踪迹。《金碑》记"东壁有拓国王骑从"这句之前，是"魏孝文帝之所建也"，因知"拓国王"者即是拓跋国王，此拓跋国王即指魏孝文帝。这样，我们就很自然地得出下面的结论：《金碑》所记的护国寺即7、8双窟，它建造于孝文帝时。从7、8双窟具有前后室，其平面为方形，窟顶凿出平棊，壁面布局作整齐的分栏（层）分格形式，主像出现了释迦多宝（7窟后室后壁下层主像已较漫漶）和较复杂的组合（8窟后室后壁上层组合像为思惟、交脚、倚坐、交脚、思惟像〔图版二〕，7窟后室后壁上层组合像为思惟、倚坐、交脚、倚坐、思惟像），这些都与昙曜五窟不同，其兴造时间置之于昙曜五窟之后的孝文帝初年，我们认为是合适的。

《金碑》所记另一座有特征的崇福寺，我们考虑是9、10这组双窟（图11b）。《金碑》记崇福的特点，是有北魏遗刻云："其略曰安西大将军散骑常侍吏部内行尚书宕昌钳耳庆时镌岩开寺，其铭曰'承继口福，遮邀冥庆，仰锺皇家，卜世惟永'（依靠佛家的威力，得到永远

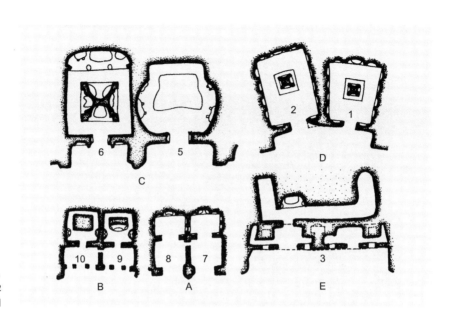

图11 云冈第7、8、9、10、5、6、1、2和第3窟平面示意图

的幸福；祝愿皇室，延续长久）。盖庆时为国祈福之所建也。末云：大代太和八年建，十三年毕。"这个遗刻，我们估计随9、10双窟前壁的崩毁而佚无。那么，我们有什么根据呢？我们的根据有三项：1. 遗刻中提到的修窟人钳耳庆时，《魏书》有传，作王庆时，是文明太后的宠阉。文献记载他"性巧，强于部分"，5世纪中迄6世纪初负责为皇室兴建了许多巨大建筑物，他负责的建筑物都穷极巧思。他自己在平城和他的家乡冯翊李润镇（在今陕西澄城）兴建的佛寺，也都"穷妙极思"。因此，可以估计钳耳庆时所开石窟也会具有巧丽这个特点。云冈石窟中最称巧丽的即是9、10这组双窟（图12），而这组双窟的规模既不过大也不过小，是符合皇室显阉的身份的。2. 庆时在家乡的佛寺叫晖福寺，完工于太和十二年（488年），晖福寺碑记该寺的主要建筑物，是为文明太后和孝文帝"二圣各造三级佛图一区"。那么大约同时他在云冈兴建的崇福寺，很可能也是为二圣所建，而9、10窟恰是一组双窟。3. 由庆时负责兴建的太和八年完工的文明太后永固陵，近年进行了发掘，该陵虽早年被盗发，并长期暴露于外，所以遗物几乎无存，但内门左右颊上部浮雕的立在藤座上的鸟形饰保存完好，这种

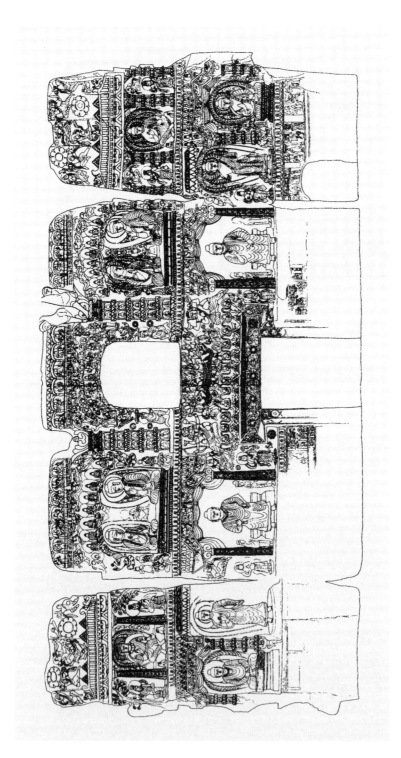

图12 云冈第10窟前室左、右、后三壁展开示意图（中华人民共和国国家文物局申报世界文化遗产文本《云冈石窟》图8，2000年）

装饰在云冈石窟即是从9、10双窟开始出现的。近年，大同还发现了太和八年琅琊王司马金龙墓，该墓出土的漆屏风架和石础上刻绘的纹饰，至少有八种都见于9、10双窟之中，而且又复杂化了（图13）。八种中的缠枝环形忍冬又见于一座有太和八年铭的鎏金坐佛像的台座上（图13，现藏哈佛福格艺术馆）。八种中的环形忍冬和桃形忍冬，又见于敦煌莫高窟发现的太和十一年绣佛（图13）。这许多具有年代的纹饰，证明了9、10双窟与《金碑》所记太和八至十三年（484—489年）兴建的崇福寺，在年代上是极为吻合的。至于庆时负责的永固陵的装饰意匠见于云冈石窟中以9、10双窟为最早，是不是更可推测是由于同是一个设计负责人的缘故呢？9、10双窟东邻7、8双窟，其形制和布局也接近7、8双窟，但出现了大量的汉化装饰如前室上栏的勾片栏杆，又如中栏的屋形龛具有一斗三升和叉手的檐下铺作等，其比7、8双窟为晚是很清楚的。7、8双窟如兴建在孝文帝初年，那么，孝文帝在位的第十四到第十九年（即太和八至十三年）兴建这9、10双窟，在时间安排上并无矛盾之处。

除了上述《金碑》提到的有北魏特征的两处佛寺外，《金碑》提到十寺中的天宫寺也是创自孝文帝，云："护国、天宫则创自孝文。"此天宫寺有人推测是5、6这组双窟。5、6这组双窟在云冈诸窟中工程最大，也最豪华，当非皇室莫办。其位置在7、8双窟的东邻，形制也与7、8，9、10两窟近似，特别近于9、10窟，但从造像的服饰上看，显然又比9、10双窟为晚。关于5、6双窟佛的服装，据长广的考证，认为即孝文帝改革服制后的"褒衣博带"装（图版三a）。长广认为佛的服装与孝文帝服制有关可能是对的，但他把这种服装的出现向前推到孝文太和十年（486年）下改革服令的前六年，甚至据之拟定5、6双窟的兴建时间是太和元年至七年（477—483年），那就完全没有根据了。我们认为，5、6双窟的设计应在太和十年正月新服制确定之后，开凿应当更迟些。太和十八年孝文迁洛时，6窟的工程已完成了，5窟尚未完工，故而中辍，所以，5窟各壁多后来补刻的列龛。那么，5、6双窟的时间：6窟应排在太和十年正月之后至太和十八年（494年）迁都前，5窟的开凿更要排在6窟之后（图11C）。

云冈第9、10窟纹饰

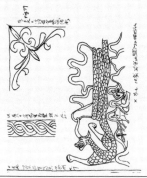

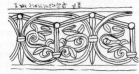

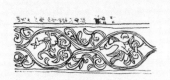

图13　云冈第9、10窟纹饰与大同司马金龙墓出土器物纹饰和其他有关纹饰的比较

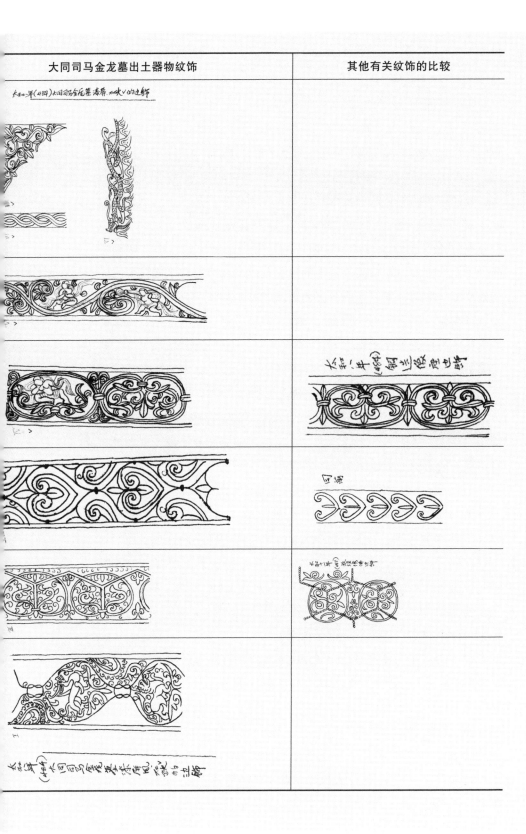

如果上面这三组双窟时间的推测可以成立的话，那么云冈的第二期就树立了一个7、8窟（471—　）—9、10窟（484—489年）—5、6窟（486—494年）的标尺，其他属第二期的洞窟，如最东端的1、2、3窟（图11d、e）就可以根据这个标尺，安排它们的先后位置。

云冈石窟第二期洞窟多双窟成组，平面多方形，多具前后室，窟顶多雕出平棊。引人注目的是，方形窟壁面雕刻都作上下重层、左右分格并附有榜题的布局。这种设计，大约源于汉魏以来的壁面装饰。在龛饰方面出现了汉族传统的建筑形式，甚至出现了同样形式的窟檐。第一期那种类似草庐的石窟很清楚是被淘汰了。窟内主要造像题材复杂化，如上所述7、8双窟情况；次要的题材更为丰富，连续的本生及佛传（图版四a、b）、大面积的千佛、七佛（图版五a）、维摩、文殊（图版五b）和骑象的普贤以及窟口的护法还有窟口雕坐禅的僧人（图版三b）等不见于第一期。佛和菩萨的服饰，也出现了第一期所没有的形式，如上述的衣缘下垂的佛装，还有菩萨的交叉式的披巾。装饰纹样也大大繁缛起来。总之，第二期总的感觉要比第一期精致富丽得多，表现的内容也比第一期复杂得多，它反映了孝文帝在平城时期——实际上应是文明太后掌权时代北魏佛教的盛况。

第三期的主要洞窟分布在20窟以西（图14），4、14、15窟和自11窟以西崖面上部的小龛，还有4至6窟之间的中小窟，也多属于这一期；此外，第一、二期窟中，也多有第三期补刻的小龛。这一期窟龛现存的纪年铭记，最早的是太和十九年（495年），其后有太和二十年、景明元年（500年）、正始四年（507年）、延昌元年（512年）、二年、四年，最迟的是正光年间（520—524年）。因此，可以推定它的时间是从孝文帝迁洛（494年）以后起，迄于北魏末六镇起义（523年）之前不久。第三期有别于以前的较显著的特点是：没有成组的洞窟，中小窟多，布局多样的小龛遍布云冈各处。洞窟内部日益方整，塔庙窟、千佛窟、四壁重龛和四壁三龛式的洞窟，是这期流行的窟式。窟口外面崖面上雕饰的券面和护法形象愈晚愈繁缛，这一点可以和洛阳龙门石窟北魏晚期开凿的莲花洞、石窟寺（皇甫公洞）、火烧洞、魏字洞等洞窟联系起来。第二期布置在窟内的那种丰富而生动的浮雕场面，这时已很少见。个体形象没有出现新的式样，但造型愈来愈瘦削，衣服下部的衣纹愈来愈重叠，龛楣、帐饰也愈来愈复杂（图版六a、b）。这一期较典型的洞窟有39窟、15窟、23A和38窟（图版七）。

我们在第一讲中，就提到石窟出现的缘起，是由于僧人的禅行。这个问题在北方地区的石窟中，云冈表达得最清楚，而且越来越强烈。僧人禅行，目的是为了求得解脱成佛。如何才能解脱成佛呢？那就需要定中见佛，精神恍惚而与佛合二为一。如何才能达到禅定见佛这个目的？就必须忆念佛的形象。第一期石窟中凿出巨大佛像，对这里禅行的佛教徒来讲，礼佛就是一心观佛，一心观佛的目的是为了禅定时的忆念。忆念不出，即禅定中见不到佛，那么就要一再到窟中去观像。一再观像还是没有结果，必然要产生疑虑，这样，就需要向留住世间的未来佛弥勒请教决疑。弥勒的形象如何能出现？当然还要观念弥勒，因此，出现弥勒像（这是一般小乘禅行的情况）。第一期石窟的主要形象，是三佛，三佛中当然包括释迦与弥勒。第二期石窟题材，一方面复杂了，佛传、本生、佛塔虽然还是表现释迦的，但出现了释迦多宝对坐和大面积的千佛以及七佛、普贤等辅助形象；另一方面，越来越突出弥勒地位——7、8双窟中，弥勒尚未脱离三世佛的组合，到了9、10双窟，释迦、弥勒分别为双窟中一窟的主像；11、12、13组窟里弥勒和释迦分别成了上下龛的主像，也有的成了单龛的主像，甚至出现了双弥勒龛。到了第3窟，弥勒成为雕在南壁（上层）正中这个北魏时期大窟内唯一的一尊大型佛像了。扩大禅观的辅助形象和突出中间可以作桥梁的弥勒形象，都说明当时禅行僧人极力安排增加可以见佛求得解脱的途径和办法。这就反映了僧人禅行的苦闷。第三期，在时间上，主要是北魏迁都洛阳以后的遗迹。迁都洛阳是为了缓和民族矛盾，但也表明了北魏的阶级斗争复杂化。云冈石窟这个时期有以下三点值得注意：1. 中小型窟数量多，有的小窟只可容纳一人打坐，因此可以估计，第三期所开窟有很大一部分是为了僧人禅居所开凿。这类窟中的38窟壁面既雕出禅僧坐禅形象，又雕出了慰藉禅僧的"雕鹫怖阿难入定因缘"（参见图版七）。大乘佛教系统的形象得到发展，如释迦多宝对坐像，多宝塔和千佛的形象流行起来，这是"法华三昧观"所提倡的形象，它们的流行，说明大乘佛教系统的禅行在云冈愈来愈流行。大乘盛行的另一象征，是来源于《维摩诘经》的维摩、文殊比例的增多。大乘讲普度众生，比小乘只求自身解脱，有更大的宣传效果。2. 在大乘系统禅行流行的背景下，19窟补刻小龛，造像铭中出现了愿"托生净土"（4窟）、愿"托生西方妙乐国土"的辞句（图版八），这是大乘佛教净土信仰传播的证据。西方净土即无量寿国。《无量寿经》记载这个佛国的极乐景象是非常具体的，死后得以往生无忧无虑的享乐所在，当然可以吸引更多的信徒。3. 从这一期的铭记中可以看到造像人身份的下降，第一期的功德主是皇室，第二期扩大到显宦和上层僧尼、邑善信士，第三期最大的开窟凿龛官员，不过是三品将军和四品的地方官，比例数字最多的是"清信士""佛弟子"之类的一般佛教徒，还出现了北方落后的柔然族铭记。以上三点完全可以说明这个时期云冈的禅行僧人增多了，佛教逐渐深入到下层，北魏佛教更加蔓延起来。宗教的泛滥，是社会日趋黑暗的写照，事实上，北魏政权的瓦解，马上就要到来了。

最后我们还要讲一下云冈第3窟的问题。第3窟是第二期晚期开凿、但未完成的一座塔庙窟（图11e）。后来在中心塔座的西侧开凿了一组一倚坐佛二立菩萨的造像（图版九）。开凿的时间，过去许多人从样式上分析，认为是隋代。水野、长广因为找不出隋代的文献证据，但在第4窟找出了辽代补修若干佛像的铭记，提出是辽代开凿的新说。我们认为辽代遗迹在大同尚存不少，云冈既有石雕，也有泥塑，其样式都和此一佛二菩萨不同。就样式讲，这一佛二菩萨在北中国一般的石佛系谱中，置之于隋～初唐是合适的。

按北朝末期，突厥兴起，大同这个区域就荒废了，一直到唐初贞观十四年（640年）才把云中郡治固定到恒安镇即今大同，并在这里设置了云州都督府。第二年，《金碑》中提到"贞观十五年守臣重建"。此后，云冈石窟才又被许多长安的要员所注意，有名的道宣在他的三种著作中都记载了此处石窟。和道宣同时的慧祥在《古清凉传》中记

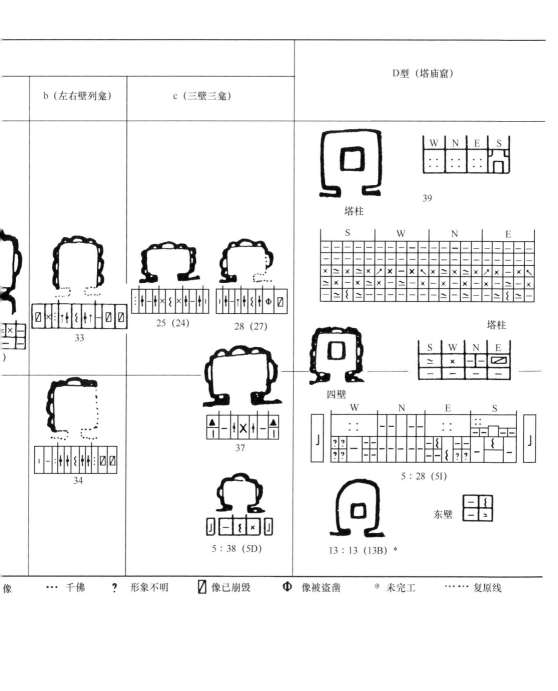

高宗咸亨年间（670—673年）有一位山西北部有名的俨禅师"每在恒安修理孝文石窟故像"。他修理的孝文石窟故像是哪一座，当然不好肯定，但我们知道在642—673年间云冈又有了重建和造像的事，因此，我们认为第3窟一佛二菩萨的雕凿，还是置之于7世纪中期为适宜。

（1982年9月22日）

四 云冈、河西地区以外的早期石窟寺

云冈讲过了。莫高窟另有专题，其他的河西石窟目前情况还不甚清楚。这一讲主要讲龙门、巩县、响堂、天龙和炳灵、麦积这几处比较重要的早期石窟，中间有时也涉及上述几处石窟以外的个别例子。

大约从太和十八年（494年）北魏迁洛以来的二十年间，北中国好像兴起了一个"石窟热"，许多地方官跟着皇室也在地方上开凿起石窟来了。根据现存资料，我们初步统计一下：洛阳龙门最早的纪年铭记是太和十九年；辽宁义县万佛堂最早的是太和二十三年；巩县大约开凿于景明中（500—503年）；炳灵、麦积开始虽早，但现存北魏铭记，前者最早是延昌二年（513年），后者是景明三年（502年）。此外，庆阳寺沟石窟是永平二年（509年）；泾川王家沟石窟是永平三年。除了响堂、天龙兴凿较晚，北中国一些重要石窟和次要石窟，大都开始兴建或继续兴建于495—513年这一阶段。这一阶段正是北魏迁洛初期，统治集团还有力量控制老百姓的时期，过了这个阶段，各地起义风起云涌，北魏统治者已没有新建石窟地点的实力了。

1．龙门石窟

新都洛阳西南的龙门石窟（图15），最早的洞窟是古阳洞，一个负责新都的大官，代北大族，皇室的贵戚，被封为长乐王的穆亮的夫人，在迁都的第二年（495年），就在这个洞里开凿了一个交脚弥勒龛（图版一〇a）。古阳洞是左右壁重层列龛式的佛殿窟（图16），是从云冈7、8窟的形式发展出来的（图版一〇b）。500年皇室开始兴

四 云冈、河西地区以外的早期石窟寺　303

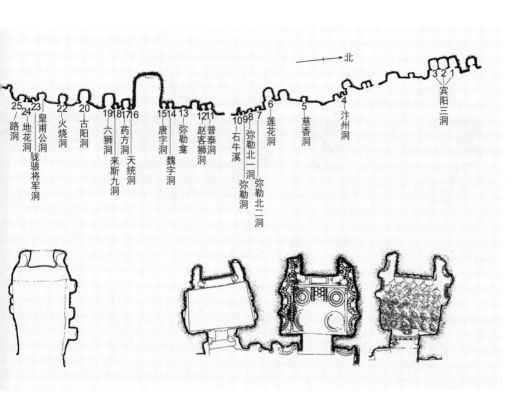

图15 龙门石窟北朝石窟连续平面示意图《中国石窟·龙门石窟》一281页之后的实测图）（上）

图16 龙门古阳洞平面图（左下）

图17 龙门宾阳三洞平面图（右下）

工的"宾阳三洞"（图17），承袭了云冈组窟的做法，窟形、佛像组合受到昙曜五窟和第5窟的影响——椭圆形、三佛主题；但又有了新发展——窟中空间宽敞了，主像组合多了两个弟子，内容连续式的长卷本生画不像云冈那样分格了，汉化了的维摩，窟口内外各自成对的神王、金刚，窟口外左侧凿碑等（图版一一a、b、c）。这些在有纪年的洞窟中，都以宾阳洞出现的为最早。皇室开窟影响大，宾阳也是一个好例。比古阳、宾阳略晚，龙门流行了具有开敞的前庭的洞窟。这种洞窟的主室，许多都是方形平面、四壁三龛式。如魏字洞（图18a），该洞有正光年（520—524年）小龛，知开在正光之前。它的布局是：主室之前有一个敞开的前庭，前庭立金刚与大碑。还有一个有明确纪年的例子，是位于龙门南头的527年开凿的"石窟寺"（皇甫公洞）（图18b），它的布局与魏字洞不同，但都属三世佛题材（图版一二a）。以上龙门这两例四壁三龛方形佛殿窟，我们在云冈西部诸窟中也曾见

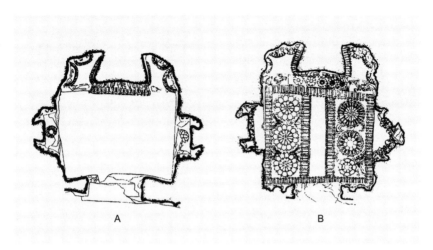

图18a 龙门魏字洞平面图

图18b 龙门皇甫公洞平面图

过，时间并不比这两例为晚，足证在迁都以后，新旧都之间的交往还是很频繁的，同时也说明旧都的实力也不容忽视。可是龙门也发展出自己的特点，特点中有两项最突出：第一是前面说过的有规律的前庭布局，左右有金刚，还雕出了碑；第二是弥勒菩萨的坐式（图版一二b）与云冈不同，却和巩县第1、2窟相同。

龙门没有塔庙窟。洛阳附近的塔庙窟分布在紧邻洛阳东边的巩县大力山。

2．巩县石窟

巩县魏窟有龙门那样的方形四壁三龛式的佛殿窟如5号窟，但较多的是塔庙窟（图19a）。那里的塔庙窟有两种形式：第一种中心塔柱

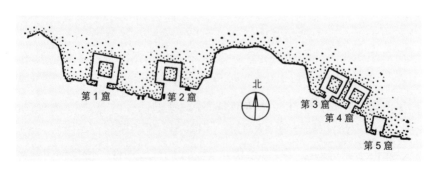

图19a 巩县大力山石窟平面示意图

每面重层开龛，窟壁面主要题材是千佛，在千佛中现出佛说法，如第4窟（图版一三a），这种塔庙窟和云冈西边的39窟、东边4—5窟之间未编号窟相似（都在壁面千佛中安排一个不大的一佛二菩萨龛）。另一种中心塔柱每面开一大龛，如第1窟（图版一三b），窟壁面在其转折千佛之下置列龛（图19b）；这种塔庙窟虽然也可以说渊源于云冈1、2和6窟，但云冈各塔庙窟中的塔每面不只开一大龛。和它很类似的是辽宁义县万佛堂西区第1窟，大约它们都是云冈1、2和6窟的简化形式。巩县石窟现已无纪年铭记，但1497年碑记中说"自后魏宣帝景明间（500—503年）凿石为龛，刻佛千万像"，这个记录虽然晚了，但应是有根据的。它说景明间的石龛刻佛千万像，就是指这类塔庙窟中的千佛而言。此外，还可以从上述的参考材料来考察。和第一种相似的云冈两塔庙窟开凿于494年迁都之前，和第二种相似的义县万佛堂的纪年铭记在太和二十三年至景明三年间（499—502年）；在题材上巩县石窟又有与龙门魏字洞、石窟寺（皇甫公洞）相同的弥勒菩萨坐像，而这两个龙门窟开凿在6世纪20年代或20年代以前。因此，可以大概推知上述巩县石窟的年代在6世纪初以后不久。

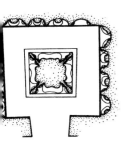

图19b 巩县大力山第1窟平面示意图

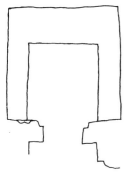

图20a 南响堂第4窟平面示意图

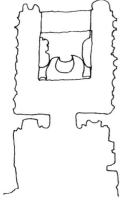

图20b 南响堂第1窟平面示意图

3．响堂山石窟

535年，北魏分裂为东西魏。洛阳佛寺的僧尼大都跟随东魏迁都到邺，邺城址在今天河北临漳县。所以北朝晚期，东方的东魏、北齐承袭了洛阳的传统。邺城西边的响堂山石窟和北齐北都太原南部的天龙山石窟，都反映了这个问题。

响堂山石窟分布在三处，南响堂（滏山石窟）、北响堂（鼓山石窟）、小响堂（水峪寺），现都在河北邯郸市的范围之内。小响堂只有塔庙窟，南北响堂既有塔庙窟，也有佛殿窟（图20a）。响堂山的塔庙窟，可以和巩县的塔庙窟连接起来，如北响堂北洞、中洞和南响堂1、2窟（图20b）。但它们也有自己的特点。如北响堂北洞塔柱后面凿成很低的隧道形式，这应是来源于云冈第5窟，塔柱三面开龛和龛内主像也与巩县不同；还有的塔柱南面上部开凿了一个长方形空龛，这也不见于他处。此空龛下面还要讲到。南响堂第1窟塔柱只正面开一大龛，也是一种新的形制。另外，北响堂北洞和中洞——中洞即第3窟，还在外面崖面上雕凿出塔的形式（图21）。这样的塔庙窟，更符合佛经中"入塔观像"的要求了。

响堂山的佛殿窟，有四壁三龛的样式（北响堂南洞），也有不开龛在窟内沿壁面凿佛坛的样式（南响堂第4窟）。一个重要例子，是北响堂南洞。该窟由同在一个垂直面上的上下两个洞窟构成。下层窟面积较大，上层窟面积较小。它们应是上下成组的一组窟，而这一组窟，正好使用了上述那两种窟式。下层大窟应是龙门四壁三龛式的发展，而上层小窟又应是沿壁凿佛龛的发展。这个发展应是受到当时地面木构殿堂的影响。此外这上下龛窟成组的布局，且又在上龛外崖面上部正中雕凿出塔刹，就更直接表现了一处塔庙的立面，因而使礼窟者"入塔观像"愈加形象化了（图版一四）。南洞的年代，可据该窟前室刻经的铭记（568—572年）推断。接着南响堂就出现了单独的不开龛在窟内沿壁面凿三面佛坛的方形窟式了，如上述的南4窟。响堂山的佛殿窟，有的是有敞口的前庭，这应是来源于洛阳龙门的佛殿窟。

4．天龙山石窟

天龙山石窟位于北齐北都太原的南郊（图22），那里多四壁三龛式佛殿窟（图23），如第2窟的形式来源于龙门、响堂，但窟顶的盝顶做法，不见于龙门、响堂，却是甘肃东部石窟常见的样式（这点，下面我们还要讲）。

天龙只有一处塔庙窟，它的样式又是结合了这里的佛殿窟（图24），有明确的纪年，是开皇四年（586年），已经进入了隋代。

以上是洛阳一带和与洛阳关系十分密切的响堂、天龙石窟的情况。洛阳以西、分布在现在甘肃东部的几处石窟有着明显的与上述东方石窟不同的特点。

四　云冈、河西地区以外的早期石窟寺　307

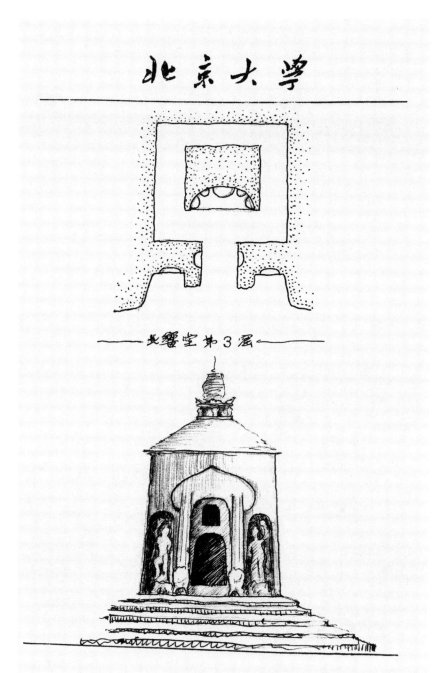

图21　北响堂第3窟（中洞）平面、外立面示意图

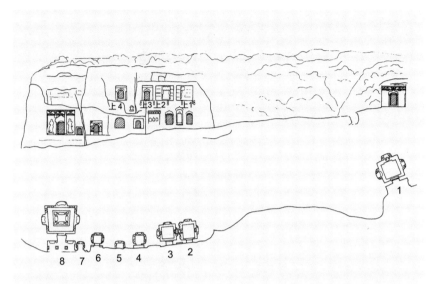

图22 天龙山第1—8窟平面、外立面示意图（图22—24，采自李裕群、李刚编著《天龙山石窟》第4页图二、19页图一〇、42页图二八）

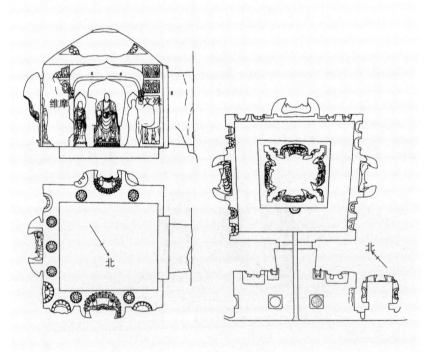

图23 天龙山第2窟平面纵剖面图（左）

图24 天龙山第8窟平面示意图（右）

5. 炳灵寺石窟

位于兰州西的永靖（刘家峡）炳灵寺石窟，由于发现了西秦建弘元年（420年）墨书题记，有名于世。此铭记在169窟的6号龛左侧。该龛半圆形，右侧短，左侧长，主要题材是一坐佛（左上方有"无量寿佛"榜题）二菩萨像（图版一五a）和一立佛一立菩萨壁画。169窟本是位在崖面上部的一个自然崖洞（图25），6号龛修在洞后壁上部偏左侧，它的上下左右侧还塑绘二十四组佛像。这些组佛像和6号龛大约同时，题材也是一佛二菩萨和单一的坐佛、立佛；值得注意的还有题维摩诘和侍者之像的壁画（图版一五b），无量寿和维摩诘的出现似可提示这时炳灵的佛教与前后秦时期的长安有某种关联，值得关注。此后稍晚的有三世佛立像和七佛坐像。再晚些的有二佛并坐像、三世佛坐像。所谓稍晚的，其时间大约也在446年北魏毁佛之前，再晚些的大约就到了迁洛（494年）前后了。在169窟的左侧还有一个自然岩洞，洞的左外沿有北周时期塑的七佛立像。炳灵寺正式开凿的早期石窟都分布在崖面的中部，自下向上数的第二层。它的形制主要是两种方形佛殿窟：一种像龙门、巩县那样四壁三龛式；另一种是四壁砌

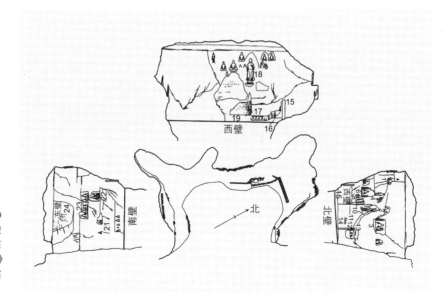

图25 炳灵寺第169窟平面及正、侧壁立面图（《中国石窟·永靖炳灵寺》217页，第169窟实测图）

坛式。后者有三座比邻在一起的，即126、128、132窟，都是方形窟（图版一六a），窟顶结构有穹隆顶（126窟），也有盝顶（132窟），主题都是正壁前释迦多宝对坐（图版一六b），左壁前交脚弥勒，右壁前坐佛，窟口上方是涅槃像（图版一六c）。这三窟很有可能是一组窟，126窟有延昌二年（513年）铭。因此，可以推知，炳灵寺开凿正式的石窟的时间，是北魏迁洛以后的事。

6．麦积山石窟

麦积崖是甘肃东部规模最大的一处石窟群（图26）。就现存的窟龛看，北魏迁洛以前主要是一些开凿在崖面上的半圆形平面的敞口小龛，题材主要是一佛二菩萨和三世佛（图27a、b）等。迁洛以后，才较多地开凿中小型窟，其中最早的纪年铭记是115窟的景明三年（502年）铭。中小型窟形制多椭圆、方形两种。方形窟主要是四壁三龛式，在窟顶结构方面，方形窟中出现盝顶和斗四尖锥顶，主要题材有一佛、三佛、七佛。西魏、北周时期，多大中型四壁三龛式的方形窟（图28），窟内主题多三佛，三佛除坐像外，还有的作倚坐式者，也有四壁二龛、主题是三佛的。还有四壁一龛的窟，这类窟的题材是一佛（32窟、13窟）。大约从西魏开始，出现了凿雕窟檐的做法。30窟正壁开三龛，为三间四柱单檐四柱顶崖阁，一龛一坐佛，合起来，其主题就是三佛了（图29）。另一处有窟檐的43窟（图版一七a），窟形与30窟相似，只是开一龛，主像是倚坐佛，最特别的是倚坐佛后有一个低矮的后室，后室的平面作刀形（图30），这种平面是当时墓葬流行的形制，因此，有人怀疑它是文献记载的西魏大统五年（539年）乙弗后的瘗窟。这个推测是可能的，因为在北朝晚期流行这个做法。我们在这里补充说明一下前面讲过的北响堂北洞中心柱南面的上部也开凿了一个长方形洞窟。《资治通鉴》记载，高欢死后葬于鼓山石窟。北响堂北洞在北响堂石窟中规模最大，响堂石窟也只有这北洞有可以盛棺椁的洞室。所以，北洞很可能就是高欢的瘗窟，不过这个瘗窟是塔庙窟，墓室在上面，而麦积崖乙弗后的瘗窟是佛殿窟，墓室在后面。

四 云冈、河西地区以外的早期石窟寺 311

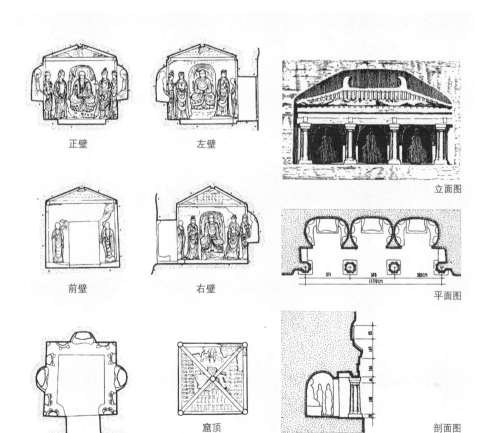

图27a 麦积山第78窟平面、纵剖面、正壁立面图（《麦积山石窟的新通洞窟》，《文物》1972年第12期）

图27b 麦积山第78窟正壁及侧壁造像（《中国石窟·天水麦积山》3）

图28 麦积山第62窟平面、剖面、前壁立面、窟顶仰视图（《中国石窟·天水麦积山》250页）（左）

图29 麦积山第30窟平面、外立面、纵剖面图（《中国石窟·天水麦积山》202页，图3）（右）

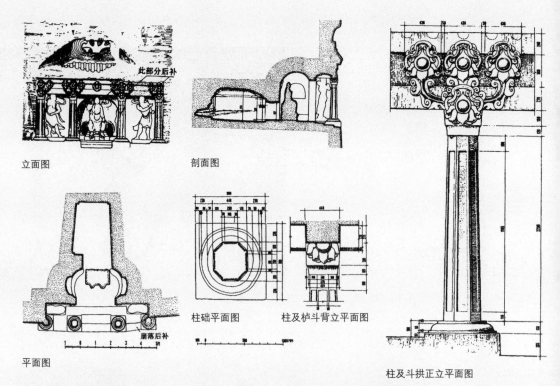

图30 麦积山第43窟外立面、纵剖面、平面、石柱细部图(《中国石窟·天水麦积山》204页,图5)

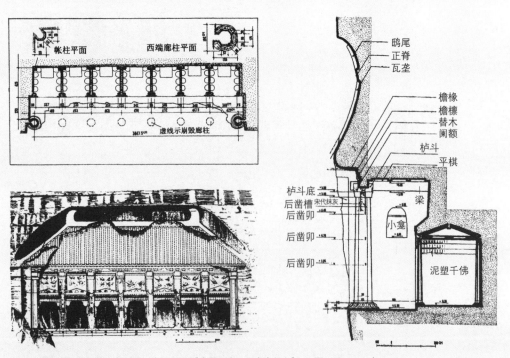

图31 麦积山第4窟平面、纵剖面、外立面图(《中国石窟·天水麦积山》207页,图11~13)

麦积北周时期开凿的洞窟，一般比以前的规模都要大，组像也较复杂，洞窟形制一般与西魏接近，唯在东崖上方的一处七佛阁工程浩大。该七佛阁编号为4，前列石窟檐柱，后列七个方形尖锥顶窟，窟外雕饰繁缛的宝帐龛面，宝帐龛内各一坐佛。檐柱与七列龛之间的走廊两端各立金刚，其上各开一龛，左龛为维摩像，右龛像佚，当为文殊（图31，图版一七b）。七佛与维摩文殊同窟不见于他处。因为此七佛图像最大，所以被怀疑为北周保定、天和间（566—568年）秦州大都督李允信所造的七佛龛，当时有名文人庾信为此龛撰《秦州天水郡麦积崖佛龛铭》。这个推想是很可能的。

图32a　泾川南石窟寺第1窟平面示意图

图32b　庆阳北石窟寺第165窟平面示意图

7．泾川石窟

甘肃东部另一处石窟在泾川，泾川石窟分南北两处，一般叫南北石窟寺。南石窟寺在今泾川县王家沟（图32a），北石窟寺在今庆阳寺沟（图32b）。这两座都是北魏泾州刺史奚康生创始的。前者开凿于永平二年（509年），后者开凿于永平三年（510年）。奚康生开创的两座石窟，形制、题材基本相同，都是近似椭圆的长方形盝顶窟，主题都是七佛（图版一八a、b）和交脚弥勒（图版一九a），有的还雕出了骑象的普贤。值得注意的还有，窟顶部前坡出现了连续的本生浮雕（舍身饲虎，图版一九b）。本生之上为窟顶，除此例之外，尚见于敦煌，不过敦煌的时间就迟到北周了。另外窟口崖面的设计——门外两侧各雕神王或金刚和蹲狮，窟门上方凿明窗，这些做法都和敦煌石凿洞窟相似，在时间上敦煌出现在西魏、北周，都比这里为晚。

甘肃东部石窟有它自己的特点，但追根溯源，我们认为它们和东方的关系还是非常密切的。下面就形制和主题两项列一张简表（表三）。

从表三可以看到，甘肃东部石窟流行的窟形都见于东方，大都是东方早于这里；其西面的敦煌则少见或迟于这里。因此，我们认为研究敦煌不要只把眼睛看着西方，更应当参考东方。这个问题我们留到下一讲去讲。这里我们应该首先注意甘肃东部石窟和东方的关系，其中一个重要的现象是，甘肃东部石窟与大同的关系比洛阳更密切。这一方面可能

表三

		炳灵	麦积	泾川/庆阳	敦煌	洛阳	大同
形制	半圆形平面敞口龛	/	a	/	/	/	a
	无龛方形窟	/	b	b	/	/	b
	四壁三龛方形窟	b	b	/	e	b	ab
	四壁单龛方形窟	/	d	/	c	b	/
	单窟附前庭	/	c-d	b	c	b	a
	组窟附前庭	/	c-d	/	c	/	a
	塔庙窟	/	/	/	a-b	b	a-b
	石雕窟檐	/	c-d	/	/	/	a
主题	三佛	a	a-d	/	d	b	a
	释迦多宝、交脚或三佛	b	/	/	/	b	ab
	七佛	a	b-d	b	d-e	b-c	a-b
	普贤	/	/	b	/	/	a-b

说明：a 迁洛前，ab 迁洛前后，a-b 从 a 至 b，b 迁洛后，c 西魏，d 北周，c-d 西魏、北周，d-e 周末隋初，e 隋。

是，两者都直接有以前的凉州的因素；更重要的是，我想甘肃东部诸窟虽然大部分较洛阳早期洞窟为晚，但它们却和洛阳同样来源于云冈，而与东方的响堂、天龙不同。响堂、天龙虽也有些云冈影响，但它们和洛阳的关系更为密切、更为直接。所以，我们前面强调了494年迁洛以后各地出现了一个"石窟热"。既然迁洛以后不久，当然它们上承的关系，主要就应该是云冈了。因此，我们在这里想再强调一下云冈在中国石窟中的重要性，请大家注意。（1982年10月17日）

五 敦煌莫高窟现存早期洞窟的年代问题

敦煌莫高窟现存早期洞窟，一般是指现存的北朝时期开凿的洞窟。北朝时期开凿的洞窟还可以细分为四个阶段。每个阶段的时间和现存洞窟的数量，我们初步估计是这样：

第一阶段：现存三座窟，一般无异议；但在时间的推断上，我们认为不会早于5世纪的70年代至80年代，即不会早于北魏孝文帝初年（471年）迄太和十三年（489年）前后。

第二阶段：我们认为，现存七座窟，时间约在太和十一年迄正光之末，即487—524年之间。

第三阶段：我们认为，现存十一座窟，时间约在北魏正光之后迄西魏时期，即从6世纪20年代后半迄50年代中期。

第四阶段：我们认为现存十三座窟，时间约在北周迄隋开皇四年（584年）以前，即从6世纪50年代后期迄80年代初。

以上仅仅是初步的估计，直接的根据很少。下面我们就按上述的四个阶段，分别论述一些不成熟的看法（图33）。

一

敦煌莫高窟各时代开凿的洞窟，其分布位置，大体上是颇有次序的。莫高窟现存的早期洞窟，都排列在莫高窟石窟群中部自下向上数的第二层和第三层。其中一般都认为最早的三座窟，即268、272、275窟，又处在这个区域第二层的中部。275窟北侧崖面有较长一段早年已崩毁。这崩毁部分，原来很可能开凿有更早的洞窟，但现已不存在了。

316　中国佛教石窟寺遗迹

图33　敦煌莫高窟早期洞窟（分四个阶段，窟号下面标出的一、二、三、四，即指该窟所属的阶段）连续平面示意图

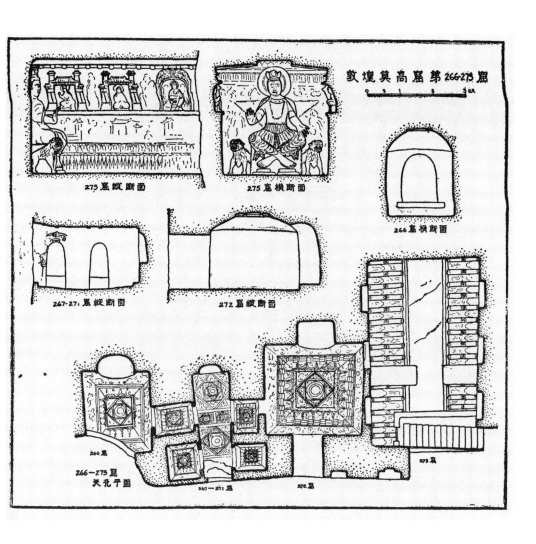

图34 莫高窟第266—275窟平面（部分附仰视）、266、267—271、272、275窟剖面示意图（《文物》1955年第2期）

这三座最早的洞窟都是以佛像为主体的佛殿窟，其中268窟内左右侧各附有两个小窟（图34）。268窟的南侧，有七座紧紧挨在一起的以中心塔柱为主体的塔庙窟，即259、254、251、257、263、260、265窟（图33）。这七座塔庙窟其排年顺序，又恰恰仅次于上述三窟。看来，这不一定是偶然现象。

现存最早的三座窟和在年代上紧接着它们的七座塔庙窟，本身都没有纪年题记。莫高窟现存最早纪年题记的285窟（有西魏大统四至五年〔538—539年〕题记），无论形制、题材和绘塑造型等（图35）

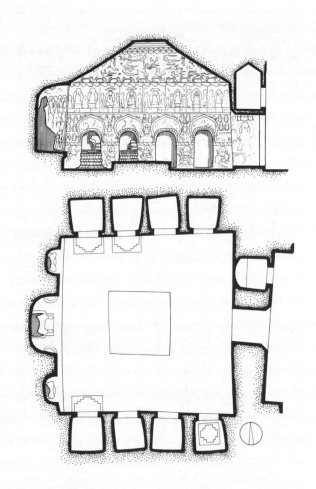

图35 莫高窟第285窟平面、纵剖面图（《中国石窟·敦煌莫高窟一》225页实测图）

都和上述现存最早的三窟及其次的七窟差别较大，无法比较。因此，要研讨它们的年代，就需要参考其他地点有确切年代可考的洞窟。这里主要探讨现存最早的三座窟——268、272、275窟。

过去我们曾把希望寄托到敦煌西邻新疆地区的石窟，经过近年的多次调查，知道新疆各地石窟与莫高窟除某些绘塑技法有些联系外，其他如洞窟形制、造像和造像组合、壁面布局等则关联甚少，而这些重要方面，莫高窟和敦煌以东的石窟类似之处颇多。

和敦煌以东石窟对比，首先引起我们注意的是，佛殿窟与塔庙窟分开布置这一特点。这种情况不见于新疆石窟,而屡次见于敦煌以东的石窟。如大同云冈石窟最先开凿的昙曜五窟是佛殿窟;第二期既开凿佛殿窟,又开凿塔庙窟。佛殿窟集中在云冈的中部,而塔庙窟则集中到东部。又如,北魏迁都洛阳后,在都城西南龙门开凿的洞窟,都是佛殿窟,塔庙窟却开凿在都城东北的巩县。发现了这个共同的特点之后,我们就进一步注意了内部的对比。对比的结果,我们认为莫高窟现存的早期洞窟,并不比东方石窟特别是云冈石窟的某些洞窟为早,甚至有可能还受到了东方石窟的影响。这又是什么原因呢?看来,我们应当先清理一下敦煌和敦煌以东有关的历史背景。

敦煌自公元前2世纪末,汉武帝设置敦煌郡以来,即和敦煌以东关系密切。近年敦煌东郊墓群的发掘更可证明,最迟至公元3世纪的魏晋时期墓葬所反映的文化艺术,已属中原体系。值得注意的是,公元6世纪梁慧皎《高僧传》记280—289年间,即西晋太康间,长安竺法乘"西到敦煌,立寺延学,忘身为道,诲而不倦,使夫豺狼革心,戎狄知礼,大化西行,乘之力也。后终于所在"(《晋竺法乘传》)。讲佛教在敦煌开始传布,是从长安来到这里的竺法乘宣扬的结果。可见,尽管佛教系由西方传来,但能在敦煌生根发芽、传播开来的,却是经过中原初步汉化后的佛教。佛教如此,佛教石窟亦然。698年,《大周李君(义)莫高窟佛龛碑》中说:莫高窟是"乐僔、法良发其宗,建平、东阳弘其迹"。"发其宗"即是开始开窟。《佛龛碑》记乐僔事迹时,用前秦"建元"纪年,可以推测乐僔大约是一位从前秦来的和尚,所以865年晚唐人写的《莫高窟记》说乐僔"西游至此"。《佛龛碑》记法良,说他是"从东届此"。开始在莫高窟开窟的两位僧人,都是从东方来的。"弘其迹"即是弘大石窟的事业。弘其迹的人,一个是北周建平公于义,于氏是长安东北的三原世家大族;一个是北魏东阳王元荣,元荣是北魏宗室,来自洛阳。弘大莫高窟事业的,又都来自东方。可见莫高窟和东方的关系是非常密切的。

439年,北魏灭北凉沮渠氏以前,莫高窟和敦煌以东最密切的地点,应是凉州,即今武威。敦煌属北凉,北凉重佛教,沮渠蒙逊在都城凉州聚僧译经,并在州南南山开窟镌像。这时,凉州逐渐继长安之后，成为西北的佛教中心。因此，敦煌佛教受到凉州影响是很自然的事。遗憾的是，凉州沮渠氏遗迹已荡然无存，其他地点有确切纪年的北凉石窟也没有发现。6世纪初崔鸿《十六国春秋·北凉录》记：439年，北魏攻陷凉州"徙（沮渠）茂虔及宗室士民十万户于平城"（《太平御览》卷124引）。比《十六国春秋》晚一点的魏收《魏书·释老志》又记：当时，凉州的"沙门佛事皆俱东"。可见平城即今大同的佛教，凉州的因素很重。所以，460年，北魏皇室在平城西开始开凿的武州山石窟即今云冈石窟，应与凉州石窟关系密切。因此，莫高窟现存早期石窟可与云冈石窟相互比较，并不是奇怪的事。另外，我们还注意到，5世纪平城地区不仅集中了凉州工匠、佛事，《魏书》还有集中北中国各地工巧、艺术家和高僧到平城的记录，甚至还有善摹佛像的狮子国沙门也到达了平城。这大批人手，大约都可能在云冈做出贡献。云冈大规模开窟造像，工程长达三十余年，可以设想，这里必然会有许多新的创作。平城在494年以前，是北魏的政治、佛教中心。因此，这里创作的新样式，必然要影响到外地。

现在，我们再考虑一下5世纪中期以后的敦煌历史情况。441年，北魏西击占据敦煌的沮渠无讳。次年，无讳胁迫敦煌万余家西奔。之后，原来统治敦煌的西凉王李暠的孙子"李宝自伊吾帅众二千人入据敦煌，缮修城府，安集故民"（《通鉴·宋纪》六）。可见当时敦煌已极残破。444年，李宝去平城，敦煌遂隶北魏版图。450年，沮渠安周引柔然西来，从此柔然肆虐西北约有三十年之久，其间多次围困敦煌。474年，北魏朝廷曾有放弃敦煌移就凉州之议。敦煌面临柔然的威胁，直到5世纪80年代后期，才逐渐解除。敦煌恢复繁荣，应在5、6世纪之际。

我们从现存莫高窟早期洞窟已具有一定的规模、其洞窟布局和绘塑技法都已进入成熟阶段等方面估计，它们早已远离莫高窟开始开窟的初期。不仅远比利用天然洞窟、以小龛或组像为单位的炳灵寺第169窟（该窟一小龛有420年题记）为先进，恐怕也不是酒泉敦煌一带发现的有421—439年铭记的北凉石塔所反映的那种组合简单的，甚至还杂有八卦、北斗形象的佛像造像所能比拟。因此，我们认为莫高窟现存这三座最早的洞窟的出现，似应距离敦煌解除柔然威胁的前后不久。这个时期正是北魏加强对敦煌控制的年代，所以当时开凿洞窟受到敦煌以东的影响，特别是460年即已开始凿窟的云冈石窟的影响，是完全可以理解的。

根据上述的历史背景，我们认为研讨莫高窟现存早期洞窟的年代问题，参考东方石窟，特别是460年开始开凿的云冈石窟，不仅是应该的，而且是必要的。

下面我们具体分析莫高窟现存最早的268、272、275三座洞窟。

三座洞窟设计紧凑，窟口都开在差不多同一水平线上。形制又都属于佛殿窟（其中268窟附有四个小禅窟，272窟口外左右各凿有一个禅僧塑像龛）。这三座洞窟，我们怀疑它是一组窟。这种成组出现的佛殿窟，不见于新疆，但为敦煌以东石窟所习见。在云冈这类成组的佛殿窟，有两种类型：一种是云冈最早开凿的昙曜五窟（460年——），即16—20窟，这种类型，平面作椭圆形，巨大的主像充满窟中；一种如7、8和9、10窟那样，平面基本作长方形，主像位于窟内后部或后室，其前有较宽敞的空间。莫高窟现存最早的这三座洞窟，显然是接近云冈后一种类型的。就主像的形态言：268窟主像是端正的佛装的交脚像（图版二〇a），这种像在云冈始见于7、8窟；272窟主像是倚坐佛像（图版二〇b），这种像在云冈始见于8窟后室北壁上层主像和7窟，19窟东西两侧倚坐佛主像的雕造晚于7、8窟；275窟主像是交脚弥勒菩萨像（图版二一a），云冈始见于17窟（参见图10）和7、8窟，17窟在昙曜五窟中晚于18、19、20三窟，其主像雕造的时间，大约已接近7、8窟的开凿。莫高窟现存最早的这三座窟的主像和云冈对比的结果，大体上可以看出与昙曜五窟不接近，接近的是7、8窟，即它们和云冈7、8窟的关系密切。三窟的壁面布局，也有类似情况：272窟壁面多绘供养菩萨和成片的千佛以及窟口外侧塑出的禅僧，这样的题材，在云冈都始见于7、8窟；275窟壁面分栏布置，上栏凿塑列龛，中有思惟像，下栏绘长卷式分段的壁画，画中还绘出书写内容的"榜题"，其题材为佛传和本生。这些在云冈也都始见于7、8窟。但它更接近9、10窟——上开佛龛，下浮雕本生。值得注意的，还有275窟出现较多的汉式建筑形象，它包括两侧列椽的窟顶结构，上栏列龛塑出的汉式的阙（图版二一b），下栏壁画中的建筑物全部汉式，甚至还描绘了各种形式的斗栱。这样大量汉式建筑形象的出现，在云冈却是略迟于7、8窟的9、10窟中的新鲜事物。另外，268窟顶塑绘出的抹角叠砌式的平棊，也和云冈9、10窟前室窟顶所雕出的平棊相近似。

根据上面的比较，我们认为，莫高窟现存最早的这三座洞窟与大同云冈石窟的昙曜五窟并不接近，与云冈可作对比的是7、8和9、10窟。7、8窟大约开始营造于孝文帝初年（471—　），9、10窟据1147年《大金西京武州山大石窟寺碑》推测系"太和八年建，十三年毕"（484—489年）。由此，我们认为莫高窟现存最早的洞窟——268、272、275窟——的年代，大约不会早于5世纪的70年代至八九十年代，似乎较为稳妥。这个期间内，恰好包括了穆亮（451—502年）驻敦煌，任敦煌镇都大将的时期。（《魏书·穆崇传附四世孙亮传》记太和九年〔485年〕以前，穆亮"被征还朝，〔敦煌〕百姓追思之"。）穆氏位列代北"勋臣八姓"之首，亮"尚中山长公主（献文帝女）"，历任显要，受封长乐王。494年孝文迁洛时，亮负责规划新都。亮崇敬佛教，迁都第二年，他的另一位夫人尉迟氏即在龙门石窟古阳洞雕造交脚弥勒菩萨龛（参见图版一〇），此龛是龙门现存有明确纪年的最早佛龛。莫高窟现存这组最早洞窟也是突出敬奉弥勒形象，三窟中最大的275窟，其主像即是交脚弥勒菩萨，268窟的佛装交脚像，也有可能是弥勒。这种情况，是不是也和穆亮有关呢？这当然纯属推测，不过穆亮任职敦煌的时间，正是敦煌逐渐摆脱柔然侵扰，进入较安定时期。这一点，是应予注意的。（1982年10月26日）

二

在莫高窟现存早期洞窟中，比最早的洞窟即268、272、275三窟略晚的洞窟，是位于268窟南侧的259、254、251、257、263、260、265七座窟。这七座窟都是平面长方形的塔庙窟，可分两个类型：一种是后壁向前雕塑出半个方形塔柱，只259窟一例（图版二二a）；另一种是在窟内偏后位置上雕塑一方形塔柱，共六窟。这两种塔庙窟都是在围绕方形塔柱的窟顶，即窟内中后部的窟顶塑或绘出平棊样，窟前部窟顶为前后两坡架枋椽式的"人字披"（其中263、265两窟为后代重绘所掩盖）。塔柱正面都开一大型尖楣圆券龛，内塑本窟的主像。259窟主像是释迦多宝（参见图版二二a），254窟主像是交脚佛像（图版二二b），其余各窟主像皆为倚坐佛像（图版二三a）。塔柱左后右三面各开上下两龛，上龛龛楣多作城阙式或双树式，内塑交脚弥勒或思惟像，下龛为尖楣圆栱龛，内塑释迦坐像（其中263、265两窟塔柱诸龛已为后代所改造）。

壁面布局：259左右壁各列上下两层龛，上龛塑交脚弥勒或思惟像，下龛为释迦坐像和倚坐像。其余六窟后部壁面即与塔柱相对的壁面画千佛，有的千佛中现一佛二菩萨，即所谓的说法图。254、251窟千佛上部开龛一列，内塑释迦或交脚弥勒；前部左右壁即人字披下的壁画，上开释迦或交脚弥勒龛，下绘本生、佛传（包括说法图和因缘）；七座窟的前壁多坍毁，存者多绘千佛，窟顶人字披画供养菩萨（其中263、265两窟壁画大部为后代重绘所掩盖）。七座窟的全部布置，与佛经所记"入塔观像"的内容相符。因知这类塔庙窟也是为僧人禅行而设计的。七座窟有四座，即254、251、263、260窟尚存有前庭遗迹。

这七座塔庙窟，东方汉式因素比上述最早的三窟增加得多了。方形塔柱本身和壁画中的多层或单层的方形塔，都是东方的汉式塔。人字披窟顶虽然不见于敦煌以东石窟，但其仿自汉式建筑当无可疑。254窟人字披塔柱两端尚各存有木制斗栱实物一组（图版二三B）。方形塔庙窟在云冈出现，是在7、8窟之后，云冈最早的塔庙窟是11窟。11窟开凿的时间接近9、10窟，9、10窟可能开凿于484—489年间。七窟排列顺序最早的259窟的主像是释迦多宝，释迦多宝作为一座洞窟的主像在云冈始见于7窟，但与塔柱相配，则首见于6窟和2窟，6窟开凿应在太和十年（486年）以后，2窟的年代约在9、10和5、6窟之间。七窟中排年仅次于259窟的254窟，该窟后部壁面千佛上部的列龛中有着衣缘下垂式服装的释迦坐像，这种服装约是孝文改革服制后的样式。云冈最早出现在11窟太和十三年（489年）的释迦多宝小龛中，龙门出现得更晚，迟到6世纪初。

  1965年，敦煌文物研究所清理莫高窟125、126窟间崖隙中的积沙时发现附有太和十一年（487年）广阳王慧安发愿文的残绣佛一件（图版二四a）。这件绣佛，敦煌文物研究所的研究人员认为"它应该是从平城一带被人带到敦煌来的"；他们描绘绣佛的情况云："刺绣为一佛二菩萨式的说法图。佛结跏、露脚、坐莲座，菩萨侍立，跣脚、踩覆莲、裹长裙，与敦煌251、260等窟的小型说法图相似。特别是艺术风格、表现手法基本相同……结构布局与云冈第11窟、龙门石窟古阳洞太和时期诸小龛相似，供养人衣冠完全相同……都是鲜卑贵族在未改革服制以前的服装。"在叙述绣佛的边饰和女供养人服饰上的花纹时说："花边中的连珠状龟背纹与忍冬纹套叠的形式（图36a），在莫高窟259窟、248窟可以找到同类型纹饰（图36b），在云冈第9窟、10窟均有相似的浮雕边饰"；"女供养人衣服上的桃形忍冬纹，在莫高窟251、260窟也可以看到类似的纹样"。我们在考察绣佛的实物之后，完全同意上述的论述。现拟根据研究所研究人员提出的线索，试作下列的分析：

  1. 连珠状龟背纹，在莫高窟首见于259窟（图36c），在云冈首见于9、10窟（图36d）。云冈9、10窟的年代大约是太和八至十三年（484—489年）。类似的花纹但较简单些的又见于大同发现的太和八年（484年）司马金龙墓出土的木板漆画（图36e）。

  2. 桃形忍冬纹，在莫高窟首见于251窟，在云冈首见于9、10窟。

  3. 与绣佛画面主题相似的说法图，在莫高窟首见于251窟，在云冈见于与9、10窟时间相近的11窟中的诸小龛，在龙门见于孝文迁洛以后以迄太和末年（494—499年）在古阳洞开凿的诸小龛。

  有了云冈、龙门和其他有关资料的间接证据，绣佛所提供的太和十一年（487年），大约可以作为考虑莫高窟259、251两窟的时代的上限时的参考资料，但不能直接定为这两窟的时间上限，因为平城新样式传播到外地，外地据以模仿，还需要一段时间。洛阳仿造已是迁都（494年）之后，西传到敦煌，莫高窟进行模仿，我们估计它不会比洛阳还早，应比洛阳为晚，那么很可能就到了5世纪之末，甚至6世纪开头了。

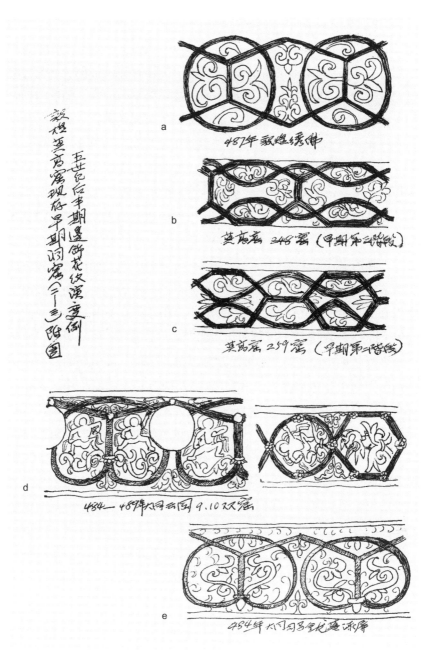

图36 莫高窟现存早期第二、三阶段洞窟边饰花纹比较例

259窟在七座塔庙窟的排列顺序中，前面已经提到是处在最早的第一位。251窟列第三位。因此，上述的5、6世纪之际应是这七窟的最早年代。七窟的后段，似应从257窟开始，其后的顺序是263、260、265窟。这后段的四窟中，当然有很多前段甚至更早的因素，但重要的是那里出现的新事物。新事物中，我们选择了两项实例：一项是新体态的人物和新服饰的增多，一项是新题材的出现。前者如257窟壁画沙弥守戒自杀因缘中秀骨清像的长者，长者着敞式交领大袖束带曳地长袍和高头履，妇女上着交领大袖襦，下为曳地长裙（图版二四b）。这种纤长躯体和汉式的曳地袍裙，都是当时南朝上层人物的典型形象和衣着。它在莫高窟共同出现，就和前述254窟有的释迦坐像仅仅衣着衣缘下垂的汉式服装不同了，因为清秀体态的出现，要比只是服装的改革又要推后一段时间。这种服饰和体态的人物的形象，在洛阳最早出现在古阳洞宣武帝时期开凿的小龛下部的供养人中，如景明四年（503年）法生造像龛、正始四年（507年）安定王元燮造像龛，此后一直流行到6世纪的二三十年代。新题材的出现，最重要的是在所谓说法图中画出绿水莲池（图版二四c）及西方三圣的新构图，这是西方净土变的最早样式。它的出现反映了无量寿佛（阿弥陀佛）信仰的开始流行。无量寿佛在云冈、龙门都始见于延昌、正光间（512—524年）的小龛中，如龙门魏字洞正壁右侧下方正光四年（523年）阿弥陀龛。这里已不是简单的无量寿佛龛了，而是发展到具有西方净土变特征的组像了。因此，我们估计这种西方净土组像的出现，最早也应在正光以后。

根据上面的比较分析，敦煌莫高窟仅次于最早三窟的这七座洞窟，它的年代大约可以排在5、6世纪之际迄6世纪二三十年代即正光之末（524年）之间。

三

紧接上述七窟之后，有十座窟可作为一个阶段。这十座窟的排年顺序，大约是437、435、431、432、248、249、288、285（包括

266）、246、461窟（参见图33）。十座窟中有三座位于上述七窟之南侧，即248、249、246窟；有两座位于275窟北面崖体崩毁部分的北沿，即288、285窟；还有一座位于莫高窟群的北端，即461窟；另外，437、435、431、432四窟则位于288窟北部上端，即自下向上数第三层洞窟的中部。这位于第三层的四窟，较第二层的五窟和北端的461窟，开凿的时间为早，我们认为它们可以作为这一阶段的前段。这样，我们就可以作如下的设想：继开凿前述的七窟之后，再开凿新窟的人们，由于现在已不大清楚的原因，放弃了第二层崖面，而开始向高的方位寻找新的地点了。但他们营造的窟形，还沿袭着塔庙窟的形制，431和432窟的前庭好像还通连起来，这样，莫高窟开始出现了成组的双窟。也许正在兴建上述四窟时，或是兴建后不久，另一些开窟者却又选择了第二层，即在以前的七窟的南侧开了三座，即248、249、246窟；在更早的三窟北侧的崩毁崖体的北沿开了两窟，即288和285窟（参见图33）；大约同时或略迟，还有人在远离莫高窟早期洞窟集中地区的北端，开凿了461窟。这六窟应属于十座窟中的后段。后段六窟的情况，似乎更复杂了：六窟中最早的248窟，还是塔庙窟，但在它之后，虽然还开凿了一座大型具有前庭的塔庙窟246窟，但出现了三座佛殿窟即249、285和461窟。这三座佛殿窟，前两座都是后壁开凿大型单龛的形式（图版二五 a），后一座461窟是后壁不开龛的方形窟。此外，这三座佛殿窟的窟顶结构，也各不相同，249窟是盝顶（图版二五 b），285、461窟是盝顶形式的宝盖顶（图版二六 a）。后段还出现了塔庙窟（288窟）和禅窟佛殿窟（285窟）相结合所组成的双窟，这组双窟的特征，是它们很明显地共有一个前庭。以上迹象，反映了开凿十座窟的阶段，是莫高窟洞窟形制逐渐走向多种样式的时期。为什么这时期莫高窟洞窟形制发生了较大的变化？285窟北壁说法图的大统四至五年（538—539年）发愿文，给我们在时间上提供了线索。大统四至五年发愿文虽是两铺说法图的绘制年代（图版二六 b），但从285窟全窟的绘塑内容观察，知道两铺说法图的年代距离285窟开凿的年代并不太远，应属一个阶段。这个阶段，历史文献和莫高窟藏经洞发现的写经尾题的记载，都告诉我们，当时敦煌已进入短暂的安定时期，敦煌的最高统治者，是从北魏首都洛阳西来的宗室东阳王元荣。东阳王一家笃信三宝，他们来敦煌（不仅把洛阳一带的新事物更多地带到了敦煌，而且促进了与敦煌以西的文化交流。这个问题，既反映在洞窟形制上，也在洞窟的其他方面有所表现），更多地带来了东方的影响是完全可能的。现将上述洞窟形制的新情况与东方石窟作一简单对比（表四）。

表四

莫高窟本阶段洞窟形制出现的新情况	这种新情况出现在东方石窟的时间		
	洛阳地区	云冈	其他地点
432、431塔庙窟双窟	北魏迁洛后开凿的巩县第2、3窟	迁洛前开凿的1、2窟	
432、431组窟设前庭		迁洛前开凿的9、10窟	迁洛后开凿的麦积30窟
塔庙窟288与禅窟佛殿窟相结合的285组成双窟		迁洛前开凿的5、6窟为佛殿窟与塔庙窟组成的双窟	
四壁单龛方形窟——249窟	北魏迁洛后开凿的莲花洞、唐字洞		
无龛方形窟——461窟		迁洛后的14、15窟	
盝顶，顶心作斗四图案——249窟			迁洛后开凿的炳灵126窟

这个阶段洞窟的佛像题材和组合也出现了不少和东方石窟相同或近似的情况（表五）。

至于各种形象的清瘦造型以及衣缘下垂式（或所谓"褒衣博带"式）服装较为普遍的流行，这更是东方石窟迁洛以后北魏造像的一般情况。此外，这阶段壁画中出现东方事物的盛况，更属空前。以249、285两窟窟顶壁画为例。有禽兽驾车的西王母、东王公，有持规矩的伏羲、女娲，有击连鼓的雷神，还有朱雀、玄武、䟗廉、虹龙九首以及宝盖四隅垂旒饰以折磬环璧的流苏等（参见图版二六a），这些都是东汉画像石、六朝绘画、砖刻以及北魏石雕中所习见。

表五

莫高窟本阶段佛像组合出现的新情况	这种新情况出现在东方石窟的时间		
	洛阳地区	云冈	其他地点
248窟塔柱四面各开一层龛，龛内皆置坐佛	北魏迁洛后开凿的巩县第3、5窟		
249窟单龛外两侧各立一菩萨	北魏迁洛后开凿莲花洞和巩县4、5窟间未完成窟		
285窟龛内两侧各立一菩萨	北魏迁洛前后开凿的古阳洞		
285窟七佛壁画	北魏迁洛后古阳洞	迁洛前开凿的和迁洛后的龛楣	炳灵169窟迁洛前的塑像；509年开凿的庆阳寺沟；510年开凿的泾川王家沟；迁洛后开凿的麦积65窟
285窟三佛壁画	北魏迁洛后开凿的宾阳洞和巩县第1窟	迁洛前和以后皆有此题材	炳灵169窟迁洛前的塑像；迁洛前和以后麦积皆有此题材
285窟成铺的无量寿壁画	龙门魏字洞523年龛	19窟 西窟515年龛	
461窟释迦多宝龛楣绘本生故事	北魏迁洛后龙门古阳洞释迦多宝龛楣雕佛传故事		
288窟菩萨饰以穿壁的交叉披帛	527年开凿的龙门石窟寺	迁洛后的西部小窟	

敦煌莫高窟在北魏晚期到西魏这个阶段即6世纪20至50年代，从洞窟形制、佛像主题到各种辅助图像，出现了那么多东方因素，我想我们前面所拟的东阳王一家西来的影响的推测，应该不是牵强附会。当然，这个阶段，和西域的往还也很频繁（如518—523年宋云、惠生的西行），新的西方因素也有所反映，如禅窟与佛殿窟结合的285窟的出现，该窟主壁上出现驾马车的日神和各种护法、外道的形象，还有像249窟顶的释提桓因的形象（参见图版二五b）等。但这部分新的西方因素和东方因素相比，不能不说是甚为微弱的了。

四

莫高窟现存早期洞窟的第四阶段,主要洞窟有十三座。十三座窟的排年顺序大约是438、439、440、441、430、428、442、290、294、296、297、299、301窟(参见图33)。这十三座窟都分布在现存最早三座窟北侧崩毁岩体之北的第三层和第二层。分布在第三层的,有位于上一阶段的431、432、435、437窟四座塔庙窟两侧的七座窟,即438、439、440、441、442窟(以上在南侧),430、428窟(以上在北侧),其排年顺序较早,似可列为第四阶段的前段。第四阶段后段有六座窟,都分布在第二层上阶段的288窟之北,其排年顺序系自南而北为290、294、296、297、299、301窟。301窟的北邻,即是有开皇四年(584年)发愿文的302窟。这样的分布顺序,可以说明第四阶段开窟的人们,首先选择的地点是高处的第三层,后来才在低一层的第二层傍285、288窟这组双窟向北开凿。

前段七窟中,五窟是四壁单龛的方形佛殿窟,其中439(图版二七a)、430两窟为平棊人字披顶,其余三窟为盝顶;北侧的430窟尚存有前庭遗迹,南侧四窟前部均崩毁。七窟中的另两窟是塔庙窟,南侧的442窟前部已崩毁,北侧的428窟前庭尚完好。此428窟排年顺序已接近前段之末,但其面积却在第四阶段洞窟中为最大(图版二八)。更应予注意的是,该窟出现了许多新事物:如一铺佛像内容,除一佛二菩萨外,增加了二弟子;又如窟内壁画出现了新的壁画布局——左、右、后壁并排多幅大型佛像,有说法、降魔、涅槃、金刚宝座塔和释迦多宝、卢舍那佛等,前壁为三层长卷式本生故事画。这些新事物都渊源于东方,弟子出现在一铺佛像之中,龙门宾阳洞和巩县第5窟就开始了,麦积西魏开凿的121窟也出现了弟子;壁画并排多幅佛像应是壁面列龛的简化,前壁布置本生故事最早也见于龙门宾阳洞。过去我们曾推测428窟是574年北周废佛以前瓜州刺史建平公于义所开凿,如果这个推测不误,那么这些新事物的出现,就可以得到解释;同时还可以此为标尺,进一步考虑北周废佛前和579年复法以后在敦煌莫高窟的反映。

后段六窟，除290是有前庭的塔庙窟（图版二七b）外，其余五窟都是四壁单龛的方形盝顶佛殿窟，也都保存了较完整的前庭遗迹。后段六窟尽管与前段七窟极为相似，但像上述428窟那种新的一佛二弟子二菩萨的一铺佛像内容，已成为后段流行的佛像组合形式（图版二九a）；多层长卷式故事画（如290窟的佛传和296窟的微妙比丘尼因缘、福田经变）和千佛（如296、297窟）布置在窟顶（图版二九b），菩萨服装的复杂（如290、297窟）和穗状璎珞的出现（如290窟）等，都不见于前段七窟，而这些新情况，恰好又为此后的隋窟所承袭。因此，我们推测第四阶段的后段大约开凿在579年北周复法以后，其下限有可能在兴建301窟北邻302窟即隋开皇四年（584年）以前。

* * *

　　我们这次讨论莫高窟现存早期洞窟的年代问题，着重点在和敦煌以东石窟的比较，但我们也没有忽视西域的情况。西域在葱岭以西，不仅没有发现可以和莫高窟现存早期洞窟对比的遗迹，甚至也没有发现可以和葱岭以东我国新疆地区石窟对比的资料。新疆地区石窟以龟兹为重点，龟兹石窟又以拜城克孜尔石窟最重要。克孜尔石窟与莫高窟现存早期洞窟有些类似的如17窟的壁画绘制技法。这座克孜尔17窟，最近我们做了碳十四测定，其绝对年代是465±65年。465即北魏文成帝和平六年，其时昙曜五窟已经开凿，再迟五年就到了孝文帝初（471年——　）。这个时间与我们上面估计的莫高窟现存早期石窟的第一阶段已极为接近。关于克孜尔石窟，我们下一次将进行讨论。

（1982年11月2日）

六　新疆克孜尔石窟的初步探索

克孜尔石窟是古龟兹石窟中最重要、也最具典型性的一处。探索克孜尔石窟，目的既为了了解我国最西边的一处石窟群的情况，也是为了了解龟兹的历史。

龟兹是古代新疆塔里木盆地中、北部的大国，他的领域北傍天山，东到今天的轮台以东，西到巴楚以西，南逾塔里木河，深入塔克拉玛干大沙漠，与塔里木盆地南部大国于阗毗邻。其面积，大约可抵一个今河北省；如和汉代相比，大约相当冀、幽两州之地；如和战国比较，比晋小，比齐大。龟兹境内北半部水源充足，绿洲较多，土地肥沃，农、牧业都较发达。北山矿产很多，龟兹铁、煤名闻西域，它出产的铁，据4世纪的记载，可充西域三十六国之用。龟兹立国之始，文献无证，根据汉文记载，从公元1世纪班超经营西域的时期起，就记龟兹王室白姓，此后一直到8世纪的文献还记有白姓的龟兹王。龟兹这个白姓王朝很可能延续到10世纪回鹘的西侵。龟兹虽屡遭外患，但从他的最高统治者的王室白姓没有改变上看，似可估计龟兹内部稳定至少有七八百年之久。龟兹政局稳定，经济发展，在古代西域是很突出的，因此它在文化上的成就，在西域地区也是位于前列的。龟兹文化，我们有些了解的有两项：一项是佛教和佛教艺术，另一项是音乐舞蹈。现在我们注意的是前一项。

龟兹佛教的开始，和他的立国情况相似，也是不见于文献。近代由于龟兹文佛教文献的发现和与历代汉文记载的对照研究，已有了初步的了解。龟兹佛教遗迹是龟兹的实物史料，它对包括龟兹佛教史、艺术史在内的整个龟兹历史的研究，有着极为重要的意义。龟兹历史是中国历史的一部分，它的佛教史、艺术史又在中国佛教史和艺术史中占有极为特殊的地位，因此，近年国内很多人注意到龟兹佛教遗迹的探索。克孜尔石窟是龟兹佛教遗迹中最大的一处。在龟兹石窟中，克孜尔石窟保存石窟的数量多，类型齐全，更关键的一点是开凿的时间比现存其他龟兹石窟都要早些。

克孜尔石窟本身没有纪年铭记，也没发现记录克孜尔石窟的早期文献，因此，关于克孜尔石窟年代问题，目前主要只能依靠考古学方法推定其相对年代，然后再参照碳十四年代测定，估计其大体的绝对年代。

所谓考古学方法，第一，考察遗迹的先后关系，即注意晚期遗迹改变早期遗迹的痕迹。这种痕迹有两种很重要：1. 克孜尔石窟延续的时间很长，有不少后开的洞窟打破了已有的洞窟，还有后期利用前期洞窟予以改造和后期把前期洞窟组合起来成为组窟，还有前期的组窟被后期改组成为新的组窟等，这是就窟的形制和组合而言；2. 壁画的重层问题。早期壁画被晚期壁画掩盖起来，经过各种变动，早期壁画又部分地暴露出来。以上是从遗迹的先后关系上，分析孰早孰晚。第二，依靠类型学的方法，根据第一项所提供的可靠情况，把洞窟形制、壁画布局、题材和风格、造型、技法等所有的表现方法按类排比出它们的发展顺序。然后再在许多个发展顺序中找出共同的变化较显著的所在，考虑划分阶段问题，也就是洞窟的分期问题。通过上述的方法，我们初步把部分克孜尔石窟分了三个阶段。

第一阶段的洞窟，大多分布在克孜尔石窟群的西部，其类型有塔庙窟、大像窟和僧房窟。僧房窟数量较多，大像窟数量较少。各类窟多单独存在，成组情况不很显著。

塔庙窟：塔柱位于洞窟的后部，如果分洞窟为主（前）室和后室，塔柱的正面就成为主室的后壁。塔柱正面开一大龛，龛内置塑像，塑像早年被毁，但从痕迹上看知原塑坐像一躯。主室左右壁画二或三栏，每栏又分二或三铺因缘佛传（释迦成佛后在不同地点对不同的人宣讲佛教的各种事迹）。前壁上部画兜率天弥勒菩萨说法。顶部正中一列画天空，两侧画以菱格山峦为背景的本生或因缘。后室即塔柱的左后右三面甬道部分，这一部分都很低窄，与主室宽敞者不同，后面甬道两壁，画涅槃、荼毗、分舍利，左右甬道两壁面画舍利塔和礼拜的供养人行列等。从壁画内容看，可以了解主室是表现佛在现世说法的场面，后室则是佛涅槃以及死后的情景。主、后室的顶部都做成较低平的券顶。

大像窟：实际也是塔庙窟的一种，但它突出了大佛，主室的壁面布局也不相同（图版三〇a），所以我们把它另分一类。这类窟主室后壁即塔柱正面原塑高大立佛一躯，左右壁上下分栏布置坐像，最下一列是立像，前壁大部坍毁。顶同塔柱窟。后室后部较宽大，有涅槃床，上置大涅槃像，左右两侧部分很短。塔柱左右后三面有的各开一龛，内置坐像。主、后室顶部的做法与塔柱窟同。

僧房窟：是一座带有长条形门道的长方形洞窟，门道内端凿一小间小室，是存放东西用的。长方形洞窟内有炕有灶，还开有窗户（图37a、b）。这种窟无壁画。我们在第一阶段较晚的洞窟中发现一座较特殊的塔庙窟，仔细观察后，才发现它是改造一座僧房窟而出现的（图38）。这个情况告诉我们，僧房窟的出现要比塔庙窟为早，结合第一阶段僧房窟数量多这一点，我们得出了这样的看法：克孜尔最早出现的洞窟应是僧房窟，最早的僧房窟有可能比我们现在考虑的第一阶段的时间还要早些。

第一阶段各类型窟的共同特征：窟顶皆用券顶，壁顶接连处的结构线脚简洁，塑绘中作为礼拜对象的只有释迦和弥勒，壁画栏铺之间一般没有线界（图版三〇b），菱格山峦的形象清楚（图版三〇c），比

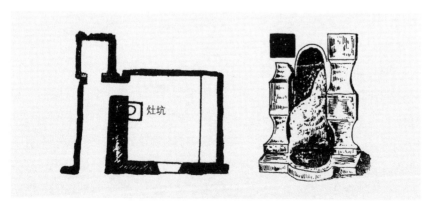

图37a 克孜尔第24窟平面示意图

图37b 克孜尔第15窟炉灶细部

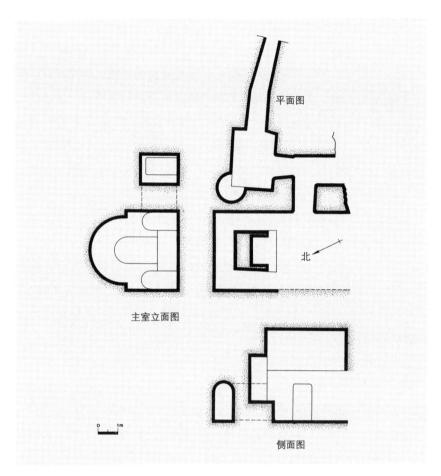

图 38 克孜尔第 80 窟平面、横剖面、纵剖面示意图

较写实，壁画制作细致，用色讲究。我们仔细分析了壁画的风格，认为过去德国人把克孜尔壁画分作两种画风的做法是对的，但他们主张第一种画风与第二种画风是时间早晚的差别的说法，不一定正确。因为第一、二阶段这两种画风都存在，说明这两种画风曾长期同时存在。这两种画风，在画人的面孔上，表现了民族的不同；在用色上一种比较强调对比，喜欢用冷调的蓝色，而另一种则较淡雅，喜用浅赭色。

第二阶段的洞窟，较普遍地分布在克孜尔所属各区，第一阶段三种窟形都在继续，塔庙窟流行了主室宽于后室的做法，也出现扩大后室的做法，最惹人注目的是顶壁相接处出现了复杂的装饰线。大像窟主室渐短窄，中心柱左后右三壁不开龛置像，后室出现了梯形顶。僧房窟较多地废除了门道后端的小室。除这三种窟形之外，出现了一种方形券顶或圆顶的讲堂窟，这种窟也有属佛殿窟性质的，而佛殿窟性质的多用圆顶。这阶段还流行把三个或三个以上的洞窟联系到一块，成为组窟，每个组窟大都包括一个塔庙或是多个塔庙窟。最复杂的一组是96—105窟这一组窟，它有六个塔庙窟、三个僧房窟和一个方形窟（参见图4b）。在壁画方面，题材变化不大，这阶段的晚期个别洞窟出现了卢舍那佛。壁面分栏分铺的壁画，出现了明显的界线（图版三一a）。窟顶菱形山峦图案化（图版三一b），有的甚至干脆简化成菱格。这阶段两种画风共存，所谓的第二种画风着重了浓重的渲染，这种情况很可能是施色中掺多了铅粉变了色所造成的。也因为它变了色，才使我们了解当时对身体各部分是如何渲染的，这种渲染法和变色的情况，值得专家们进一步分析研究，它与敦煌早期洞窟壁画的渲染与变色很相似，值得我们注意。

第三阶段的洞窟多分布在克孜尔的东部，有些中辍没有完工。这阶段出现了许多小型窟，这种小型窟有的是利用僧房窟被改建为塔庙窟或方形窟后遗弃的门道部分绘制的。夹杂着一些小型窟的成组窟群，是这阶段组窟的特征。壁画，所谓第一种画风的作品不见了，第二种画风内容有简化的趋势（图版三二a），出现了较多的粗糙作品，窟顶菱格的形象逐渐不显著了，流行起千佛的题材，它先出现在背光中，然后又布满了整个壁面（图版三二b）。大像窟主室缩短，突出的变化是以大立像代替了中心柱，这样一来，主、后室的间隔不显著，后室低窄，涅槃流行绘于后壁。大像窟形制的演变，除像高外，颇与葱岭以西巴米羊东、西大像情况接近，这是值得注意的（图39）。

以上三个阶段经碳十四测定的绝对年代：第一阶段自3世纪末迄4世纪中，即相当于内地的西晋晚期迄十六国前凉时期；第二阶段自4世纪末迄5世纪中晚期，即相当于十六国后凉、南凉迄孝文帝以前的北魏中期；第三阶段自6世纪中期迄7世纪中期，即相当于自西魏迄唐高宗初期。

从克孜尔现存各阶段的遗迹观察，第一、二阶段应是它的盛期，

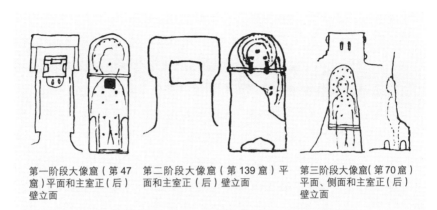

第一阶段大像窟（第47窟）平面和主室正（后）壁立面　　第二阶段大像窟（第139窟）平面和主室正（后）壁立面　　第三阶段大像窟（第70窟）平面、侧面和主室正（后）壁立面

图39　克孜尔大像窟形制的演变

最盛期有可能在4—5世纪这一时期之间。第三阶段虽然逐渐衰落，但它和库车库木吐喇石窟的盛、中唐（即8世纪中晚期）绘画的洞窟之间，在时间上还有一段不短的距离。我们从克孜尔中部和后山部分洞窟发现的草率刻划的开元十四年（726年）、天宝十三载（754年）等汉文纪年的游人题记估计，大约在8世纪初、中期，克孜尔石窟至少已有部分洞窟荒弃了。因为这种一般游人的随便刻划的题记，字迹潦草，只有在寺院衰微后才能出现。

　　克孜尔石窟提供的这些情况，可以和一些可靠的汉文记载相比较。汉文记载虽然没有直接的龟兹佛教发展情况的记录，但它记载了3、4世纪之际已有一些龟兹佛教徒来内地译经，可见当时龟兹本土已流行佛教。6世纪有一位南方有名的和尚僧祐在《出三藏记集》这部书中记录了358年左右"龟兹僧众一万余人"，当时龟兹人口总数大约不过二十万，佛教徒至少占了总人口的二十分之一，这个比例数字反映了龟兹佛教广泛流布的事实。僧祐还根据道安（312—385年）晚年的记录，曾据4世纪70年代到龟兹求戒律的和尚僧纯的叙述，记载了龟兹的佛教情况，他说："拘夷国（即龟兹），寺甚多，修饰至丽。王宫雕镂立佛形象与寺无异。"又说：龟兹流行小乘佛教，当时龟兹小乘和尚佛图舌弥在西域称大师，他在都城附近统辖着四座佛寺，另外三座尼寺也从佛图舌弥受法戒。这三座尼寺的女和尚，有很多是西域各国王侯的妇女。还说龟兹流行的小乘佛教律戒很严，龟兹的僧、尼都有三月一易房或寺的制度。他们有三月一易房或寺的制度，可和克孜尔第一阶段的石窟联系起来。和僧祐同时的另一南方和尚慧皎著《高僧传》记446—452年北魏太武帝废佛时期法朗西去龟兹，龟兹王待以圣礼。比僧祐为早的宝唱著《比丘尼传》和《名僧传》都记5世纪中期龟兹金华寺高僧直月有名于西域事。这些记载正好和克孜尔第二阶段联系起来。克孜尔第三阶段即6世纪中期以后以千佛题材为特点的大乘佛教曾流行一时，7世纪长安有名的高僧道宣的《续高僧传》也正好记有大乘僧达磨笈多于584年前后至龟兹，受到笃好大乘的龟兹王的挽留。以上所引文献，既可为克孜尔石窟的发展情况作补充说明，又可反证根据碳十四测定的克孜尔石窟的三个阶段的年代大体可靠。

最后我们考虑：克孜尔石窟位于佛教东渐的关键地点，就佛教石窟言，它正处在葱岭以西巴米羊石窟群与新疆以东诸石窟群之间，它所保存早期壁画的洞窟的数量，远远超过了巴米羊，而其第一阶段的洞窟的绝对年代至少要早于新疆以东现存诸石窟约100年。因此，克孜尔石窟在中亚和东方的佛教石窟中，就占有极其重要的地位。克孜尔石窟是龟兹诸石窟中的代表。（1982年11月9日）

中国佛教石窟寺　图版

图版一a 云冈第18窟主像(三立佛)

图版一b 云冈第20窟主像(一坐佛、二立佛)(《中国石窟·云冈石窟二》183)

图版二　云冈第8窟后室（窟顶平棊、壁面分层分格布局、后壁上层龛部分主像——倚坐、交脚、思惟等形象）(《中国石窟·云冈石窟一》174)

图版三a 云冈第6窟东壁上层（《中国石窟·云冈石窟一》115） 图版三b 云冈第7窟后室前壁明窗东壁（坐禅僧人）（《中国石窟·云冈石窟一》151）

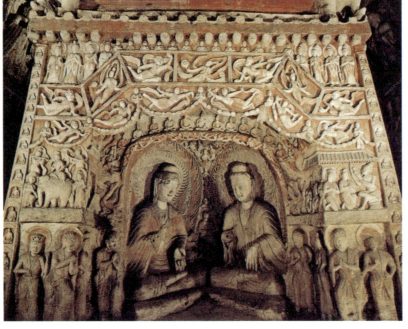

图版四a 云冈第9窟前室西壁连续的本生（内附有长条形书写榜题处）(《中国石窟·云冈石窟二》14）

图版四b 云冈第6窟中心塔柱北面下层释迦多宝和其上两侧的连续佛传（《中国石窟·云冈石窟一》62）

中国佛教石窟寺 图版 345

图版五a 云冈第13窟前壁（屋檐形龛顶、七佛、千佛）（《中国石窟·云冈石窟二》118）

图版五b 云冈第6窟前壁（维摩与文殊）（《中国石窟·云冈石窟一》111）

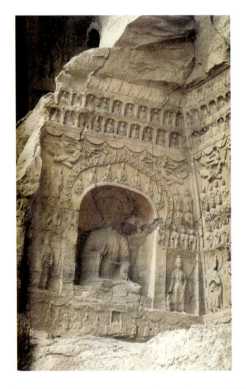

图版六a 云冈第34窟西壁(《中国石窟·云冈石窟二》205)

图版六b 云冈第35窟后壁(正壁)(《中国石窟·云冈石窟二》210)

中国佛教石窟寺　图版　347

图版七a　云冈第38窟壁面（《中国石窟·云冈石窟二》210–211图1–4）

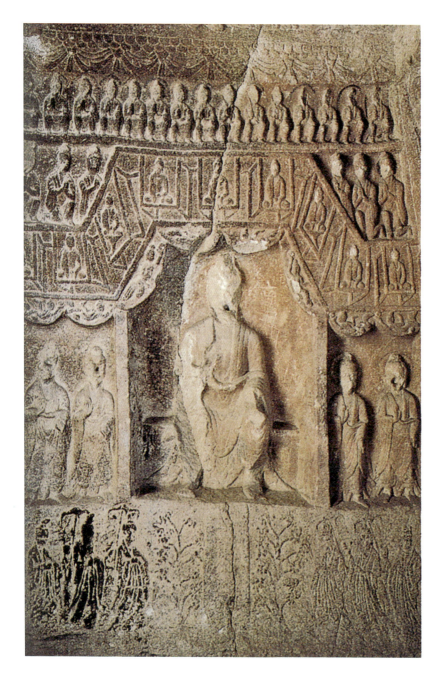

图版七b 云冈第38窟壁面(《中国石窟·云冈石窟二》213)

延昌四年岁次乙
未九月辛丑朔十
五日乙卯清信？士？
元□父母王凤皇
□□□亡□□□
□造□一区上为
□帝？陛下因皇太
后下及七世父母囤生
父母托生西方
妙乐国土莲花化
生□愿己身□□
□□□日□□□

图版八　云冈第19B
窟后壁补刻小龛和
小龛题铭

350　中国佛教石窟寺遗迹

图版九　云冈第3窟中心柱西壁龛（《中国石窟·云冈石窟一》19）

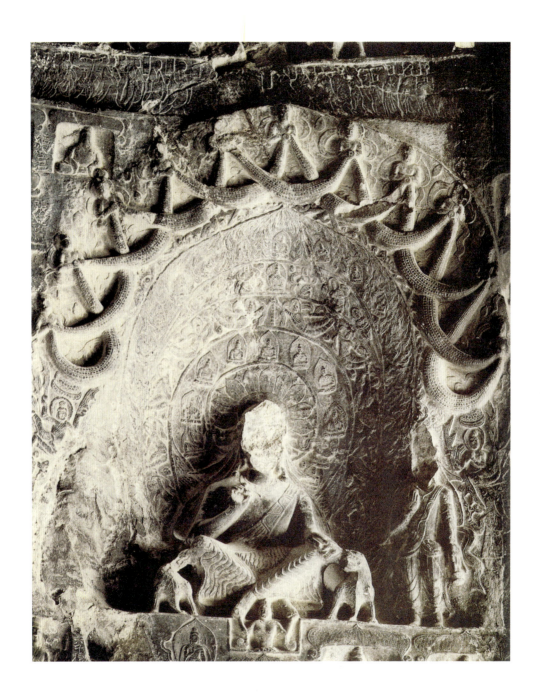

图版一〇a 龙门古阳洞尉迟夫人龛（《中国石窟·龙门石窟一》156）

图版一〇b 龙门古阳洞南壁(《中国石窟·龙门石窟一》139)

图版一一a 龙门宾阳三洞外立面(《中国石窟·龙门石窟一》4)

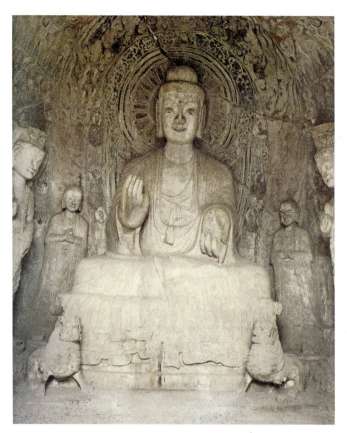 

图版一一b 龙门宾阳中洞正壁造像(《中国石窟·龙门石窟一》7)

图版一一c 龙门宾阳中洞外左侧金刚力士(《中国石窟·龙门石窟一》6)

中国佛教石窟寺 图版 355

图版一二a 龙门石窟寺（皇甫公洞）正壁龛主尊（《中国石窟·龙门石窟一》186）

图版一二b 龙门石窟寺（皇甫公洞）南壁龛主尊（《中国石窟·龙门石窟一》188）

图版一三a 巩县大力山第4窟中心柱南面（《中国石窟·巩县石窟寺》163）（左）

图版一三b 巩县大力山第1窟中心柱东面（《中国石窟·巩县石窟寺》3）（右）

中国佛教石窟寺 图版 357

图版一四 北响堂山南洞外立面及外立面示意图（李裕群《北朝晚期石窟寺研究》图七，3）

图版一五a 永靖炳灵寺第169窟6号龛(《中国石窟·永靖炳灵寺》21)

图版一五b 炳灵寺第169窟北壁维摩诘和侍者之像壁画(《中国石窟·永靖炳灵寺》37)

图版一六a 炳灵寺第126—128窟外立面（《中国石窟·永靖炳灵寺》80）

图版一六b 炳灵寺第132窟西壁释迦多宝像（《中国石窟·永靖炳灵寺》94）

图版一六c 炳灵寺第132窟东壁涅槃像（《中国石窟·永靖炳灵寺》101）

图版一七a 天水麦积山第43窟崖面窟檐雕刻(《中国石窟·天水麦积山》144)

图版一七b 麦积山第4窟(七佛阁)一列宝帐龛面和列龛外的前庭部分(《中国石窟·天水麦积山》224)

图版一八a 庆阳北石窟寺第165窟正壁列像（《陇东石窟》彩版三）

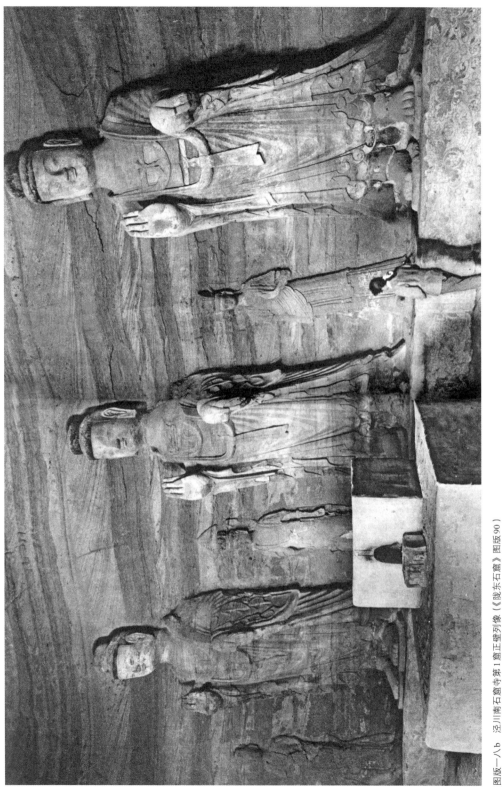

图版一八 b　泾川南石窟寺第 1 窟正壁群像（《陇东石窟》图版 90）

图版一九a 北石窟寺第165窟前壁弥勒（《陇东石窟》图版27）

图版一九b 北石窟寺第165窟窟顶本生雕刻（《陇东石窟》图版47）

图版二〇a 敦煌莫高窟第268窟正壁本尊（交脚佛）(《中国石窟·敦煌莫高窟一》6)

图版二〇b 敦煌莫高窟第272窟正壁右侧（本尊倚坐佛、千佛、供养菩萨）(《中国石窟·敦煌莫高窟一》7)

图版二一a 敦煌莫高窟第275窟本尊（交脚弥勒）(《中国石窟·敦煌莫高窟一》11)

图版二一b 莫高窟第275窟右壁上层阙形龛(《中国石窟·敦煌莫高窟一》18)

图版二二a 敦煌莫高窟第259窟中心柱正龛(释迦多宝)(《中国石窟·敦煌莫高窟一》20)

图版二二b 敦煌莫高窟第254窟中心柱正面龛(交脚佛)(《中国石窟·敦煌莫高窟一》26)

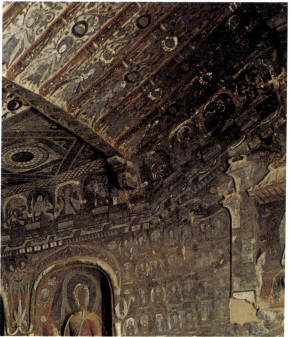

图版二三a 敦煌莫高窟第257窟中心柱正面龛（倚坐佛）（《中国石窟·敦煌莫高窟一》38）

图版二三b 莫高窟第254窟北壁上部木质斗栱（《中国石窟·敦煌莫高窟一》26左上隅）

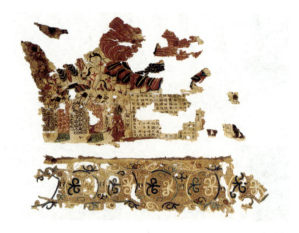

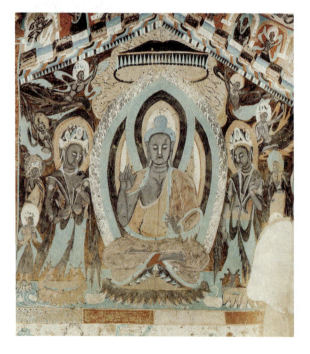

图版二四a 敦煌莫高窟第125、126窟间崖隙中发现的绣佛残件

图版二四b 敦煌莫高窟第257窟南壁沙弥守戒自杀壁画（《中国石窟·敦煌莫高窟一》43右端）

图版二四c 敦煌莫高窟第251窟北壁说法图（坐佛、胁侍菩萨、供养菩萨下部皆具莲座）（《中国石窟·敦煌莫高窟一》48）

图版二五a 敦煌莫高窟第249窟开单龛（倚坐佛）(《中国石窟·敦煌莫高窟一》89)

图版二五b 敦煌莫高窟第249窟盝顶西坡释提桓因壁画(《中国石窟·敦煌莫高窟一》97)

图版二六a 敦煌莫高窟285窟宝帐窟顶和伏羲女娲壁画(《中国石窟·敦煌莫高窟一》143)

图版二六b 敦煌莫高窟第285窟北壁上层列坐佛壁画局部(像下有纪年题记)(《中国石窟·敦煌莫高窟一》125)

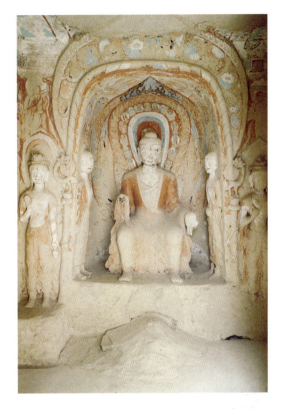

图版二七a 敦煌莫高窟第439窟正壁单龛（倚坐佛）(《中国石窟·敦煌莫高窟一》158)

图版二七b 敦煌莫高窟第290窟中心柱正壁（倚坐佛）(《中国石窟·敦煌莫高窟一》174)

图版二八 敦煌莫高窟第428窟内部（《中国石窟·敦煌莫高窟一》160）

图版二九a　敦煌莫高窟第297窟正壁（倚坐佛）（《中国石窟·敦煌莫高窟一》183）

图版二九b　敦煌莫高窟第296窟正壁（倚坐佛）（《中国石窟·敦煌莫高窟一》185）

图版三〇a 拜城克孜尔第47窟（大像窟）外立面（《中国石窟·克孜尔石窟一》146）

图版三〇b 克孜尔第38窟前壁壁画（《中国石窟·克孜尔石窟一》83）

图版三〇c 克孜尔第38窟窟顶壁画（《中国石窟·克孜尔石窟一》112）

图版三一a　克孜尔第17窟东壁壁画（《中国石窟·克孜尔石窟一》59）

图版三一b　克孜尔第196窟窟顶壁画（《中国石窟·克孜尔石窟三》94）

图版三二a 克孜尔第227窟中心柱及左侧千佛壁画（《中国石窟·克孜尔石窟三》162）

图版三二b 克孜尔第180窟右甬道千佛壁画（《中国石窟·克孜尔石窟三》47）